Heinz Hamm
GOETHES »FAUST«

Heinz Hamm

GOETHES »FAUST«

Werkgeschichte

und Textanalyse

5. Auflage

Volk und Wissen

Volkseigener Verlag Berlin

1988

Herausgegeben vom Kollektiv
für Literaturgeschichte
im Volkseigenen Verlag Volk und Wissen

Leitung: Prof. Dr. Kurt Böttcher
Redaktion: Dr. Rudolf Heukenkamp
unter Mitarbeit von Dr. Kurt Krolop
Bildredaktion: Friedel Wallesch

Hamm, Heinz:
Goethes »Faust« : Werkgeschichte u. Textanalyse.
/ Heinz Hamm. – 5. Aufl. – Berlin : Volk u.
Wissen, 1988. – 255 S. : Ill.

ISBN 3-06-102647-9

5. Auflage, 1988
© Volk und Wissen Volkseigener Verlag Berlin 1981, 1984
Durchgesehener Nachdruck der 3., bearbeiteten Auflage von 1984
Lizenz-Nr. 203 · 1000/88 (DN 102647–5)
LSV 8020
Ausstattung: Horst Albrecht
Printed in the German Democratic Republic
Gesamtherstellung: Offizin Andersen Nexö, Bt. Hildburghausen
Schrift: Garamond-Antiqua
Bestell-Nr.: 707 119 9
00720

INHALTSVERZEICHNIS

VORBEMERKUNG

Die vorliegende »Faust«-Darstellung rekonstruiert im Sinne literarhistorisch-genetischer Forschung im Zusammenhang mit der Werkanalyse die sozialen, individuellen und literarischen Voraussetzungen der Dichtung, um dem modernen Rezipienten eine von ihm nicht erlebte Welt zu erschließen. Sie versteht sich damit als Instrument der Vermittlung, als Regulativ, das, die historische Eigenart des Werkes zur Geltung bringend, einen bestimmten Rezeptions*spielraum* anbietet. Keinesfalls erhebt sie jedoch den Anspruch, heutige Rezeptions*weisen* in der pädagogischen oder künstlerischen Praxis etwa selbst schon bis ins letzte zu determinieren.

Im Volk und Wissen Verlag ist eine weitere »Faust«-Monographie von Horst Hartmann erschienen, die speziell für die Bedürfnisse der pädagogischen Praxis geschrieben ist und ihre einführende Analyse des Goetheschen »Faust« durch stoff- und wirkungsgeschichtliche Aspekte ergänzt (»Faustgestalt, Faustsage, Faustdichtung«, Berlin 1979).

Der »Faust« wird zitiert nach Band 8 der Berliner Ausgabe von Goethes »Poetischen Werken«; Zitate werden in der Darstellung mit der Verszahl nachgewiesen, die der Verszählung der Einzelausgabe von Band 8 der Berliner Ausgabe in der »Bibliothek der Weltliteratur«, hrsg. v. Walter Dietze, entspricht.

EINLEITUNG

Eine speziell auf den »Faust« eingehende marxistische Forschung, die auch den weltliterarischen Rang der Tragödie erfaßt, beginnt mit Georg Lukács. Seinen Ende der dreißiger Jahre geschriebenen »Faust-Studien« gebührt das Verdienst, die literaturgeschichtlichen Grundlagen für eine historisch-materialistische Rezeptionsweise des »Faust« gelegt zu haben. Lukács' Essays wollen der »reaktionäre(n) Verfälschung der klassischen deutschen Literaturgeschichte« ein neues Wertungssystem entgegensetzen, das die Klassik allgemein als eine »progressive Epoche der Weltkultur« und als wichtiges Hilfsmittel für die geistige »Neuorientierung«[1] nach der Zerschlagung des Faschismus begreift. Sie bestimmen, gleichsam das Terrain absteckend, ideologische Grundpositionen. Eine möglichst allen Vorgaben des Textes nachgehende Gesamtanalyse enthalten sie nicht. Der Ideologiekritiker Lukács bewegt sich auf einer Ebene der Abstraktion, die den konkreten Text immer schon »unter« sich gelassen hat.

Die »Faust-Studien« bezeichnen insofern, als sie den Text primär als Dokument von Ideologie behandeln, eine frühe Stufe marxistischer Forschung, die für eine Weiterentwicklung im Sinne einer Konkretisierung offen ist. Folgenreicher beeinträchtigen ihren Wert bestimmte Seiten des Lukácsschen Marxismusverständnisses selbst. Lukács' Sicht auf den »Faust« wird durch eine Menschenauffassung geformt, die Reste einer spekulativen Anthropologie, wie sie beim jungen Marx der »Ökonomisch-philosophischen Manuskripte« anzutreffen sind, nicht eliminiert hat. Jindřich Zelený urteilt zu Recht, daß Lukács in den Pariser Manuskripten »den Abschluß der progressiven Entwicklung von

9

Marx erblickt«[2]. Tatsächlich verzichtet Lukács nicht auf die Vorstellung von einem »inneren Kern des Menschen«[3], der sich im Geschichtsprozeß unverändert erhält. Der einzelne Mensch erscheint so als konkrete Realisierung eines unveränderten »Gattungsmäßigen«, dem die Geschichte den Rahmen der Entfaltung liefert. Aus dieser Sicht wertet Lukács den »Faust« als »Drama der Menschengattung«, als »dichterische ‚Phänomenologie des Geistes'« und die Entwicklung der Hauptgestalt als eine »Abbreviatur der Menschheitsentwicklung selbst«[4]. Den Aussagen zum Sinn »des« menschlichen Lebens und zur Perspektive »des« Menschen, die der »Faust« *auch* enthält, bleibt unbesehen die beanspruchte überzeitliche Gültigkeit. Die historisch-materialistische Methode muß jedoch auch diese Aussagen in ihrer Geschichtlichkeit und ideologischen Funktion bestimmen. Ansonsten besteht die Gefahr, den Unterschied zwischen der bürgerlich-humanistischen und der sozialistischen Menschenauffassung nicht kennzeichnen zu können. Der noch übliche zumindest unbedachtsame Gebrauch der Formel »Drama der Menschengattung« ist Symptom dafür, daß in unserem »Faust«-Verständnis über Lukács bis heute Reste einer spekulativen Anthropologie stark nachwirken.

In der unmittelbaren geistigen Nachfolge von Lukács entstehen Mitte der fünfziger Jahre die für die Bedürfnisse der Deutschlehrerausbildung und der Oberschule geschriebenen Darstellungen von Günter Paul Karl und Hans Alfred Kraemer.[5]

Einen echten Schritt über Lukács hinaus geht erst Gerhard Scholz in seinen schon in den fünfziger Jahren konzipierten »Faust-Gesprächen«. Scholz' großes Verdienst besteht darin, der marxistischen »Faust«-Forschung den heuristischen Wert der »Werdensgeschichte« neu entdeckt und vor allem an den Urfaust-Szenen praktisch erprobt zu haben. Durch die Aufarbeitung der »gelegenheitspoetischen«[6] Vorbereitung kann Scholz die historisch-gesellschaftlichen und individuell-biographischen Voraussetzungen der Urfaust-Szenen präziser als bisher bestimmen und sie als Ausdruck eines *individuellen* Denkens und Fühlens im Rahmen einer Klasse kennzeichnen. Leider hat er seine intensiven Forschungen nicht über die erste Entstehungsphase des »Faust« hinaus ausgedehnt, so daß von den »Gesprächen«

zum später Geschaffenen, insbesondere zu Faust II, nicht die gleiche Überzeugungskraft ausgeht. In der Art des Herangehens an den »Faust« steht Scholz in der Tradition, die Dichtung primär als Dokument weltanschaulich-philosophischer Aussagen nimmt und die Technik der Herstellung kaum in die Untersuchung einbezieht. Es ist symptomatisch, daß er von Faust II nur solche Teile behandelt, deren Aussagewert für die Ideologiekritik offen zutage liegt.

Das Bemühen, über die bloß inhaltliche Ideologiekritik hinauszukommen, spricht deutlich aus Walter Dietzes Beitrag zur »Faust«-Forschung. Durchaus in polemischer Wendung gegen Scholz lenkt Dietze in zwei Überblicksaufsätzen die Aufmerksamkeit mit Nachdruck auf gestalterische Fragen.[7] In einer Spezialanalyse des »Walpurgisnachtstraums« gibt er selbst ein praktisches Beispiel, wie eine höhere Stufe von Konkretheit in der Dichtungsanalyse zu erreichen ist.[8]

Die intensive Beschäftigung mit dem Text erweist sich Ende der sechziger Jahre immer mehr als Notwendigkeit. Gert Liebich ist der erste, der in einem größeren Umfang diese Arbeit für einen Teil des »Urfaust«, die erste Textstufe des »Faust«, geleistet hat.[9] In seiner Leipziger Dissertation (noch von Edith Braemer angeregt, jedoch erst 1976 verteidigt) untersucht Liebich – vor allem unter dem Aspekt der Einführung Fausts und Mephistos – eingehend die Szenenkomplexe Faust-Monolog/ Faust-Wagner-Disput (1–248) und Mephisto-Student/Auerbachs Keller in Leipzig/Landstraße (249–452/Prosa/453–56), wobei er von der Überlegung ausgeht, daß hier Entscheidungen getroffen werden, welche schon die weitere Arbeit am »Faust« wesentlich mitprägen. Hinsichtlich der Gretchen-Szenen gibt Liebich nur einen »kursorischen Vorgriff«. Die Dissertation belegt von einem »äußeren« marxistischen Standpunkt aus überzeugend die Fruchtbarkeit eingehender Textuntersuchung, die dem Gang des szenischen Geschehens folgt, um »dessen zwingende noch bis ins letzte Detail hinein wirksame innere Logik bzw. Dialektik möglichst genau herauszuarbeiten und der Gefahr zu entgehen, die dem Gegenstand innewohnende Problematik über den Text hinweg zu dissertieren«[10].

Die Arbeit an der großen »Geschichte der deutschen Literatur« veranlaßte die Wissenschaft, bisherige Forschungsergebnisse[11] zusammenzufassen und einer breiteren Öffentlichkeit Überblicksdarstellungen vorzulegen. Das von Hallenser Germanisten verfaßte Faust-II-Kapitel und das Faust-I-Kapitel des Berliner Germanisten Hans-Dietrich Dahnke sind im Bd. 7 der »Geschichte der deutschen Literatur« erschienen.[12]

In jüngster Zeit erreicht uns aus der BRD ein umfangreicher »Faust«-Essay von Thomas Metscher[13]. Ähnlich wie einst unter anderen Bedingungen Lukács verfolgt er das Ziel, für die westdeutsche Germanistik Grundlagen einer historisch-materialistischen Rezeptionsweise des »Faust« zu schaffen. Zweifellos ein sehr verdienstvolles und anerkennenswertes Vorhaben. Mir erscheint jedoch der Wert des Essays dadurch beeinträchtigt, daß Metscher sowohl in der Anlage seiner Darstellung als auch in einzelnen Interpretationsergebnissen unnötigerweise noch einmal einen kurzschlüssigen Soziologismus nachvollzieht, den wir – zumindest in der theoretischen Einsicht – überwunden haben.[14]

Soweit ein kurzer Überblick über die marxistische »Faust«-Forschung. Die vorliegende Arbeit ist aus der Überzeugung heraus geschrieben worden, daß auf der Grundlage des erreichten Entwicklungsstandes sowie unter Benutzung wichtiger nicht-marxistischer Literatur[15] in der zweiten Hälfte der siebziger Jahre die Möglichkeit, ja die Verpflichtung besteht, die literaturgeschichtliche Darstellung des »Faust« einen Schritt voranzubringen: und zwar auf zwei Wegen.

Erstens durch eine Analyse des *gesamten* »Faust«-Textes. Mir erscheint es an der Zeit, nicht mehr nur allgemeine »Linien« herauszuarbeiten und dazu Belegstellen heranzuziehen, wobei Unpassendes weggelassen wird, sondern einmal den *ganzen* Text von Anfang bis Ende auf seine »Vorgaben« durchzugehen. Versucht wird also eine *Gesamt*darstellung des »Faust«, die gleichwohl immer am Text bleiben, immer vom Text als der entscheidenden Größe ausgehen will. Aus diesem Grunde räumt sie bewußt der natürlich nur scheinbar voraussetzungslosen Beschreibung des szenischen Vorgangs einen großen Raum ein.

Zweitens durch ein konsequentes Herausarbeiten der jeweils besonderen Geschichtlichkeit der Textstufen des »Faust«. Die einzelnen Perioden, in denen Goethe am »Faust« arbeitet, erstrecken sich über sein ganzes Leben. Faust I erwächst aus einer Entwicklung, die über drei Arbeitsperioden führt. Faust II entsteht in einer relativ kontinuierlichen Arbeitsperiode, gehört jedoch gegenüber Faust I einer Zeit neuer gesellschaftlicher Erfahrungen und künstlerischer Entscheidungen an. Die »Faust«-Dichtung insgesamt baut sich also aus Ergebnissen dichterischer Arbeit auf, die einen unterschiedlichen sozialen und individuellen Kontext haben. Einer marxistischen Interpretation wird durch diesen Sachverhalt die Verpflichtung auferlegt, zuallererst einmal in unterschiedlichen Perioden Entstandenes auch wirklich als Dokument einer bestimmten Zeitstufe zu begreifen. Ich bestehe auch deshalb mit solchem Nachdruck auf Historizität, weil mir bei einer Dichtung wie dem »Faust« nur auf diesem Wege eine präzisere Bestimmung der Abbildbeziehung möglich scheint. Für die Entwicklung, die zu Faust I führt, hat das Bestehen auf Historizität unmittelbare Konsequenzen in der Anlage der Darstellung: Jede Szene oder Textstelle wird im Zusammenhang derjenigen Texteinheit (sog. Urfaust, Fragment, Faust I) analysiert, in der sie zum erstenmal bekannt wird. Für den Faust II fällt die Entstehungsgeschichte nicht so stark ins Gewicht, so daß eine Auflösung der Einheit zum Zwecke der Darstellung sich erübrigt. Die historischen Veränderungen können hier in die durchgehende Analyse der fünf Akte eingearbeitet werden.

Eine streng historisierende Darstellungsweise enthebt natürlich andererseits nicht der Verpflichtung, Goethes künstlerische Entscheidungen ernstzunehmen und die von ihm als solche gekennzeichneten Teile des »Faust« *in sich* und *übergreifend* als Ganzheiten zu beschreiben. Es ist der Faust I in der Gestalt der Erstveröffentlichung, den Goethe 1808 als abgeschlossenes, nicht mehr fragmentarisches Werk mitteilt und der seither dem allgemeinen öffentlichen Bewußtsein auch als ein Stück Weltliteratur gegenwärtig ist, nicht etwa der sog. Urfaust oder das »Fragment«. Diese Tatsache soll nicht bestritten und die Einheit des »Faust« nicht bezweifelt werden. Nachdem die Leistung jeder Arbeitsperiode zum Faust I hin für sich bestimmt ist, gehe ich deshalb den Maßnahmen nach, durch die Goethe die Ergebnisse zeitlich getrennter Arbeitsperioden zusammenschließt. Und am Ende des Buches untersuche ich das Verhältnis der beiden Teile des »Faust« zueinander. Dabei weiß ich sehr wohl, daß diese verallgemeinernden Aussagen keinesfalls schon eine Beschreibung des einheitlichen Kunstwerkes »Faust« darstellen. Meine Darstellung erschließt in der Tradition von Lukács und Scholz unter weltanschaulich-ideologischem Aspekt differenzierter die Entwicklung der Dichtung, insbesondere ihres ersten Teils. Das künstlerische Gestalten bleibt jedoch als besondere Fragestellung in der Textanalyse weitgehend unberücksichtigt. Dieser Mangel hat zur Folge, daß weder Faust I noch die Gesamtdichtung als Ergebnisse der vorgeführten Entwicklung wirklich konkret als einheitliche Kunstwerke beschrieben werden können. Der Rückstand in der Erforschung der Mittel künstlerischer Gestaltung ist zu groß, als daß von meiner Arbeit zum gegenwärtigen Zeitpunkt eingreifende Fortschritte zu erwarten gewesen wären.

Wenngleich meine Einführung sich umfassender und eingehender als bisher mit dem Text auseinandersetzt, kann sie also nicht für sich in Anspruch nehmen, daß sie die Grenzen der ideologiekritischen Methode überwindet und über Lukács und Scholz hinausgeht.

Die einzelnen Kapitel der Darstellung gliedern sich nach einem einheitlichen Prinzip: Am Beginn stehen Daten der Entstehungs-, Überlieferungs- und Druckgeschichte. Es folgt eine möglichst knappe Charakteristik der wesentlichen sozialen Erfahrungen Goethes und der weltanschaulich-philosophischen Stellungnahme dazu in der jeweiligen Periode. Sie soll die Einordnung der dichterischen Arbeit in den historischen Kontext erleichtern, keinesfalls erhebt sie den Anspruch, Goethes weltanschauliche Reaktion auf seine Zeit jeweils in ihrer ganzen Komplexität zu erfassen. Das Zentrum bildet schließlich die Analyse des Textes.

Der sogenannte Urfaust

Zur Textgeschichte des sogenannten Urfaust

Das früheste Ergebnis der Arbeit am »Faust«, das wir bis heute kennen, ist der »Faust«-Text von der Hand des Weimarer Hoffräuleins Luise von Göchhausen. Erst 1887 hatte ihn Erich Schmidt in deren Nachlaß entdeckt und unter dem Titel »Goethes Faust in ursprünglicher Gestalt nach der Göchhausenschen Abschrift« herausgegeben. Die Goethe-Philologie sah sich mit dem sensationellen Fund vor die Aufgabe gestellt, Licht in eine vor dem »Fragment« liegende Arbeitsperiode zu bringen, die bisher nur vermutet worden war.

Im wesentlichen wurden folgende Fragen aufgeworfen. Zur Szenenfolge selbst: Wann hat Goethe die Arbeit an ihr begonnen, wann sie abgeschlossen? Wie sind die einzelnen Szenen zu datieren? Zur Göchhausenschen Abschrift: Gibt sie ihre Vorlage getreu wieder? Wann ist sie vorgenommen worden? Überliefert sie wirklich den »Faust« in »ursprünglicher Gestalt« oder muß eine noch frühere Arbeitsstufe angenommen werden? Zum Text als Ganzem: Liegt in ihm ein abgeschlossenes, eigenständiges, bewußt so gestaltetes Drama vor oder nur eine Durchgangsstufe der Werkentstehung?

Die Ergebnisse eines langjährigen, auf Grund der spärlichen Angaben spekulationsreichen Streits um diese Fragen bilanzierend[16], kann heute festgestellt werden: Den Beginn der Arbeit am »Faust« und die einzelnen Szenen sicher zu datieren ist nicht möglich. Vom Sommer 1773 an bezeugen Briefe von Zeitgenossen mehrfach, daß Goethe sie mit Passagen aus einem »Doktor Faust« bekannt gemacht hat. Am 17. September 1775 erwähnt Goethe selbst seinen »Faust« zum erstenmal. In Weimar dann liest Goethe der Hofgesellschaft, wie berichtet wird, einige Male aus seinem Stück vor. Die vorhandenen Zeugnisse, die nicht mehr als die Arbeit am »Faust« im allgemeinen beglaubigen, gestatten immerhin den Schluß, daß Goethe die Niederschrift 1773 begonnen und in den letzten drei Frankfurter Jahren fortgeführt hat. Konzeptionelle Überlegungen können möglicherweise bis in die Straßburger Zeit zurückreichen. Immer wieder unternommene Versuche, die Niederschrift erster Szenen schon für die Zeit 1769/1770 anzusetzen, überzeugen demgegenüber nicht. Die ebenfalls zahlreichen Datierungsversuche der einzelnen Szenen beruhen durchweg auf Indizien und haben keine stichhaltige Beweiskraft.

Was die Genauigkeit der Göchhausenschen Abschrift angeht: Philologische Untersuchungen haben ergeben, daß Luise v. Göchhausen mit großer Sorgfalt den »Faust« tatsächlich in der Form und Vollständigkeit abgeschrieben hat, wie er ihr zur Zeit der Abschrift in der frühen Weimarer Zeit, etwa 1777/78, vorlag. Daß diese Vorlage der »Faust« »in ursprünglicher Gestalt«, der »Urfaust« war, kann jedoch nicht mehr behauptet werden. Der Goethe-Philologe Ernst Grumach hat auf Grund zeitgenössischer Berichte doch mit einiger Sicherheit nachgewiesen, daß Goethe bei seinen ersten Weimarer Faustvorlesungen weit mehr Szenen vorgetragen haben muß, als auf uns gekommen sind. Goethe muß zumindest den bis dahin ausgearbeiteten Text konzentriert haben. Diese konzentrierte Fassung, entstanden wohl kurz vor der Abschrift, wird Göchhausen vorgelegen haben, nicht aber das ursprünglich umfangreichere Faustmanuskript, das bis etwa 1776/77 gültig war. Die Bezeichnung »Urfaust« ist durch diesen Befund problematisch geworden. Siegfried Scheibe schlägt vor, »sich künftig für die frühe Gestaltung des ‚Faust‘ – bis hin zur Überarbeitung um 1777 – auf den Terminus ‚früher Faust‘ zu einigen und, davon abgegrenzt, von der ‚Göchhausenschen Abschrift‘ zu sprechen«[17]. Verwendung findet auch die Bezeichnung »sogenannter Urfaust«.

Der Text der Göchhausenschen Abschrift im Ganzen repräsentiert *ein* Stadium innerhalb einer Werkentstehung, die Goethe nicht als abgeschlossen betrachtet hat. Es ist deshalb verfehlt, ihn als fertiges Stück aufzufassen. Das Problem der konzeptionellen Überlegungen, die dem sog. Urfaust zugrunde liegen, behandele ich im 4. Kapitel, S. 138 ff.

16

Weltanschauliche Positionen
des jungen Goethe

Goethe wächst im Geiste eines streng kirchlichen Luthertums auf. Die religiösen Unterweisungen erklären ihm die Wirklichkeit als eine zwar von Gott geschaffene, durch die Schuld des Menschen jedoch unter die Herrschaft des Satans gefallene Welt der Sünde und des Todes. Als einzige Möglichkeit, auf Erden dennoch ein sinnerfülltes Leben zu führen, weisen sie ihm ein entsagungsbereites, in einer kirchlichen Gemeinschaft nach Gnade strebendes Leben in Gott. Vorbehalte gegen diese Lehren entwickeln sich dem Heranwachsenden aus seiner nicht zu unterdrückenden »Anhänglichkeit an die Welt«. Er stößt sich vor allem an der Verketzerung des normalen Lebens durch die Lehre von der »Erbsünde« und den unchristlichen Geist des kirchlichen Apparats. In Leipzig, dem Einfluß des Vaters entzogen, bleibt er Gottesdienst und Abendmahl abrupt fern. Die Erfahrung der schweren Krankheit, der Einfluß und die Fürsorge theologischer Freunde führen Goethe zunächst wieder in den Kreis einer praktizierenden religiösen Gemeinschaft, einer pietistischen »Brüdergemeinde«. Goethe bemüht sich ehrlichen Herzens, wieder »Liebe und Condeszendenz gegen die Religion« zu empfinden. Auch stellt er alchimistische Experimente an. In Straßburg erwacht angesichts der angestrengten Kirchlichkeit und des Muckertums in den dortigen Pietistenkonventikeln, denen Goethe sich zunächst anschließt, die frühe Opposition gegen die Verketzerung des Irdischen zu neuem Leben und verschärft sich durch die von Herder vermittelte Berührung mit einer Weltanschauung, welche das Irdische selbst mit dem Attribut des Göttlichen belegt, zu prinzipieller Ablehnung. Ohne sich fortan um die Pflichten eines kirchlichen Gemeindelebens zu scheren, stürzt sich Goethe auf die endgültig vom Kainsmal der Verderbtheit befreite Wirklichkeit, um sie mit allen Kräften seiner Person zu genießen. Voller Selbstbewußtsein fühlt er sich befähigt und aufgefordert, schon in *dieser* Welt eine bedeutende Rolle zu spielen.

Im Herbst 1771 tritt Goethe als Advokat in Frankfurt in das Berufsleben mit dem festen Vorsatz ein, in das gesellschaftliche Leben verändernd einzugreifen. Sehr bald muß er feststellen, daß seine Wirkungsmöglichkeiten äußerst begrenzt sind. »Das Unverhältnis des engen und langsam bewegten bürgerlichen Kreises zu der Weite und Geschwindigkeit (s)eines Wesen«[18] machen Goethe die Frankfurter Jahre immer unerträglicher. Er will aus dem »untätigen Leben zu Hause«[19] ausbrechen, eine »Weltrolle«[20] spielen, ein »herrliches, handelndes Wesens«[21] sein. Weil er weiß, daß er nur mit Hilfe der politisch Mächtigen etwas ausrichten kann, wünscht er sich eine einflußreiche Stellung als Ratgeber und Vertrauter eines regierenden Fürsten.

Als Goethe im November 1775 in das Herzogtum Sachsen-Weimar geht, verfolgt er keinesfalls die Absicht, die bestehende politische Struktur im Sinne hochfliegender Pläne zu revolutionieren. Er denkt durchaus praktisch: Seine Sorge ist die bessere Befriedigung materieller Bedürfnisse aller »Landeskinder« durch die Erhöhung der Produktivität ihrer Arbeit. Goethe will alles tun, um durch eine »vernünftige« »Landes Administration« dafür die besten Voraussetzungen zu schaffen. Die Briefe der ersten Weimarer Jahre bezeugen Optimismus und den festen Willen, die Vertrauensstellung so gut wie möglich zu nutzen. Als einer der drei (seit 1784 vier) höchsten Beamten des Herzogtums trägt Goethe mit Ernst und strenger Dienstauffassung bis zum Februar 1785 ohne Minderung die schwere Last administrativer Tätigkeit.

Auf Grund besonderer persönlicher Dispositionen und Erfahrungen gerät der junge Goethe also immer stärker in Widerspruch zum kirchlich-theistischen Weltbild der Kindheitserziehung, um es schließlich ganz abzulehnen. Um 1770 ist er gleichsam auf der Suche nach einer neuen Weltanschauung, die seine Diesseitsbejahung, seine Haltung zur Wirklichkeit bestätigen und theoretisch präzisieren könnte. Er besitzt von seiner persönlichen Entwicklungsstufe her die Voraussetzungen, Anschluß an die Emanzipation vom Theismus in der europäischen Philosophie der Neuzeit zu finden.

Die Aufwertung der Wirklichkeit in der Philosophie war um 1770 durch zwei in unterschiedlicher politischer Programmatik wurzelnde theoretische Varianten geleistet: einmal durch

eine zweckentsprechende Modifikation des theistischen Gottes-
begriffs in der Philosophie Spinozas (und im Deismus) und
zum zweiten durch die völlige Verneinung eines Gottes im
systematisch ausgebauten bürgerlichen Materialismus Holbachs.
Der Spinozismus beseitigt den entscheidenden Stein des An-
stoßes, die entwürdigende Degradation der Welt gegenüber
ihrem transzendenten, extramundanen Schöpfer, indem er
diesen in die Welt als ihren *immanenten* Grund hineinnimmt.
Indem Spinoza Gott (auch »Substanz« und »natura naturans«)
in den Dingen der Wirklichkeit sein *Wesen* ausdrücken läßt,
hebt er die irdische Wirklichkeit selbst in den Rang des eigentlichen, vollwertigen, sich selbst genügenden Seins. Der Spinozismus qualifiziert sich damit zu *dem* philosophischen Kampfmittel gegen den Theismus im letzten Drittel des 17. und in der
ersten Hälfte des 18. Jahrhunderts. Folgerichtig wird er von
der theistischen Reaktion als Atheismus verketzert, was er in
Wahrheit nicht ist.

Der Spinozismus hat allerdings noch eine andere politisch
bedeutsame Seite. Er beseitigt die Transzendenz Gottes, er
beseitigt jedoch nicht Gott schlechthin. Die Hineinnahme Gottes
in die Natur enthebt der Notwendigkeit, Gott vollkommen vernichten und ihm alle religiöse Verehrung entziehen zu müssen.
Weil der Spinozismus also nicht grundsätzlich gegen die Religion und die Kirche, die ja im Feudalstaat aufs engste, im
protestantischen Deutschland sogar personell mit der weltlichen
politischen Macht verflochten ist, Front macht, eignet er sich
besonders als ideologisches Kampfmittel für diejenigen bürgerlichen Kräfte, die eine aufklärerische Reformierung der Gesellschaft im Bündnis mit dem Landesherrn anstreben. Er bietet die
Chance, gegen Auswüchse der Religion, Aberglauben, Verketzerung des Sinnlichen u. a. zu Felde zu ziehen, erlaubt jedoch
gleichzeitig, da er die Religion selbst und ihre Institutionalisie-
rung nicht direkt antastet, ein Bündnis mit der feudalen Macht.
Diese Ideologiefunktion des Spinozismus tritt freilich in der
Praxis erst in Kraft, als um 1770 in Frankreich mit dem konsequenten Atheismus eine radikalere Form der philosophischen
Wirklichkeitsaufwertung auftritt. Um 1770 läßt im katholischen
Frankreich eine kleine Gruppe oppositioneller Intellektueller

19

im Kampf gegen den Theismus alle bisher geübten Rücksichten fallen, da sie nicht mehr an die Verwirklichung ihrer aufklärerischen Ziele in einem Bündnis mit dem Thron glaubt. Sie wendet sich nicht mehr nur gegen die Auswüchse in Religion und Kirche, sondern gegen Religion und Kirche überhaupt. Die philosophische Begründung des konsequenten Atheismus liefert Holbach. Sein Hauptwerk »System der Natur« erklärt mit voller Bewußtheit die ganze Wirklichkeit nach dem Stofflichkeitsmodell, um grundsätzlich die Vorstellung eines besonderen göttlich-geistigen Prinzips auszuschließen.

Goethe knüpft an diejenige Variante philosophischer Wirklichkeitsaufwertung an, die der eigenen sozialen Zielstellung und den eigenen Wirkungsmöglichkeiten entspricht. Goethe vertraut darauf, im Bündnis mit dem Thron aufklärerische Reformen in allen Bereichen des Lebens durchsetzen zu können. Die Rücksichtnahme gegenüber Religion und Kirche in der Öffentlichkeit und die Ablehnung des atheistischen »Systems der Natur« sind ihm deshalb wie dem ganzen Lager der deutschen Aufklärung eine Selbstverständlichkeit. Goethe bedarf einer Philosophie, die sich vom Theismus wie vom Atheismus abhebt, die diesseitsbejahende aufklärerische Reformen mit der Abwehr des Atheismus verbindet. Über die Vermittlung Herders findet er diese in der Philosophie Spinozas.

Die idealistisch-monistische Bestimmung des Gott-Welt-Verhältnisses ist der freudig begrüßte Ansatz, den uneingeschränkten Eigenwert der Wirklichkeit theoretisch zu rechtfertigen. Im Anschluß an Spinoza beschreibt Goethe die Wirklichkeit als allumfassendes, in sich ruhendes, von jeder äußeren Macht unabhängiges, einzig reales großes Ganzes, das von einer einheitlich ordnenden Gesetzlichkeit beherrscht wird. Das ist die eine wesentliche Errungenschaft des neuen Weltbildes. Die zweite, eng mit der ersten verbunden, besteht in einer neuen Auffassung von Wert und Kraft der eigenen Persönlichkeit. Das Bestehen auf der Schöpferkraft des »Genies« steht im diametralen Gegensatz zum Menschenbild des Theismus. Es dokumentiert aber auch das neue Selbstbewußtsein einer jungen bürgerlichen Intelligenz, das der vorangegangenen Aufklärergeneration noch fremd ist. Der Abstand wird deutlich an den Meinungsverschiedenheiten über die gesellschaftliche Funktion einer zeitgemäßen bürgerlichen Kunst.

Männern wie Lessing und Gellert ging es in ihrem Emanzipationskampf vor allem um Abgrenzung von den Moralnormen der feudalabsolutistischen Gesellschaft durch die Schaffung einer neuen »sittlichen Kultur«. Gegen Egoismus und Unmoral der Höfe entwarfen sie das Bild eines harmonischen geselligen Zusammenlebens auf der Grundlage einer Moral der Brüderlichkeit. Sie propagierten einen Menschen, der das Leiden anderer mitempfinden kann und den es zu einem hilfreichen Handeln veranlaßt. Der Kunst wurde grundsätzlich die Aufgabe zugewiesen, mit dem ihr eigenen Mittel der »Schönheit« eine solche Moral auszubilden.

Goethe wendet sich seit 1770 gegen die ausschließliche Verpflichtung der Kunst auf »moralische Zwecke«[22], weil nach seiner Meinung die Bürgerklasse entsprechend ihrer gewachsenen Stärke nicht mehr bei der Ausbildung und Vermittlung einer eigenen Moral stehenbleiben darf, sondern eine umfassende geistige Kultur entwickeln muß. In ihr hat die Kunst eine besondere Funktion, die sie verfehlt, wenn man sie auf die unverhüllte Propagierung von Moral festlegt. Bürgerliche Moral soll durchaus offen verkündet werden – jedoch nicht durch die Kunst. Goethe weist die Verpflichtung, Moral zu vermitteln, von sich. Kunst ist ihm zuallererst notwendige Lebensäußerung seines mit besonderen Fähigkeiten begabten Ichs. Künstlerische Tätigkeit hat zunächst den Sinn, daß sich in ihr individuelles Leben betätigt und bereichert. Wirkungsabsicht, gesellschaftliche Funktion sind damit nicht abgeschrieben. Denn das Kunstwerk bietet die Möglichkeit »wahrer menschlicher Teilnehmung«[23]. Es ist gemacht für andere Menschen, die in der Vorstellung an individueller menschlicher Praxis teilnehmen und so den Bereich ihres Erlebens erweitern lassen. Gerade dadurch kann die Kunst in besonders intensiver Weise an der Ausbildung der Persönlichkeit mitwirken. Goethe faßt den Menschen – das Kunstverständnis ist Symptom dafür – als ein selbsttätiges, schöpferisches, nach Unabhängigkeit von den äußeren Dingen strebendes Wesen auf.

Diese Menschenauffassung wird im Ganzen in das im Anschluß an Spinoza gewonnene Verständnis der Welt eingebracht. Für Spinoza war das Individuum als unabhängige, selbständige, subjektive Größe noch keine philosophische Frage. Gerade der einzelne Mensch, der mit eigenen Kräften sich und seine Umgebung verändert, steht aber bei Goethe im Zentrum des Interesses. Deshalb darf die große notwendige Gesetzlichkeit die Selbsttätigkeit des Menschen nicht ausschließen. Über Spinoza hinausgehend, begabt Goethe den Menschen wie alles Leben mit einer besonderen »nichtstofflichen Kraft«, die dessen Selbsttätigkeit garantiert. Die »Kraft« wird im göttlichen Grund der Welt verankert und die spinozistische göttliche Substanz damit zum wirkenden Subjekt ausgeweitet.[24]

Zur Anlage des sogenannten Urfaust

Der sogenannte Urfaust besteht, was die wesentlichen Konflikte angeht, aus zwei Teilen: der sog. »Gelehrtentragödie« in der Eingangsszene »Nacht« und der sog. »Gretchentragödie«, einem in sich abgeschlossenen Komplex von 17 Szenen, der etwa zwei Drittel des Urfaust-Textes ausmacht. Zwischen diesen Teilen gibt es in der Konzeption der Hauptgestalt Faust noch keine Verbindung.

In der sog. »Gelehrtentragödie« sucht sich Faust aus einem kümmerlichen Gelehrtenleben auf dem Boden der Kirche mit einem gewaltigen Sprung hinaufzuschwingen zu einem gottgleichen Schöpfertum. Das leidenschaftliche Verlangen nach einem schöpferischen Leben in der Natur steigert sich zu dem exzessiven Anspruch, selbst der schaffenden Gott-Natur gleich zu werden. Der Widerspruch zum Kerkerleben der Vergangenheit wird so zugespitzt, daß er Faust über die Natur, die er eben erst als einziges Betätigungsfeld gewonnen hat, gleich wieder hinaustreibt. Faust scheitert, ohne daß seinem Streben ein neuer Ansatz bezeichnet wird.

Die sog. »Gretchentragödie« setzt ohne Vermittlung mit der Eingangsszene »Nacht« einen Faust voraus, der seinen Anspruch auf Gottgleichheit offenbar aufgegeben hat. Wir treffen Faust, der auf ungeklärte Weise mit Mephisto verbunden ist, bei der sinnlichen Aneignung der irdischen Welt: erst in »Auerbachs Keller«, dann in der Liebe zu Gretchen. Faust stellt in dieser Liebe Ansprüche, die nunmehr mit Normen gesellschaftlichen Zusammenlebens kollidieren und erneut eine lebensentscheidende Krisis heraufbeschwören.

»Nacht« (1–169)

Fausts erster Auftritt zeigt ihn in einer krisenhaften Umbruchsituation. Zu nächtlicher Stunde in seinem Studierzimmer hält er voll innerer Unruhe in einem Monolog Rückschau auf sein bisheriges Leben. Dabei bricht eine Einsicht hervor, die sich seit längerem vorbereitet haben muß: So wie bisher kann es nicht mehr weitergehen: »Es möcht kein Hund so länger leben!« (23).

Faust hat sich – wie seine Rückschau offenbart – sämtliches an einer Universität gelehrtes Wissen angeeignet, d. h. er hat Philosophie, Medizin, Jura und mit besonderen Erwartungen Theologie studiert. Er hat die akademischen Titel Doktor und Professor erworben. Und er hat »schon an die zehen Jahr« (8) an einer Hochschule gelehrt.

Jedoch haben Studien und Universitätslehramt ihm, der sich allen überlegen weiß, weder materiellen noch geistigen Gewinn gebracht. Die Bilanz ist niederschmetternd. Trotz ausgedehnter Studien besitzt Faust kein Wissen, das den Menschen nützen, sie weiterbringen kann (18–20). Trotz längerer Lehrtätigkeit besitzt er weder Reichtum noch eine angesehene Stellung im öffentlichen Leben (21 f.). Faust reagiert auf diese Bilanz nicht mit Resignation. Er hält vielmehr Rückschau in der Haltung eines Renitenten, Aufbegehrenden. Respektlos äußert er seine besondere Enttäuschung durch die Theologie. Herausfordernd verkündet er, sich »weder vor Höll noch Teufel« (16) zu fürchten. Mit der vernichtenden Kritik des bisherigen Tuns wird – noch wenig artikuliert – den Leitvorstellungen, die in diese Misere geführt haben, der Kampf angesagt.

Schon im ersten Abschnitt des Monologs (1–32) erfahren wir von einem ersten Vorstoß, aus der Sinnlosigkeit des bisherigen

23

Lebens herauszukommen. Faust bekennt, sich »der Magie ergeben« (24) zu haben, um ein wirklich neuartiges Wissen zu erlangen, das Wissen von den »innersten« Zusammenhängen der »Welt«. Das »Magie«-Thema wird hier jedoch nicht weiter ausgeführt. Es bleibt offen, ob Faust die »Magie« schon praktiziert oder ob er in ihr den Schlüssel zum erstrebten geheimnisvollen Wissen erst nur erkannt hat.

Der erste Abschnitt des Monologs beschreibt Fausts bisherige Tätigkeit und deren Sinnlosigkeit, benennt dafür jedoch noch nicht ausdrücklich die Ursache. Diese ermitteln die Abschnitte 2 (33–44), 3 (45–56) und 4 (57–64), indem sie den Lebens-Raum, die Welt sichten, in der Faust bisher gelebt hat. Nach den mehr allgemeinen Aussagen richtet sich Fausts Blick mit konzentrierter Aufmerksamkeit auf seine allernächste konkrete Umgebung. Ihr Wesen enthüllt sich noch schmerzhafter durch den Kontrast zur Welt da draußen, die der Mond mit seinem »lieben Lichte« (40) bescheint und in die er sich jetzt sehnsuchtsvoll hinauswünscht. Schmerzhaft wird sich Faust bewußt, warum er sich so beschränkt, eingeschlossen und einsam, in »allen Lebensregungen« (60) so gehemmt fühlt. Er erkennt, daß er in einem »Kerker« (45), in einem »dumpfen Mauerloch« (46) steckt: »Statt all der lebenden Natur, / Da Gott die Menschen schuf hinein, / Umgibt in Rauch und Moder nur / Dich Tiergeripp und Totenbein« (61–64). Das Studierzimmer, Fausts »Welt«, enthüllt sich als eine Pseudo-Welt und Un-Natur. Faust beschließt, aus dem »Kerker« auszubrechen und »ins weite Land« (65) zu fliehen, wo er sich von der »Natur« unterweisen lassen will (70).

Der Ausbruch aus einem sinnlosen Leben in der toten, unnatürlichen Welt des Studierzimmers und die Hinwendung zu einem Leben in und mit der Natur bilden den entscheidenden Vorgang der ersten vier Abschnitte des Monologs. Im Namen der Natur wird der Stab über eine Welt der Un-Natur gebrochen. Welche geschichtliche Bewegung steckt hinter diesem Urteilsspruch, und wie kann die Un-Natur geschichtlich bestimmt werden?

Der Text, allein für sich gelesen und ohne Kenntnis größerer Zusammenhänge, gibt dafür schon den kurzen, aber deutlichen

Hinweis, die negative Hervorhebung der Theologie. Der Sinn dieses Hinweises und gleichzeitig die geschichtliche Konkretheit und Tragweite der ersten vier Abschnitte des Monologs entfalten sich freilich erst, wenn wir sie in den Zusammenhang des Goetheschen Werkes zwischen 1770 und 1775 und darüber hinaus in den Zusammenhang der geistigen Emanzipation aus dem Theismus in der Epoche stellen. Unnatürlich im Sinne dieses Emanzipationskampfes, im Sinne des »Faust«-Textes ist es, die irdische Wirklichkeit (im Sprachgebrauch des 18. Jahrhunderts »Natur«) als eine Welt der Sünde und des Todes zu betrachten, sich von ihr· abzuschließen und sein Erkenntnisinteresse vorrangig auf ein jenseitiges Göttliches zu richten. Der Beginn des »Faust« führt einen Gelehrten vor, der in der Vergangenheit seine wissenschaftliche Arbeit nach den Leitvorstellungen einer die Natur verketzernden Theologie des Theismus ausgerichtet hat und nun deren Falschheit einsehen muß. Das erbärmliche Fazit des bisherigen Lebens denunziert ein ganzes Weltbild: den kirchlichen Theismus, der durch seine Bewertung der Natur in der Tendenz immer zu deren Transzendierung und damit zur inhaltsleeren Spekulation aufruft. Indem Faust sich der Natur zuwendet, löst er sich von dem theoretisch-weltanschaulichen Fundament, auf dem sein bisheriges Leben erwachsen war.

Das Pathos des Natürlichen, das Faust seinem alten Leben entgegensetzt, bekundet sich auch in der metrischen Form seines Monologs, dem Knittelvers. Goethe, der den Knittelvers im Frühling 1773 bei Hans Sachs kennengelernt hat, schätzt an dessen Sprache das unverzärtelt Natürliche[25].

Der historische Faust gehört ins 16. Jahrhundert. Goethe bestätigt diesen historischen Rahmen durch die Szenerie des »hochgewölbten engen gotischen Zimmers«. Den so situierten Faust läßt Goethe jedoch einen geistigen Ablösungsprozeß durchmachen, der *ihn* unmittelbar betrifft und in seinem konkreten Verlauf für den deutschen Spinozismus des 18. Jahrhunderts charakteristisch ist. Was wiederum die Beziehbarkeit auf das 16. Jahrhundert nicht ausschließt. Wir können uns den Gelehrten Faust mit besonderer Berechtigung als einen Spätscholastiker vorstellen, der sich immer noch abmüht, das kirchliche Dogmensystem mit Aristoteles vernunftgemäß zu begründen. Ein Gelehrtenleben im Zeichen des Theismus ist aber durchaus noch zu Goethes Lebzeiten denkbar. »Es mischen sich Elemente des 16. Jahrhunderts, der Lebenszeit des historischen, später legendär gewordenen Doktor Faust, mit solchen des 18. Jahrhunderts, des Erfahrungsraumes für den ‚Faust'-Dichter . . .«[26]

Faust hat den Entschluß gefaßt, den »Kerker« zu verlassen und sein Denken und Handeln fortan auf die Natur zu beziehen. Damit steht er vor einem neuen Abschnitt seines Lebens. Doch nur erst davor. Noch bleibt der Entschluß in die Tat umzusetzen. Was wird der nach »jungem, heil'gem Lebensglück« (79) Gierende in der Natur, seinem neuen Lebensrahmen, tun, welchen Platz wird er in ihr einnehmen wollen?

Faust strebt – so zeigen es seine folgenden Unternehmungen – in der Natur nach einem Status, über den hinaus Würde und Wert des Menschen zu treiben undenkbar ist. Eben noch im »Kerker«, will er in der Natur sofort freier göttlicher Schöpfer sein. Faust betreibt eine gewaltige Umkehrung seines alten Lebens: den Sprung vom Hundeleben zum »Übermenschen« (138), zur »Gott-Natur«. Diesem Vorhaben entsprechen die Mittel, mit denen es verwirklicht werden soll. Faust stellt sich ein Ziel, das zu erreichen eine »magische Gabe« ganz notwendig aufgeboten werden muß. Goethe läßt Vorhaben und Mittel sich gegenseitig erhellen.

Das Schicksal des Faustschen Neuansatzes entscheidet sich gleich zu Beginn. Das neue Leben, das fortan der Natur gelten sollte, nimmt eine Richtung, die der erwarteten gerade entgegengesetzt ist. Faust ruft sich zu: »Flieh! Auf! hinaus ins weite Land!« (65) Doch was tut er? Er verläßt seinen »Kerker« *nicht*. Urplötzlich, ohne Überleitung beruhigt er sich bei einem »geheimnisvollen Buch« (66), das »Geleit genug« sein (68) soll – und bleibt in seinem »Kerker« sitzen. Es versteht sich, daß auch ein Buch »von Nostradamus' eigner Hand« (67) nicht die Natur selbst ist, daß sich durch das Studium seiner »heil'gen Zeichen« (74) nicht die »Kräfte der Natur« selbst »enthüllen« (85) können. Höchstens kann es zum Anlaß werden, spekulativ über die Natur hinauszugehen. Indem Faust zum »geheimnisvollen

Buch« greift, überspringt er die Natur und überliefert sich magischem Wunschdenken, für das vom Wünschenswerten zur Wirklichkeit immer nur ein Sprung ist. Faust »schaut« (87) bei seinen »magischen« Operationen niemals die Natur selbst, sondern immer nur »Zeichen« von ihr. Er selber freilich hält die »Zeichen« für die Natur selbst, ebenso die Ideen und »Gefühle« (126), die die »Zeichen« in ihm erregen.

Das Buch des Nostradamus aufschlagend, »erblickt« (Szenar nach 76) Faust zunächst »das Zeichen des Makrokosmus«. Vorzustellen ist eine alchimistisch-geometrische Darstellung der Ordnung des Weltalls in der Art, wie sie Goethe im Winter 1768/69 im »Opus Mago-Cabbalisticum« des Georg von Welling kennengelernt hat. Der »Blick« (77) schon bewirkt eine gewaltige Steigerung des Lebensgefühls. Fausts bemächtigt sich eine solche Euphorie, daß er sich fragt, ob er »ein Gott« (86) sei. Das »Zeichen« intensiver betrachtend, schaut er im alchimistischen Bild der auf- und niedersteigenden lichterfüllten Himmelskörper das Ganze des »Alls« (100) in seiner harmonischen Ordnung. Doch Faust will das »Ganze« der »unendlichen Natur« (102) nicht nur »schauen«, sondern »fassen« (102). Er will sinnliche Aneignung, die den Abstand zum Objekt überwindet; er will »unendliche«, »wirkende Natur« selbst sein. Dieser Wunsch ist so ungeheuerlich, daß Faust sich diesmal ohne weitere Kraftanstrengung in seine Unerfüllbarkeit fügt und resignierend in sich zurückfällt.

Faust »schlägt unwillig das Buch um und erblickt das Zeichen des Erdgeists« (Szenar nach 106). Nichts kann ihm gelegener kommen. Der »Geist der Erde« (108) steht ihm naturgemäß näher. Ihn zu »fassen«, ihm gleichzuwerden, muß im Vergleich zum »Makrokosmus« eher möglich sein. »Wie vom neuen Wein« (110) glühend, beschließt Faust, diesmal alles auf eine Karte zu setzen, alles zu tun und zu wagen, um sich dem Erdgeist »gleich zu heben« (141). Verharrte er dem »Zeichen des Makrokosmus« gegenüber in einer stillentzückten Betrachtung, so ruft er jetzt alle seine Kräfte zu äußerster Anspannung. Dem beschwörenden Verlangen Fausts – in der Tat handelt es sich um eine »Beschwörung« – gelingt es, den »Erdgeist« zur Erscheinung zu bringen.

Die Vorstellung von Geistern, die jeweils einem bestimmten Gestirn zugeordnet sind, entstammt dem mystisch-alchimistischen Denken. Goethe benutzt die Vorstellung, gibt ihr jedoch einen Inhalt, der von seinem neuspinozistischen Wirklichkeitsverständnis her zu verstehen ist. Der Erdgeist Goethes gibt durch seine Selbstdarstellung ein theoretisch vertieftes Bild der Natur, der Faust sich zugewendet hat. Er drückt wesentliche Momente der Wirklichkeitssicht des deutschen Spinozismus aus. Gerhard Scholz hat die Erdgeistszene »das neue, zentrale, eigentlich erkenntnistheoretische Stück unter den im ganzen ‚Faust' sonst noch reichlich vorhandenen philosophischen Ensembleteilen«[27] genannt und ihr ein eigenes Gespräch gewidmet.

Der Erdgeist ist gleichsam der »Weber« und »Wirker« der Natur- und Menschenwelt der Erde, alles Irdische *sein* »lebendiges Kleid« (157). In ununterbrochener Tätigkeit schafft er natürliches und menschlich-geschichtliches »Leben«, das immer von Widersprüchen beherrscht wird. Man vergleiche die Verse des Erdgeists mit einer Prosaaussage Goethes vom Dezember 1772: »Was wir von Natur sehn, ist Kraft, die Kraft verschlingt, nichts gegenwärtig, alles vorübergehend, tausend Keime zertreten, jeden Augenblick tausend geboren, groß und bedeutend, mannigfaltig ins Unendliche; schön und häßlich, gut und bös, alles mit gleichem Rechte nebeneinander existirend.«[28] Der Erdgeist personifiziert damit nichts anderes, als die unbedingt schaffende Gott-Natur (natura naturans), die sich in der geschaffenen Natur (natura naturata) den ihr wesensgemäßen Ausdruck gibt. Wenn Faust dem Erdgeist gleich zu werden begehrt, begehrt er ein Dasein in der Art einer unbedingten naturschaffenden Gottheit. Der Erdgeist erscheint vor Faust eigentlich nur, um sein Wesen darzustellen und den vermessenen Anspruch, »Ebenbild der Gottheit« (164) zu werden, zurückzuweisen. Von der Gewalt der Erscheinung schon in äußerste Bedrängnis gebracht, muß Faust vernehmen, daß sein »Geist« allenfalls »eine Welt in sich« (139), niemals jedoch eine objektive Natur erschaffen kann, daß er dem Erdgeist wird niemals gleichen können. Der Erdgeist »verschwindet« (Szenar nach 161), und Faust bricht zusammen.

Das titanische Begehren Fausts, sich der schaffenden »Gott-Natur« gleichzuheben, hat für den jungen »Faust«-Dichter zwei Seiten. Goethe solidarisiert sich voll Sympathie mit der allgemeinen Intention, die hinter dem Begehren steht: dem leidenschaftlichen Wunsch nach einem schöpferischen Leben in einer vollwertigen Natur. Die Aneignungsversuche sind ernste, lebensentscheidende Unternehmungen. Der Ernst und die Begeisterung müssen Faust geglaubt werden. Den Anspruch selbst muß jedoch auch schon der sogenannte Sturm-und-Drang-Goethe ablehnen. Indem Faust nach Gleichheit mit der »Gott-Natur« strebt, überliefert er sich dem Voluntarismus, der »Magie«. »Betrachtet man die Alchymie überhaupt«, urteilt Goethe später im »Historischen Teil« der »Farbenlehre«, »so findet man an ihr dieselbe Entstehung, die wir oben bei anderer Art Aberglauben bemerkt haben. Es ist der Mißbrauch des Echten und Wahren, ein Sprung von der Idee, vom Möglichen, zur Wirklichkeit, eine falsche Anwendung echter Gefühle, ein lügenhaftes Zusagen, wodurch unsern liebsten Hoffnungen und Wünschen geschmeichelt wird.«[29] Goethe kritisiert im Bild magischer Beschwörung im Stile des 16. Jahrhunderts ein zeitgenössisches Schwärmertum von Altersgenossen, das den Wert des Menschen bei weitem übertreibt, einen neuen »bequemen Mysticismus«, der, indem er den Menschen zum »Gott« erhebt, ihn sogleich wieder aus der eben erst gewonnenen Natur herausnimmt. In einem Bruchstück zum 15. Buch von »Dichtung und Wahrheit« wird Goethe später von einer »Epoche der genialen Anmaßung« sprechen: »Diese mußte notwendig aus der Tendenz nach unmittelbarer Natur entstehn. Die Individuen wurden von allen Banden der Kritik befreit, und jeder konnte seine Kräfte schätzen und überschätzen, wie ihm beliebte.«[30] Der Faust der Makrokosmos- und Erdgeistteile der Szene »Nacht« ist solch ein Individuum der »genialen Anmaßung«, die aus der »Tendenz nach unmittelbarer Natur« entstanden ist. Aus seinem Scheitern spricht die ernste Sorge des jungen Goethe, daß auf Grund einer exzessiven Übertreibung das neue, an sich produktive Selbstbewußtsein vom Wert des Menschen wirkungslos verpuffen könne. Faust verordnet sich, den Theismus als Ursache der Sinnlosigkeit seines bisherigen Lebens erkennend, als neuen Lebensraum die spinozistische Natur, um sie in einer steilen Kurve des Enthusiasmus durch Selbstüberschätzung sogleich zu überspringen. Immer noch im »Kerker« sitzend, ist Faust über sein altes Leben praktisch nicht hinausgekommen. Die wirkliche, nicht nur imaginierte Aneignung der Natur steht noch aus.

Die Wagner-Szene (170–249)

Der Famulus Wagner, der Faust noch »tief in der Nacht« (242) hat sprechen hören, betritt das Studierzimmer, um die Gelegenheit zu einem gelehrten Gespräch zu nutzen. Faust, seine grenzenlose Enttäuschung auf den unschuldigen Wagner ableitend, reagiert äußerst »unwillig« (Szenar nach 169), läßt sich aber doch auf eine Unterhaltung ein, der Wagner jeweils die Gegenstände gibt.

Angeregt durch – wie er meint – Fausts Deklamieren, bringt Wagner zunächst die Rede darauf, wie man mit dem gesprochenen Wort die Menschen zu einem tugendhaften Leben führen könne: »(Wagner:) Ach, wenn man in sein Museum gebannt ist / Und sieht die Welt kaum einen Feiertag, / Man weiß nicht eigentlich, wie sie zu guten Dingen / Durch Überredung hinzubringen« (178–181). Die gewünschte Wirkung erhofft er durch Rhetorik zu erreichen und möchte sich in dieser »Kunst« (172) vervollkommnen. Faust stellt Wagners Wirkungsabsichten auf andere nicht in Frage. Auch ihm gelten »Freundschaft, Liebe, Brüderschaft« (198) als Werte, die eine Verbreitung verdienen. Doch er hält nichts von einem lehr- und lernbaren Regelkanon rhetorischer Mittel, von rednerischen Künsten nach althergebrachter Vorschrift. Am überzeugendsten geschieht nach seiner Auffassung Wirkung auf andere durch den ungezwungenen, nicht von vornherein auf Moral zielenden Ausdruck individuellen Fühlens und Erlebens; am überzeugendsten auch deshalb, weil das, was »aus der Seele dringt« (183), auf den ganzen Menschen wirkt, zu »Herzen geht« (193).

Wagner kommt dann auf sein mühsames kritisches Studium der »Quellen« (211) der Antike zu sprechen. Er bekennt, aus der Beschäftigung mit der Geschichte, mit den geistigen Leistungen der Vergangenheit »ein groß Ergötzen« (218) zu ziehen, nicht zuletzt, weil im Blick auf die Vergangenheit ihm die besondere Fortgeschrittenheit der Gegenwart erst so recht deutlich wird: »(Wagner:) Verzeiht! es ist ein groß Ergötzen,/ Sich in den Geist der Zeiten zu versetzen./ Zu schauen, wie wir's dann zuletzt so herrlich weit gebracht« (218–221). Faust verweist seinen Famulus wieder auf den Reichtum der »eigenen Seele« (217). Auch kann er die Einschätzung des erreichten Standes, Wagners Geschichtsoptimismus nicht teilen. Doch wiederum stellt er nicht grundsätzlich den Wert einer Beschäftigung mit der Geschichte, mit dem »Geist der Zeiten« (219), den Wagner beruft, in Frage. Sein Widerspruch, nur sehr vage an Wagner selbst gerichtet (225), gilt Entartungen. Faust wendet sich gegen ein Pseudointeresse an der Geschichte, dem es eigentlich gar nicht um den »Geist der Zeiten«, sondern immer nur um sich selber geht, das vergangenes Leben nach eigenen moralisch-didaktischen Wirkungsbedürfnissen ausbeutet und so von ihm nur »Kehrichtfaß« und »Rumpelkammer, / Und höchstens eine Haupt- und Staatsaktion« (231 f.) übrigläßt.

Fausts Einwurf gegen die »trefflichen pragmatischen Maximen« (232), die der Geschichte untergelegt werden, führt Wagner auf das erste Gesprächsthema zurück: die Besserung der Menschen. Wagner beharrt auf seinem Ziel, bessernd zu wirken. Diesmal legt er den Akzent auf die Verbreitung von Wissen, und zwar Wissen *für alle:* »(Wagner:) Allein die Welt! des Menschen Herz und Geist! / Möcht jeglicher doch was davon erkennen«' (234 f.). Auch hier kann man nicht sagen, daß Faust sich der Verbreitung von Wissen grundsätzlich in den Weg stellt. Er hält es nur für äußerst leichtfertig anzunehmen, die Wahrheit würde von allen mit offenen Armen aufgenommen werden, sie brauchte nur gesagt zu werden, um sich durchzusetzen.

Faust macht über seinen Famulus vor dessen Eintritt und nach dessen Weggang sehr abfällige Bemerkungen. Wagner wurde daraufhin lange nicht recht ernst genommen, ja sogar als Karikatur aufgefaßt. Tatsächlich findet in der nächtlichen Unterredung – für den sog. Urfaust gilt das uneingeschränkt – ein echter geistiger Austausch zwischen ernstzunehmenden Partnern statt. Goethe läßt Faust und Wagner über Gegenstände verhandeln, die ihn um 1775 selbst beschäftigen. In erster Linie geht in die Kontroverse die Auseinandersetzung des jungen Goethe mit jenen Aufklärern ein, die ihre wesentliche Aufgabe in der Ausbildung und Verbreitung einer neuen spezifisch bürgerlichen sittlichen Kultur sahen. Gottsched zum Beispiel schreibt für diesen Zweck eine »Ausführliche Redekunst« (1728). Das gewachsene Selbstbewußtsein des jungen bürgerlichen Intellektuellen Goethe will sich demgegenüber nicht mehr auf die Erziehung zu bürgerlicher »Tugend« beschränken, sondern will sich in allen Bereichen des geistigen Lebens betätigen und eine umfassende bürgerliche geistige Kultur ausbilden helfen. Die Entwicklung einer bürgerlichen Moral wird damit nicht abgelehnt. Ein analoges Verhältnis besteht zwischen Wagner und Faust. Sie bezeichnen unterschiedliche Entwicklungsstufen der einen großen geistigen Bewegung der Aufklärung, wobei Wagner bei geringerem physischen Alter der geistig Ältere ist. Es erklärt sich aus der Situation unmittelbarer Polemik, daß Faust im selbstbewußt-abfälligen Ton des Überlegenen nur das Trennende anspricht. Wir haben in den kontroversen Positionen auch das Gemeinsame zu entdecken. Wagner gehört ins aufklärerische Lager. Es ist abwegig, in Wagner – wie Scholz das tut – einen religiösen Mystiker aufs Korn zu nehmen und ihn zur »Opportunistenfigur reaktionärer Weltanschauung«[31] zu erklären: »Wagners Streben, sich die Kunst der Predigt – von wem auch immer – anzueignen, der Affront Fausts gegen das Pergament als sogenannten heiligen Brunnen, aus dem ein Trunk den Durst auf ewig stille, beziehen sich auf Goethes Verwerfen jeder Erneuerung oder Komplettierung religiöser Mystik.«[32]

Die Studenten-Szene (250–445)

Ein neuangekommener Student macht seinen Antrittsbesuch bei Professor Faust, um sich über die Einrichtung seiner äußeren Lebensumstände und seiner Studien Rat geben zu lassen. Es ist Mephisto, ganz offensichtlich Fausts Stelle einnehmend, der ihn »im Schlafrock eine große Perücke auf« (Szenar nach 249) empfängt. Mephisto erscheint damit das erstemal in der Dichtung, ohne daß angegeben wird, wie er in Fausts Haus kommt und in welchem Verhältnis er zu Faust steht. Der junge Student soll »Mediziner werden« (336), doch wünscht er außerdem »rings von aller Erden, / Von allem Himmel und all' Natur« (337 f.) so viel wie möglich aufzunehmen. Er ist an die Universität mit dem ehrlichen Vorsatz gekommen, »was Rechts hieraußen(zu) lernen« (260). Betrübt muß er gestehen, daß er nach seinen ersten Schritten im studentischen Leben schon wieder fort möchte: »Sieht all' so trocken ringsum aus / Als säß Heißhunger in jedem Haus« (263 f.). Um so größere Hoffnungen setzt er jetzt auf den Rat Fausts: »Möcht gern das Gute so allzusamm, / Möcht gern das Böse mir all' vom Leib, / Und Freiheit, auch wohl Zeitvertreib, / Möcht auch dabei studieren tief, / Daß mir's über Kopf und Ohren lief! / O Herr, helft, daß meiner Seel / Am guten Wesen nimmer fehl« (271–277). Mephisto tut das Gegenteil. Sein Verfahren besteht darin, daß er dem Studenten empfiehlt, was er selbst teils drastisch-offen, teils ironisch als verabscheuens- und nichtswürdig darstellt: Ein »Logie« bei »Frau Spritzbierlein« (296), die sich an Studenten sehr gut zu bereichern versteht, und einen »Tisch« (307), von dem man »Gänsestuhlgang« (316) bekommt. Für die Vorbereitung auf das eigentliche Studienfach rät er »zuerst Collegium Logikum« (343) und »nachher vor allen andern Sachen« (380) die »Metaphysik« (381). Die Schul-Logik versklavt das spontane Denken. Die »Metaphysik« spekuliert über transzendente Gegenstände, die dem Menschen nicht zugänglich sind. Schließlich um »ein kräfftig Wörtchen« (399) zur Medizin gebeten, läßt Mephisto alle Rücksichten seiner Rolle fallen. Er gibt den Rat, sich aus dem Studium einen guten Tag zu machen, weil trotz allen Studierens letztlich alles so läuft, »wie's Gott gefällt« (409). Für die spätere medizinische Praxis empfiehlt er unverhohlen – vor allem bei den »Weibern« – die Scharlatanerie. Man kann verstehen, daß der Student bei den Ratschlägen Mephistos nicht recht weiß, wie ihm geschieht, daß er von einer Verwirrung in die nächste fällt. Schließlich weiß er sich, völlig konfus gemacht, keinen anderen Rat, als die Unterweisung abzubrechen und »ehrerbietig« (Szenar nach 443) zu gehen.

Wie vielfache Belege bezeugen – man lese nur die entsprechenden Passagen im 6. Buch von »Dichtung und Wahrheit« –, reagiert die Studentenszene unmittelbar auf Erfahrungen, die Goethe während seiner Universitätszeit in Leipzig und Straßburg gemacht hat. Bleibt anzumerken, daß Goethes Bewertung dieser Erfahrungen von Mephisto vorgetragen wird. In der Tat kann man Mephisto nicht vorwerfen, daß er die Zustände an der Universität schönfärbe oder verteidige. Im Gegenteil: Er liefert deren scharfe durchdringende Kritik. Mephisto konfrontiert den unerfahrenen naiven Studenten brutal mit den Absurditäten an der Universität, um ihm schließlich deren Ausnutzung zum eigenen Vorteil vorzuschlagen. Wir beobachten hier erstmals ein Vorgehen, dessen Mephisto sich später noch öfters bedienen wird: das Mitteilen fortgeschrittener kritischer Einsichten zur Beförderung von Konformismus und nihilistischem Opportunismus.

In der Zeit um 1775 liebt es Goethe, auf kritikwürdige gesellschaftliche Zustände und Personen mit satirischen Mitteln zu reagieren. Ein großer Teil der dramatischen Kurzformen dieser Zeit sind Satiren und Farcen. Ich nenne: »Das Jahrmarktsfest zu Plundersweilern« (1773), »Ein Fastnachtsspiel vom Pater Brey« (1773), »Götter, Helden und Wieland« (1773) und »Hanswursts Hochzeit« (1774/75). Die Studentenszene gehört in diesen Rahmen. Sie ist für die zeitweilig große Bedeutung der sozialen Satire ein Beispiel.

»Auerbachs Keller in Leipzig«
(446–453/danach für Prosa Zeilenzählung 1–206)

Faust und Mephisto treten – ohne Vorbereitung – zum erstenmal definitiv als verbunden auf. Mephisto bemüht sich, Faust zu unterhalten und ihm zu Gefallen zu sein. Aus diesem Grund führt er ihn in eine »Zeche lustiger Gesellen« (Szenar nach 445) »(Meph.:) Nun schau, wie sie's hier treiben! Wenn dir's gefällt, dergleichen Sozietät schaff ich dir nachtnächtlich« (Z. 55 f.). Faust selbst offenbart im Verlauf der Szene die übernatürliche Fähigkeit des Zauberns. Die Szene führt in ihrem ersten Viertel (bis Z. 54) zunächst die »Sozietät« für sich allein vor.

Zu abendlich-nächtlicher Stunde sitzen an einem Tisch des

Leipziger Lokals in gewohnter Runde vier »lustige Gesellen«. Ihr Metier wird nicht angegeben. Doch verraten sie sich durch ihren Bildungsstand wie durch ihr Benehmen am Tisch als Studenten. Über ihre Individualität erfahren wir nur wenig: »Frosch«, wie »Brander« und »Alten« ein sogenannter Biername, ist der jüngste, aktivste und vorwitzigste von allen. Er versucht, die Runde in Stimmung zu bringen; er singt die Lieder; und er macht sich über die neuen Gäste Faust und Mephisto lustig. Brander mag keine Lieder politischen Inhalts. Siebel ist die bevorzugte Zielscheibe für den Spott der anderen. Er hat Unglück in der Liebe gehabt, sein »Liebchen« hat ihn vor die Tür gesetzt. Außerdem hat er einen »Schmerbauch« (Z. 53), weshalb ihn Faust später »Mastschwein« (Z. 185) nennt. Alten ist der Älteste und Vorsichtigste, verheiratet und steht allem Anschein nach schon im Beruf. Er achtet darauf, sich nicht zu betrinken. Bei Fausts Zaubereien schöpft er als erster Verdacht.

Das Szenar bezeichnet die drei Studenten und den »alten Herrn« als »lustige Gesellen«. Zu Beginn der Szene machen sie jedoch alles andere als einen lustigen Eindruck. Verdrossen, unlustig sitzen sie vor ihren Krügen und wissen nicht, was sie mit sich anfangen sollen. Der Abend könnte im stillen Vorsichhinsaufen vergehen. Als sie sich schließlich doch zu etwas aufraffen, kommt aus ihnen nichts anderes heraus als Aggression und Bosheit, führen sie sich auf wie Tiere. Gleich zu Beginn wird eine Prügelei mit Not nur verhindert, als Frosch dem Brander »ein Glas Wein übern Kopf« (Szenar nach 451) gießt. Neuansetzend will sich Frosch in einem Lied über das zerfallende »liebe heil'ge römische Reich« (Z. 8) lustig machen. Das wird ihm durch Branders Einspruch abgeschnitten. Da ärgert er den Siebel mit seiner verunglückten Liebe. Schließlich ergötzt man sich, gemeinsam im »Chorus jauchzend« (Szenar nach Z. 33), am Tod einer vergifteten Ratte. Als Siebel doch Mitleid mit der Ratte äußert, wünscht Brander jenem das gleiche Schicksal.

Die vier »lustigen Gesellen« nennen sich selbst »Esel«, »Schwein« (452) und »Ratte« (Z. 53) und ihr Treiben »Dummheit« und »Sauerey« (450). Die Beiträge, die Mephisto und Faust zum Gelingen des Abends leisten, werden Reaktionen provozieren, die das Bild der »Sozietät« vervollständigen. Mephisto singt zunächst das sogenannte Flohlied: eine Satire auf die Günstlingswirtschaft und Willkür feudalabsolutistischer Herrscher. War vorhin ein »politisch Lied« (Z. 10) gar nicht willkommen, so findet Mephistos Satire jetzt begeisterte Zustimmung. Denn sie suggeriert den Studenten das Gefühl, im Gegensatz zur feigen Hofgesellschaft mutige Revolutionäre zu sein. »Jauchzend« (Szenar nach Z. 125) identifizieren sie sich mit den letzten zwei Zeilen des Liedes: »Wir knicken und ersticken / Doch gleich, wenn einer sticht« (Z. 127 f.).

Nach Mephistos Auftritt inszeniert Faust den Weinzauber. Wie denn der gewünschte Wein kostenlos aus dem Tisch zu fließen beginnt, vergessen die Studenten ihre Genußfähigkeit. Nur nichts sich entgehen lassen! »Sie trinken wiederholt« (Szenar nach Z. 175), dabei lautstark bekennend: »Uns ist gar kannibalisch wohl / Als wie fünfhundert Säuen!« (Z. 179 f.). Der Gipfel der Tierähnlichkeit ist erreicht. Faust fordert Mephisto zum Gehen auf. Der Zauber des weinspendenden Tisches wird mit Eklat abgebrochen. Das »Höllische Hokuspokus« (Z. 185), dessen angenehme Seiten nur zu willkommen waren, erregt den Studenten plötzlich Abscheu. Ehrlichen Herzens sich als »ehrliche Gesellschaft« (Z. 184 f.) fühlend, stürzen sie sich auf den »Zauberer« (Z. 190 f.). Als sie merken, daß sie es mit dem Teufel selbst zu tun hatten, bleibt nur noch die Angst.

Auerbachs Keller ist Fausts und Mephistos erstes gemeinsames Erlebnis. Man hat oft gefragt, wieso Mephisto den Faust zu Beginn in eine Gesellschaft führt, von der doch so gar keine verführerische Wirkung ausgeht. Die »Zeche lustiger Gesellen« wird tatsächlich in keiner Weise als Verführung dargestellt. Mephisto selbst unternimmt nichts, sie anziehender erscheinen zu lassen. Im Gegenteil. Der Besuch in Auerbachs Keller kann also nicht mit einer Verführungsabsicht motiviert werden, obwohl Mephisto diese Motivation ausspricht.

»Auerbachs Keller« setzt unabhängig von einer Verführungsabsicht die satirische Auseinandersetzung mit dem Erfahrungsbereich Universität fort. Die Kritik – Faust und Mephisto sind gleichsam ihre Katalysatoren – bezieht sich diesmal auf die Studenten selbst. Goethe stellt Verhaltensweisen dar, die er zweifellos unter seinen Kommilitonen erlebt hat. Kurz gesagt:

Die studentische »Sozietät«, die Goethe uns vorführt, lebt kein sinnvolles Leben; sie lebt den Ersatz. Daß sie in einer Kneipe angesiedelt wird, ist dafür ein wichtiges Symptom. Trinken, Liedersingen und politische Maulaufreißerei als Ersatz für ein sinnvolles Tun. Dennoch läßt sich nicht übersehen, daß sie bei aller Selbstgefälligkeit nicht dümmlich-borniert im Genuß des Kneipenlebens aufgehen. Eine latente Aggressivität, ständig bereit hervorzutreten, bezeugt eine tiefe Unzufriedenheit mit sich selbst. Der Schluß ist erlaubt, daß die Studenten nicht immer schon ein Leben der Ersatzbefriedigung geführt haben.

»Landstraße« (454–457)

Die Gretchen-Szenen präludiert eine vierzeilige Kurzszene in der Manier Shakespeares[33], die später im »Fragment« und im Faust I fehlt. Faust und Mephisto durchreiten eine offene Landschaft, die durch drei Requisiten sozial bestimmt wird: »Ein Kreuz am Wege, rechts auf dem Hügel ein altes Schloß, in der Ferne ein Bauernhüttchen« (Szenar vor 453). Stellung wird nur zum »Kreuz« genommen. Wir erfahren, daß es Mephisto »zuwider« (456) ist.

Die Gretchen-Szenen

Goethe verbindet in den vorangehenden Szenen die Auseinandersetzung mit der eigenen Zeit mit Elementen der Faust-Sage. Gretchen muß er neu einführen. Die Gretchen-Szenen bringen so unvermittelt und ausschließlich Erfahrungen des jungen Dichters ein, daß sich eine Verbindung zur Faust-Sage nicht mehr herstellen ließ.

Wir wissen aus der Biographie des jungen Goethe, daß er sich bei seinen Beziehungen zum anderen Geschlecht immer wieder in einen schmerzlichen Konflikt gestürzt sah. Als durchaus sinnlicher Mensch fühlte er sich zu den Frauen stark hingezogen. Ein großes Bedürfnis nach Liebe und Sexualität drängte auf Erfüllung. Gleichzeitig aber wollte er zunächst seine außergewöhnliche Begabung unbehindert entfalten und sich nicht vorzeitig in eine eheliche Bindung einschränken, die der gesellschaftlichen Norm nach die Voraussetzung für die Erfüllung seiner Wünsche war. Er wollte die Freuden der Liebe genießen, sich jedoch durch Ehe und Familie nicht in seiner Beweglichkeit einengen lassen. Ein Musterbeispiel für diesen Konflikt ist die Liebe zur Landpfarrerstochter Friederike Brion. Goethe verkehrte im Pfarrhause schon als der zukünftige Bräutigam; Friederike sah in ihm den Mann ihres Lebens. Alle Welt glaubte an eine dauerhafte Verbindung, als plötzlich der geliebte Mann sich ohne Abschied zurückzog.

Goethe ist die Trennung nicht leichtgefallen. »Clavigo« (1774) und »Stella« (1775) sowie die Gestalten verlassener Mädchen, die es in mehreren Werken dieser Zeit gibt, legen Zeugnis davon ab, wie heftig er von Schuldgefühlen gequält wurde und wie schonungslos er mit sich zu Gericht ging. Seine Unabhängigkeit galt ihm dennoch als das wertvollere Gut.

Als sich Goethe von Friederike Brion losriß, hinterließ er eine unheilbar tiefe seelische Verwundung. Was macht ein Mädchen, das von seinem Liebhaber verlassen wird und von ihm ein Kind erwartet? Ende 1771 konnte Goethe in Frankfurt aus nächster Nähe das Schicksal der Kindsmörderin Susanna Margaretha Brandt verfolgen. Die fünfundzwanzigjährige Magd im Frankfurter Gasthaus »Zum Einhorn« hatte von einem durchreisenden holländischen Goldschmiedegesellen ein Kind bekommen und es »wegen der Schande und des Vorwurfs der Leute« erwürgt. Im Verhör hatte sie angegeben, der Mann habe sie durch einen Trank willenlos gemacht und der Teufel sie zur Ermordung des Kindes angestiftet. Am 14. Januar 1772 war sie öffentlich durch das Schwert hingerichtet worden, nachdem man sie nach mittelalterlichem Brauch eine Stunde lang durch die Stadt geführt hätte. Zu solch katastrophaler Entwicklung den Anlaß gegeben zu haben, brauchte Goethe selbst sich nicht verantwortlich zu fühlen. Auf tiefe persönliche Betroffenheit deutet gleichwohl, daß sein Gretchen den Leidensweg der Susanna Margaretha Brandt ebenfalls bis zum katastrophalen Ende nachvollzieht.

Die Gretchen-Szenen spielen in einer Reichsstadt, wie die von Goethe später erwogene Einleitungsskizze (Plp. 38) belegt. Diese Stadt ist mit Mauern umgeben, aus ihren Toren quellen an Festtagen die Bürger, um sich im Freien zu ergehen. Es gibt in ihr das Rathaus, den Dom, das Kruzifix am Zwinger, den Brunnen, aus dem die Mädchen Wasser schöpfen. Das soziale Leben wird beherrscht durch eine genaue und feste ständische Gliederung. Das bürgerliche Mädchen wird mit »Jungfer« angeredet, es darf kostbaren Schmuck nicht tragen, da er allein den adligen Frauen gebührt. Der christlich-kirchliche Glaube bildet die selbstverständliche religiöse Grundlage eines beschränkten Lebens. Man ist geneigt, diese Stadt ins ausgehende Mittelalter zu versetzen, auf jeden Fall vor Goethes Lebzeiten. Das hieße jedoch vergessen: Im Frankfurt der Mitte des 18. Jahrhunderts wurden noch jede Nacht die Stadttore geschlossen. In diesem Frankfurt hat es auch das Schicksal der Susanna Margaretha Brandt gegeben. Die Gretchen-Szenen spielen in einer Welt, die Goethe, als er mit der Niederschrift des »Faust« begann, noch umgibt.

Die Protagonisten der Gretchen-Szenen entstammen unterschiedlichen Schichten des Bürgertums. Die soziale Herkunft Fausts wird im sog. Urfaust nicht genau genannt. (Im Faust I erfahren wir, daß Fausts Vater Arzt und Magier war.) Immerhin, er hat studiert, kommt also aus einem finanziell besser gestellten bürgerlichen Haus. Dann hat er jahrelang als Hochschullehrer wissenschaftlich gearbeitet. Er ist bürgerlicher Intellektueller, ein Mann, der sehr viel »denken kann« (1062). Gretchen lebt mit ihrer Mutter – der Bruder ist Soldat – nicht in materieller Not. Ihr Vater hinterließ »ein hübsch Vermögen / Ein Häuschen und ein Gärtchen vor der Stadt« (969 f.). Sicher war er Handwerker. Eine Magd kann sich die Familie jedoch nicht leisten. Deshalb muß Gretchen selbst »kochen, fegen, stricken / Und nähn, und laufen früh und spat« (963 f.). So ist ihr Leben bisher aufgegangen in der Besorgung des Haushalts und der Familie. Ihre Bildung überschreitet nicht den Standard des Katechismus. Selbst nennt sie sich ein »arm unwissend Kind« (1964).

Faust tritt Gretchen beim ersten Zusammentreffen (Szene »Straße« = Szene Nr. 1) wie ein adliger Verführer gegenüber. Der Eindruck, den er macht, ist eindeutig: Gretchen vermutet in ihm einen »Herrn« (531) »aus einem edlen Haus« (533): »Er

39

wär auch sonst nicht so keck gewesen« (535). Selbst Mephisto, dem Fausts Allüre doch gelegen kommt, stellt mit einem gewissen Erstaunen fest: »Er tut, als wär er ein Fürstensohn« (526).

Für den Faust der ersten Gretchen-Szene ist das »herrlich schöne Kind« (461) nur ein Gegenstand sexueller Begierde, die sich um den Menschen und sein Schicksal überhaupt nicht kümmert. Er will so schnell wie möglich mit diesem Mädchen schlafen. Seine soziale Überlegenheit bewußt in die Waagschale werfend, geht er schnurstracks auf sein Ziel los. Er bietet Gretchen, die aus dem Dom von der Beichte kommt, sein »Geleit« (458), mit Absicht die offensichtlich unpassende, jedoch schmeichlerische Anrede »Fräulein« (457) gebrauchend. Und er ergreift wohl sogleich ihren Arm. Denn das Mädchen, ablehnend, muß sich »losmachen« (Szenar nach 460).

Der erste Annäherungsversuch hat keinen Erfolg gebracht. Faust wendet sich an Mephisto: »Hör, du mußt mir die Dirne schaffen!« (471) / »Wenn nicht das süße junge Blut / Heut nacht in meinen Armen ruht, / So sind wir um Mitternacht geschieden.« (488–92) Mephisto mahnt zu mehr Raffinement im Sinne der »welschen Geschichten« (504). Außerdem sei bei Gretchen »mit Sturm ... da nichts einzunehmen« (509). Faust verlangt Brusttuch und Strumpfband seiner »Liebeslust« (514). Fausts »Pein« (515) zu lindern, verspricht Mephisto, ihn »noch heut in ihr Zimmer (zu) führen« (518). Das soziale Profil von Fausts Verführerattitüde zeigt sich erneut, wenn er Mephisto auffordert, »ein Geschenk für sie« (525) zu besorgen. Schon 1767 warnt Goethe in einem Gedicht, das erst 1833 unter dem Titel »Der wahre Genuß« veröffentlicht wurde, Fürsten vor dem Gebrauch verführerischer Geschenke. »Umsonst, daß du, ein Herz zu lenken, / Des Mädchens Schoß mit Golde füllst.«[34] Wer auf »Gold« setzt, wird den »wahren Genuß« nicht haben. Faust will Gretchen »haben« (519).

Der Besuch am Abend des gleichen Tages in ihrem Zimmer (Szene »Abend« = Szene Nr. 2) soll ihm einen Vorgeschmack der »künft'gen Freuden« (522) geben. Doch da geschieht das Unerwartete: Die Berührung mit Gretchens Welt bewirkt einen radikalen Gesinnungswandel. Fausts Begierde nach dem »Geschöpfchen« (496) schlägt um in Rührung, Verehrung – Liebe:

»Mich drang's, so grade zu genießen, / Und fühle mich in Liebestraum zerfließen!« (574 f.). Was erlebt Faust in dem »kleinen reinlichen Zimmer« (Szenar nach 529), daß er die Haltung des Verführers so plötzlich aufgibt und Gretchen tief zu lieben beginnt? So paradox das zunächst scheinen mag: Faust erlebt durch Gretchen in ihrer kleinen Welt die Faszination der Natur. Das Wirken der Gott-Natur bezeugt sich ihm in Gretchens Geburt und Aufwachsen. Faust muß daran denken, als er ihr Bett betrachtet. Die Anrufung der »Natur« (563) dabei ist signifikant, ebenso der Gebrauch der Metaphorik der Makrokosmosschau: Gretchen, »das Götterbild« (568). Doch nicht nur sie selbst ist »göttergleich« (559), auch die beschränkte Häuslichkeit, die sie mit ihrem »Geist / Der Füll und Ordnung« (554 f.) belebt. Hymnisch nimmt Faust die »Hütte« für ein »Himmelreich«, weil er *durch* Gretchen auch im kleinsten Detail die Anwesenheit der Natur fühlt.

Vor der Macht der Natur Gretchen erkennt sich Faust als frevelhafter Verführer. Vom Gefühl der Scham überwältigt, scheint er zu vergessen, daß er Gretchen jetzt liebt, da er zu fliehen und nimmer wiederzukehren beschließt. Aber Mephisto, den Faust beim Betreten des Zimmers weggeschickt hatte, betritt wieder die Szene und weist das geforderte Geschenk vor. Als Mittel der Verführung verträgt es sich nicht mehr mit Fausts neuem Gefühl. Faust zögert, um Mephisto schließlich doch das Schmuckkästchen in Gretchens »Schrein« stellen zu lassen.

Die Szene »Abend« klärt Fausts neues Verhältnis zu Gretchen. Zugleich erfahren wir aus ihr, was die Begegnung mit Faust bei Gretchen bewirkt hat. Faust reflektiert unvermittelt im Monolog. Gretchen offenbart ihr Inneres durch das Medium eines Liedes: Sie singt die Ballade vom »König von Thule«. Die unabhängig vom »Faust« entstandene Ballade im altertümlichen Stil besingt eine Liebe und eine Treue zu dieser Liebe, vor deren Absolutheit die Konvention ihre Gültigkeit verliert. Ein nordischer König aus grauer Vorzeit besitzt aus der Hand seiner sterbenden Geliebten einen goldenen Becher als Vermächtnis. Er hält ihn heilig. Bei »jedem Schmaus« (616) trinkt er aus dem Becher und bricht dabei, von Erinnerung und Trauer überwältigt, in Tränen aus. Als der Tod naht, wird die Treue

41

zum Vermächtnis konfrontiert mit der Konvention. Der König, der sich in der Abfolge seines Geschlechts fühlt, ordnet sorgfältig seine Hinterlassenschaft für die Erben. Den Becher allein, der auch zum Erbe gehört, nimmt er davon aus. Er verbraucht ihn für seinen Abschied vom Leben. Nachdem er ein letztes Mal aus dem Becher »Lebensglut« (628) getrunken hat, wirft er ihn ins Meer – und stirbt. Der König stirbt, und das Vermächtnis der Geliebten mit ihm – nur der Tod sei das Ende von Liebe und Treue.

Zweifellos darf zwischen der Ballade und Gretchens Geschick keine gradlinige Beziehung hergestellt werden. Gleichwohl singt sie die Ballade nicht zufällig. Gretchen ist von der flüchtigen Begegnung mit Faust tief beeindruckt, im Innersten aufgewühlt. Ihr wird zu eng in ihrem Zimmer, ihr läuft »ein Schauer am ganzen Leib« (609). Im Singen der Ballade entlädt sich die tiefe Sehnsucht nach der großen Liebe, die Bereitschaft zur Hingabe. Im »Gartenhäuschen« wird Gretchen Faust gestehen, daß sie ihn »schon lange« (1055) liebt. Beim Auskleiden findet Gretchen in ihrem »Schrein« den Schmuck. Sie legt ihn an und stellt vor dem Spiegel mit Bewunderung fest, wie sie »doch gleich ganz anders« (649) dreinsieht. Gern möchte sie den Schmuck besitzen. Der Funke Sinnlichkeit ist in ihrer bescheidenen Seele geweckt.

Faust und Gretchen sind sich einmal auf der Straße flüchtig begegnet. Faust ist darüber hinaus in Gretchens Zimmer gewesen. Noch weiß keiner vom Gefühl des anderen. Die Szenen Nr. 3 (»Allee«, ab »Faust, ein Fragment« »Spaziergang«), Nr. 4 (»Nachbarin Haus«) und Nr. 5 (ohne Szenenüberschrift, ab »Faust, ein Fragment« »Straße«) bereiten das Zusammentreffen vor, in dessen Verlauf Faust und Gretchen einander ihre Liebe bekennen werden.

In der Szene »Allee« erfahren wir aus Mephistos Bericht, daß der Schmuck in den »guten Magen« (690) der Kirche gewandert ist. Der junge Goethe weiß von christlicher Geschäftstüchtigkeit nicht nur aus der Geschichte der Papstkirche; in kleineren Dimensionen hat er sie auch in der lutherischen Gemeinde Frankfurts kennengelernt. Wenn er sich immer mehr vom kirchlichen Leben entfernt, so hat das auch einen Grund in der Ab-

42

scheu vor der »christlichen Gesinnung« des kirchlichen Apparats. Mit Wonne läßt er Mephisto eine scharfe Attacke gegen kirchliche Habsucht reiten.

Faust fordert Mephisto auf, ein »neu Geschmeid« (708) zu hinterlegen. Der neue, reichere Schmuck, nunmehr vor der Mutter verborgen gehalten, führt Gretchen in der Szene Nr. 4 ins Haus der freier denkenden Nachbarin Marthe Schwerdlein. Die Nachbarin ist eine verheiratete Frau in mittleren Jahren, die ein schweres Los zu tragen hat, keine geile Kuppelmutter. Von ihrem Mann, wohl einem Handwerker, gewissenlos verlassen, muß sie in harter Arbeit für sich und ihre Kinder allein aufkommen. Es ist nur zu verständlich, daß sie nicht länger allein sein will, daß sie Gewißheit über das Schicksal ihres Mannes sucht, um sich gegebenenfalls wieder verheiraten zu können. Frau Marthe sehnt sich einfach nach einem glücklicheren Leben. Deshalb versteht sie auch das Verlangen nach Glück bei anderen. Gretchen kann ihr den Fund eines zweiten Kästchens melden und den Schmuck bei ihr anlegen, ohne die Mutter fürchten zu müssen. Damit tut sie den ersten Schritt, die von der Mutter repräsentierte Ordnung zu umgehen.

Gretchen ist in das Haus der Nachbarin ausgewichen. Die Zusammenführung kann in die Wege geleitet werden. Mephisto erscheint bei Frau Marthe und berichtet ihr in der Manier des Fastnachtsspiels die »traurige Geschicht« (774) vom Tode ihres Mannes. Frau Marthe wünscht eine rechtskräftige Beurkundung. Mephisto verspricht, mit einem zweiten Zeugen wiederzukommen. Seinerseits wünscht er dann die Anwesenheit Gretchens. Deren Appetit auf einen »Galan« (800) glaubt er durch anzügliche Bemerkungen, aber auch den Schmuck schon geweckt zu haben. Auf Grund des Vertrauens, das Gretchen Frau Marthe entgegenbringt, kann Mephisto darauf rechnen, daß sein Wunsch erfüllt wird. Es wird vereinbart: »(Marthe:) Da hinterm Haus in meinem Garten / Wollen wir der Herrn heut abend warten« (877 f.).

In der Szene Nr. 5 erfährt Faust, daß er, um zu Gretchen zu gelangen, falsches Zeugnis vom Tode des Herrn Schwerdlein ablegen soll. Das unlautere Mittel der Lüge paßt jedoch, wie Faust wohl fühlt, nicht zu lauterer Liebe. Deshalb lehnt er spontan ab, um jedoch wiederum nach einer kurzen Auseinandersetzung mit Mephisto seinen Widerstand aufzugeben. Mephisto bezichtigt Faust ganz einfach der Heuchelei. Faust werde »morgen« (905) Gretchen »alle Seelenlieb« (907) und »ew'ge Treu« (909) schwören, gehe in Wahrheit aber nur auf das Physische der Liebe aus, das sich schnell verzehrt. Ehrlichen Herzens weiß Faust, daß das eine böswillige Verleumdung ist. Die Heftigkeit der Replik verrät dennoch tiefe Betroffenheit. Aggressiv überhebt Faust seine Liebe zu Gretchen irdischem Fassungsvermögen. Es bleibt nur, die »Glut« (917) mit dreimaligem Nachdruck »unendlich, ewig, ewig« (918) zu nennen. Mephisto reagiert gelassen, denn er weiß um die Macht des physischen Triebes. Faust gibt ihm recht, wenn er sich nach dem überschwenglichen Gefühlsausbruch stillschweigend in Mephistos Plan schickt. Er mahnt sogar noch zur Eile.

Die bisherige Entwicklung erreicht ihren ersten Höhepunkt in den eng zusammengehörigen Szenen »Garten« (Nr. 6) und »Ein Gartenhäuschen« (Nr. 7). Mit Beginn der Szene »Garten« sehen wir die beiden Paare, die für sich getrennt auf und ab gehen, schon mitten im angeregten Gespräch. Alternierend hören wir Teile der beiden Unterhaltungen. Der schmalere Part des älteren Paares setzt die Manier des Fastnachtsspiels fort; Frau Marthe, die Gelegenheit sofort beim Schopfe packend, bemüht sich angestrengt, Mephisto zu »angeln«. Doch immer wieder stößt sie mit ihren Anfragen ins Leere, weil Mephisto sich dumm stellt. Im Kontrast zu den zielstrebigen, wenn auch erfolglosen Versuchen Frau Marthes – das scheue und doch eindeutige Aufeinanderzugehen von Gretchen und Faust. Gretchen führt das Wort, obgleich sie sich unterlegen fühlt und Fausts Interesse für sie nicht begreifen kann. Sie erzählt von den Freuden und Leiden ihres Alltags. Faust kann nur immer das Unterlegenheitsgefühl zurückweisen und beteuern, daß er »Einfalt«, »Unschuld«, »Demut« und »Niedrigkeit« als die »höchsten Gaben / Der liebausteilenden Natur« (954–58) ansieht. Gretchens Liebe steht außer Frage. Sie ist insgesamt die Sicherere. Deshalb führt sie nicht nur das Wort, sondern auch das Geschehen. Sie ist es, die durch das Blumenorakel das Liebeseinverständnis herbeiführt. Das Abzupfen der

Blumenblätter beginnt als Scherz; es endet, Fausts Liebe durch die »Natur« bestätigend, als tiefer Ernst. Faust nimmt das »Spiel« (1029) in gleich feierlicher Weise auf, indem er das »Blumenwort« (1034) als »Götterausspruch« (1035) deutet. Das Blumenorakel ist mehr als ein folkloristisches Ornament; es spricht eine Wahrheit aus, die durch die »Natur« selbst verbürgt ist und deshalb durch menschliche Worte nicht mehr bekräftigt zu werden braucht. »Er faßt ihr beide Hände« (Szenar nach 1036). Doch Faust drängt es auch zur Rede. Er muß seine Liebe zu Gretchen »ewig« (1043) nennen. Schon gegenüber Mephisto hatte er dieses Wort im Gefühlsüberschwang der Betroffenheit gebraucht. Jetzt zu Gretchen gesprochen, ist es von unleugbar konkreter Verbindlichkeit. Faust bindet vor dem Richterstuhl seines Ich sein Geschick für immer an Gretchen. Dennoch kann er im Moment des Versprechens den Gedanken an ein mögliches Ende nicht unterdrücken. Die Heftigkeit der beschwörenden Abwehr »Nein, kein Ende! Kein Ende!« (1044) verrät eine tiefinnere Betroffenheit, ein geheimes Wissen, daß die Beschwörung erfolglos bleiben wird.

Gretchen schweigt vor Fausts Liebesbekenntnis in tiefer Erschütterung. Dann läuft sie weg in das »Gartenhäuschen« (Szene Nr. 7). Faust – nach einigem Zögern – folgt ihr. Die Liebenden sind für einen Augenblick ganz allein. Faust küßt Gretchen; sie gibt den Kuß zurück.

Die Entwicklung ist an einem entscheidenden Punkt angelangt. Faust und Gretchen haben sich ihre Liebe gestanden. Noch aber ist diese Liebe nur eine Verheißung für die Zukunft, in die niemand hineinreden kann. Wirklich ihre Erfüllung finden kann sie nur in einer gesellschaftlichen Umwelt, die auch das Liebesverhalten einer bestimmten Reglementierung unterwirft. Faust und Gretchen stehen – ob sie das bewußt reflektieren oder nicht – vor dem Problem, wie sich ihre Liebe in den Entfaltungsspielraum einfügen soll, den die Verhaltensmuster ihrer Zeit und ihrer Klasse vorgeben.

Kursorisch könnte das Modell der Liebesbeziehung, das einem jungen Menschen aus den mittleren Schichten des Bürgertums um die Mitte des 18. Jahrhunderts als ideale Norm entgegentritt, folgendermaßen beschrieben werden: Zwei junge

Menschen fassen in freier Entscheidung zueinander eine tiefe, die ganze Person betreffende, leidenschaftliche Zuneigung. Sie sehen ihr Gefühl als einen Wert an, der durch Intensität und Dauer das ganze weitere Leben bestimmen wird. Daraufhin gehen sie eine Lebensgemeinschaft ein, die durch die Kirche rechtlich sanktioniert ist: die bürgerliche Ehe. Jetzt erst sind geschlechtlicher Verkehr und Nachkommen legitimiert.

Dieses Modell enthält zwei Momente von unterschiedlicher gesellschaftlicher Wertigkeit. Es propagiert zum ersten ein neues Sexualethos, das sich gegen die Genußideologie des höfisch-aristokratischen Hedonismus richtet. Sexuelle Beziehungen sollen nur dann eingegangen werden, wenn sich beide Menschen in tiefer gegenseitiger Gefühlsbindung frei dazu entscheiden. Andere Motivationen als Liebe – wie z. B. materielle Überlegungen – werden abgelehnt. Natürlich handelt es sich bei diesem Ethos um ein Ideal. Da es in der bürgerlichen Praxis ausgesprochen ungünstige Voraussetzungen zu seiner Verwirklichung vorfindet, kann es ohne gesellschaftliche Nachteile verletzt werden.

Das zweite Moment besteht in einer verbindlichen Norm, die ein tatsächliches gesellschaftliches Erfordernis zum Ausdruck bringt. Die bürgerliche Familie ist ein auf sich gestellter Organismus, der sich ohne fremde Hilfe selbständig erhalten muß. Der Mann erwirbt in der Teilnahme an der gesellschaftlichen Produktion dafür die materiellen Mittel. Die Frau führt den Haushalt und erzieht die Kinder. Eine Familie, die nur aus der Mutter und einem unehelichen Kind besteht, ist in der Regel nicht existenzfähig und kann nicht als Normalfall toleriert werden. Die Norm verbietet deshalb den vorehelichen Sexualverkehr, um das Risiko einer unehelichen Schwangerschaft auszuschließen. Sie duldet den Sexualverkehr nur zwischen Personen, die durch die Ehe miteinander verbunden sind. Verletzungen der Norm ziehen, wenn sie offenkundig werden, schwere soziale Nachteile nach sich. Das eigentliche Risiko trägt dabei freilich nur die Frau.

Die Hingabe aus freier Liebesentscheidung ist eine der »heroischen Illusionen« des Bürgertums, der unter bürgerlichen Verhältnissen keine Verbindlichkeit zukommen kann. Was bürgerliches Liebesverhalten im eigenen Interesse wirklich berücksichtigen muß, ist die von der Institution des Feudalabsolutismus Kirche überwachte Norm, die den Sexualverkehr an die Ehe bindet. Diese Norm gilt auch für Gretchen und Faust; sie gibt auch ihrer Liebe den sozialen Rahmen.

Scholz schreibt dazu: »Niemals ist in dem Liebesversprechen zwischen Faust und Gretchen von einer feudalen oder bürgerlichen christlichen Ehe die Rede gewesen, was zu einer Konflikthandlung geführt hätte, die eine sogenannte Moraltragödie fundieren könnte. Das zeigt die philosophische Höhe in der individuellen Liebesentscheidung.«[35] Freilich ist niemals von einer Ehe die Rede. Und die sog. »Gretchen-Tragödie« ist auch nicht das Drama eines ruchlos gebrochenen Eheversprechens. Das heißt jedoch nicht, daß das Problem der bürgerlichen Ehe in ihr nicht gestellt ist. Faust und Gretchen leben nicht in »philosophischen Höhen«, sondern in einer Gesellschaft, die bei Liebesbeziehungen unabhängig vom subjektiven Wollen immer die Frage der Ehe aufwirft. Die weitere Entwicklung der Liebesbeziehung zwischen Gretchen und Faust kann nicht richtig beurteilt werden, wenn das Gewicht dieser Verhaltensnorm nicht ernst genommen wird.

Nach dem Liebesgeständnis und dem Kuß vergeht eine nicht näher bestimmte Zeit, in der zwischen den Liebenden keine Verbindung besteht. In der Szene Nr. 8, die auf den Höhepunkt im »Gartenhäuschen« folgt, sitzt Gretchen allein in ihrer Stube am Spinnrad. Wiederum offenbart sie ihr Inneres in einem Lied. Mit dem Spinnrad kreisen die Gedanken der Einsamen nur um den Einen. Dreimal kehrt die Strophe wieder: »Meine Ruh' ist hin / Mein Herz ist schwer, / Ich find sie nimmer / Und nimmermehr« (1066 ff.), Ausdruck des Dranges nach Gegenwart des Geliebten. Besonders aufwühlend ist die Erinnerung an den »Händedruck« und an den »Kuß« (1092 f.). Wie sollte das genügen? Gretchen endet ihr Spinnlied mit dem leidenschaftlichen Verlangen, Faust wiederzuhaben und ihn dann ganz zu besitzen. Es äußert sich unverhohlen eine unempfindsame Sinnlichkeit. Anklänge an das Hohelied Salomos, das Goethe im Oktober 1775 übersetzt hat, sind nicht zufällig. Gretchen, das Kind der Natur, zeigt in ihrem Liebesverlangen eine Natürlichkeit,

47

die ihr von der Kirche kaum gestattet würde. Goethe hat es später für die Veröffentlichung (1790) als opportun erachtet, diese »Natürlichkeit« durch die Änderung von »Schoß« (1098) in »Busen« abzumildern.

Faust ist wiedergekommen. In der Szene Nr. 9 sehen wir Faust und Gretchen zusammen in »Marthens Garten«. Das Gespräch, diesmal ohne Frau Marthens Anwesenheit, dreht sich um das weitere Schicksal ihrer Liebe. Man darf nicht meinen, daß Gretchen in ihrer leidenschaftlichen Liebe zu Faust die Normen ihres »bürgerlichen Zustands« gleichgültig geworden wären, daß sie sich zielstrebig über sie hinwegsetzte. Das hieße dem späteren Konflikt die ihm eigene Schärfe nehmen. Ohne es jemals offen auszusprechen, hofft Gretchen im Innersten ihres Herzens auf ein Leben *mit* diesem Mann und in Einklang mit der bürgerlichen Ordnung. Deshalb sucht sie ihn auszuforschen, deshalb will sie wissen, wie er zu den Denk- und Verhaltensmustern steht, die ihr eigenes Leben bestimmen, deshalb stellt sie, weil nach der sie beherrschenden Anschauungsweise alles andere davon abhängt, die berühmte Frage nach der Religion. Mephisto verzerrt gewiß böswillig, doch hat er mit seiner Deutung nicht so unrecht: »Die Mädels sind doch sehr interessiert, / Ob einer fromm und schlicht nach altem Brauch, / Sie denken: duckt er da, folgt er uns eben auch!« (1218–20).

Gretchen, schon besorgt, möchte mit ihrer Frage eine Annäherung der Anschauungen erreichen. Faust jedoch muß mit seiner Antwort der Sache nach einen weltanschaulichen Gegensatz deutlich machen. Gretchen hängt – wie in ihrer sozialen Lage nicht anders zu erwarten – der Religion des »Katechismus« (1152) an; sie glaubt an den Gott, den sie die Institution Kirche gelehrt hat. Faust hingegen, bürgerlicher Intellektueller, hat sich vom Theismus losgesagt. Er glaubt an einen Gott ganz anderer Art: die göttliche Natur. Der Unterschied in der Religion verweist auf einen Unterschied in der Weltanschauung und darüberhinaus in der sozialen Stellung. Faust möchte der Religionsfrage zunächst ausweichen, weil er an einer Bloßlegung des Gegensatzes nicht interessiert ist. Als Gretchen nüchtern beharrt, versucht er seinen Spinozismus mit Pathos zu überdecken und die weltanschauliche Differenz auf ein Problem der »Sprache« (1156) zu reduzieren. Es spricht für Gretchens klaren Blick, daß sie sich trotz eines beträchtlichen rhetorischen Aufwands den Spinozismus nicht als *ihr* »Christentum« (1162) einreden läßt.

Gretchen hat noch etwas anderes vorzubringen. Sie übt harte Kritik an der Gemeinschaft Fausts mit Mephisto. Sie kann sich nicht erklären, wie Faust mit einem Menschen, der offensichtlich »an nichts keinen Anteil nimmt« (1180), »nicht mag eine Seele lieben« (1182), verbunden sein kann.

Ohne daß Gretchens schwere Bedenken ausgeräumt sind, verspricht sie Faust am Ende der Szene auf seine Bitte »Ach kann ich nie / Ein Stündchen ruhig dir am Busen hängen« (1194 f.) ohne jedes Zögern die Nacht. Ohne Zögern nimmt sie auch einen Schlaftrunk für die Mutter an, der die erste Liebesnacht ungestört machen soll. Natürlich weiß Gretchen, welchem Risiko sie sich aussetzt. Sie dürfte Faust erst zu sich lassen, nachdem er sie geheiratet, zumindest ihr aber die Ehe verbindlich versprochen hat. Gretchen besteht nicht auf vorhergehendem Abschluß des Kontrakts, der ihre materiellen Interessen sichert, weil sie Faust vertraut und von seiner Liebe überzeugt ist, und nicht zuletzt, weil sie selbst ihn leidenschaftlich liebt. Gretchen wird später auf der sittlichen Berechtigung ihres Handelns beharren, auch wenn sie zugesteht, daß der voreheliche geschlechtliche Verkehr eine »Sünde« (1275) ist: »Doch – alles, was mich dazu trieb, / Gott! war so gut! ach war so lieb!« (1276 f.). Die Sicht des Stückes unterstreicht diese Beurteilung. Ihr Schritt erscheint gegen die herrschende Moral als eine Tat von hohem sittlichem Wert.

Die Liebesvereinigung behandelt Goethe mit außerordentlicher Verschwiegenheit. Es wäre zu erwarten gewesen, daß dieser Höhepunkt, mag er selbst nicht vorgeführt werden, doch indirekt in das Stück hineingenommen würde. Tatsächlich geht das Stück merkwürdig beiläufig darüber hinweg. Die Liebesvereinigung bildet keinen inneren Ruhepunkt. Wir erfahren auch nicht, ob sie Faust und Gretchen wirklich die ersehnte Erfüllung gebracht hat. Aus der Sicht des Danach reduziert sie sich auf ein bloßes Faktum, mit dem die Entwicklung zur Katastrophe beginnt.

In der Szene »Am Brunnen« (Nr. 10) steht Gretchen dann schon am Anfang ihres Endes. Bärbelchens Schicksal, das am Brunnen zwischen Gretchen und Lieschen zur Sprache kommt, deutet voraus auf ihr eigenes. Wir erfahren, was eine uneheliche Mutter in der bürgerlichen Ordnung, die Gretchen einst selbst vorbehaltlos und energisch vertrat, zu erwarten hat: die gesellschaftliche Ächtung. Sie wird »im Sünderhemdchen Kirchbuß' tun« (1260). Mit einem unehelichen Kind wird sie schwerlich heiraten können, so daß der Unterhalt des Kindes ihr allein überlassen bleibt. Der Mann kann sich der moralischen Verpflichtung zur Ehe entziehen, ohne daß ihn irgendeine Instanz zur Rechenschaft zieht. »(Gretchen:) Er nimmt sie gewiß zu seiner Frau. / (Lieschen:) Er wär ein Narr. Ein flinker Jung / Hat anderwärts noch Luft genung. / Er ist auch durch« (1261–64). Früher unnachsichtige Tadlerin »fehlender« Mädchen, ist Gretchen jetzt selber betroffen. Auf dem Heimweg vom Brunnen gesteht sie, »nun selbst der Sünde bloß« (1275) zu sein. Das Ausmaß ihres Unglücks bleibt noch offen.

In der Szene »Zwinger« (Nr. 11) quält Gretchen eine tiefe innere Not. Mit sich allein, im Raum zwischen den letzten Häusern und der Stadtmauer, wendet sie sich in ihrer Angst mit einem Gebet hilfeflehend an die schmerzensreiche Mutter Maria. Goethe benutzt für Teile des Gebets vor dem »Andachtsbild der Mater dolorosa« (Szenenüberschrift) wie auch in der nächsten Szene Elemente des katholischen Kultus, die er freilich für seine Zwecke verwandelt. Die Marien-Sequenz »Stabat Mater«, die zum Fest der Sieben Schmerzen Mariae am 15. September gesungen wurde, mahnt die Gläubigen, am Schmerz der Gottesmutter teilzunehmen. Anders bei Goethe. Gretchen bittet Maria um die Teilnahme an ihrer eigenen Not.

Sie fleht vergeblich um Hilfe. Die nächste Szene »Dom« (Nr. 12) endet mit ihrem physischen Zusammenbruch. Gretchen und »alle Verwandte« (Szenenüberschrift) haben sich im Dom versammelt. Man zelebriert für ihre verstorbene Mutter die Totenmesse (»Exequien«). Ein »Böser Geist«, der nichts anderes als das eigene schlechte Gewissen ist, bedrängt Gretchen mit dem Vorwurf schwerer »Missetat« (1321). Am Tod der heute zu Grabe getragenen Mutter trägt sie Mitschuld. Und unter ihrem Herzen schlägt schon »Brandschande Malgeburt« (1326). Gretchen ist unfähig, die »Gedanken« (1330) daran loszuwerden. Da beginnt der Chor die Reimsequenz »Dies irae« zu singen. Die Orgel setzt ein. Die ersten zwei Zeilen des Chores berufen den Tag des Jüngsten Gerichts. Obwohl der Böse Geist die Auferstehung zum Gericht drastisch ausmalt, meint Gretchen hier noch im Gegensatz zwischen der strengen Gangart der Orgel und der Menschlichkeit der Chorstimmen die Möglichkeit der Gnade wahrzunehmen. Als der Chor von der Unerbittlichkeit der Richter spricht, verstärkt sich das Gefühl der Bedrängtheit. Die Sünder können vor dem Richter bei Heiligen um Fürsprache bitten. Als der Böse Geist Gretchen prophezeit, daß sie keinerlei Fürsprache zu erwarten habe, fällt sie in Ohnmacht. Das rücksichtslose Urteil, das jede Gnade ausschließt, treibt Gretchen in den physischen Zusammenbruch, vielleicht schon in den Beginn des Wahnsinns.

Der nächste Schritt: Gretchens »Schande« dringt in die Öffentlichkeit. Im ersten Teil der Szene »Nacht. Vor Gretchens Haus« konstatiert ihr Bruder Valentin voll ohnmächtiger Wut die ersten Anzeichen sozialer Verachtung. Im zweiten Teil der Szene erscheinen Faust und Mephisto auf dem Schauplatz, ohne daß eine Verbindung zu Valentin hergestellt wird. Einer Aufforderung Mephistos entnehmen wir, daß Faust auf dem Weg zu Gretchen ist. Die Stimmung, die ihn dabei beseelt, hat sich freilich seit der Liebesnacht, dem letzten Zusammensein, das im Stück auszumachen ist, grundlegend gewandelt. Faust fühlt nicht mehr »Himmelsfreud« (1411), sondern »Seelennot« (1413). Was die lange Abwesenheit ahnen ließ, macht eine pathetische Selbstanklage zur Gewißheit. Faust deklariert sich zum »Flüchtling« (1414), zum »Unmensch ohne Zweck und Ruh« (1415), der nicht bei Gretchen verweilen kann. Daß er schlimme Folgen für Gretchen ahnt, beweist die Konsequenz seines Schuldbekenntnisses. In seiner Zerknirschung geht er so weit, das eigene »Geschick« als Sühne anzubieten: »Mag ihr Geschick auf mich zusammenstürzen / Und sie mit mir zugrunde gehn!« (1430 f.) Faust kündigt die Liebe zu Gretchen nicht kaltblütig auf; er leidet echte Not. Das apologetische Moment dieser seiner Selbstanklage darf deswegen nicht übersehen werden. Mit dem Gleichnis vom »Wassersturz« (1416), der begierig dem Abgrund zubraust, erhebt er sein Handeln zu einer vom Ich unbeeinflußbaren Naturnotwendigkeit. Sein Urteil über Gretchen trifft nicht die ganze Wahrheit. Faust redet von einem Gretchen, das ihr in engen Bahnen verlaufendes Schicksal bloß passiv auf sich nimmt: »Und seitwärts sie mit kindlich dumpfen Sinnen / Im Hüttchen auf dem kleinen Alpenfeld, / Und all ihr häusliches Beginnen / Umfangen in der kleinen Welt« (1418–21). Faust vergißt, daß Gretchen aus eigenem Entschluß Schranken überschritten hat. Sie auf ein nur verführtes, aus ihrer häuslichen Beschränktheit herausgerissenes Kleinbürgermädchen ohne eigene Initiative zu reduzieren, entspricht nicht der Wirklichkeit. Faust klagt sich an, versucht sich aber gleichzeitig herauszureden. Sein Pathos ist zwiespältig. Mephisto glossiert es nicht grundlos.

Die drei Schlußszenen hat der junge Goethe in Prosa geschrieben, um ihnen eine besondere tragische Wucht zu geben. Szene Nr. 15 (im sog. Urfaust ohne Überschrift, im Faust I »Trüber Tag. Feld«): Faust hat plötzlich, ganz unvorbereitet, von Gretchens »Missetat«, ihrer Flucht, Gefangenschaft im »Kerker« und Verurteilung erfahren. Außer sich, macht er seiner Verzweiflung Luft in hemmungslosen Klagen und Anschuldigungen an die Adresse Mephistos. Die außerordentliche Betroffenheit darf wiederum nicht über einen Widerspruch hinwegtäuschen. Faust leidet tief an Gretchens Unglück: »Jammer! Jammer! von keiner Menschenseele zu fassen, daß mehr als ein Geschöpf in die Tiefe dieses Elends sank ... Mir wühlt es Mark und Leben durch, das Elend dieser einzigen ...« (22–28). Auf der anderen Seite muß Faust dadurch in äußerstes Zwielicht geraten, daß er Gretchens Unglück nicht selbst verantwortet, sondern alle Schuld auf Mephisto abwälzt. Der hat leicht entgegnen: »Wer war's, der sie ins Verderben stürzte? Ich oder du?« (45 f.). Faust fordert Mephisto auf, Gretchen aus dem Kerker zu befreien. Mephisto verspricht die Voraussetzungen zu schaffen. Befreien muß Faust Gretchen selber.

Szene »Nacht. Offen Feld« (Nr. 16): eine Kurzszene von sechs Zeilen in rhythmisierter Prosa. »Faust und Mephistopheles auf schwarzen Pferden daherbrausend« (Szenar) reiten auf dem Wege zu Gretchens Kerker vorbei an einer Richtstätte, an der sich eine »Hexenzunft« (1439) zu schaffen macht.

Faust will Gretchen aus dem Kerker holen, um sie vor dem »schröcklichen Schicksal« einer Kindsmörderin zu retten und ihr die Freiheit zu geben, nicht jedoch, um fortan mit ihr zusammenzuleben. Ihn treiben Mitleid und Schuldgefühl, nicht Liebe. Davon haben wir nach der pathetischen Selbstanklage in Szene Nr. 13 auszugehen. Gretchen muß in der Begegnung mit Faust diese letzte bittere Wahrheit noch erfahren.

Die Szene »Kerker« (Nr. 17) spielt in der Nacht vor der Hinrichtung bis zum Morgengrauen. Faust trifft Gretchen im Zustand des Wahnsinns. Weder hat sie ein Bewußtsein ihrer Identität, noch erkennt sie den Mann, der ihre Ketten faßt, um sie aufzuschließen. Auch jetzt singt sie. Im Lied aus dem Märchen vom Machandelbaum ist sie selbst ein gemordetes Kind. Dann wiederum ist sie ein »armes junges Mädchen«, das man fälschlich beschuldigt, sein Kind umgebracht zu haben. In Faust sieht sie den Henker, der vor der Zeit kommt. Gretchens geistige Verfassung ändert sich sofort, als Faust sie beim Namen ruft. Sie erkennt Faust.

Gretchen hofft plötzlich auf eine Wiedervereinigung mit dem Geliebten und wohl auch auf Rettung. Mit einem Faust, der sie liebt, wäre sie wohl zu einer Flucht bereit. Sie verlangt nach einem Kuß, um sich des Geliebten zu versichern. Doch von Faust geht Fremdheit aus. Gretchen muß ihn erst um einen Kuß anfallen (Szenar). Dieser Kuß bringt es an den Tag: »Weh! deine Lippen sind kalt! Tot! Antworten nicht!« Gretchen erkennt, daß Faust sie nicht mehr liebt, daß sie Faust endgültig verloren geben muß. Für eine kurze Zeit des Hoffens aus der Umnachtung aufgetaucht, sinkt sie zurück in den Wahnsinn, doch mit klarem Blick auf das Ende. Mitleid kann über Gretchen nicht verfügen. Sie beginnt sich dem einstigen Geliebten immer mehr zu entziehen. Zunächst der Hinweis auf ihre Verbrechen, dann die Ahnung von einem Duell Fausts. Die Verfügung über die Gräber setzt schließlich schon ihren Tod voraus. Am Ende, mit dem Erscheinen des zum Aufbruch mahnenden Mephisto, bricht sie mit Faust ganz.

Gretchen fügt sich in ihren Untergang, als sie Fausts Liebe verloren geben muß. Vor einer »richtenden gefühllosen Menschheit«, deren Urteil Mephisto bekräftigt, beruft Gretchen das Gericht Gottes und bekennt sich damit zu ihrer Schuld. Die Entscheidung, Faust ohne Ehe zu lieben, die eine folgenschwere Entwicklung einleitete, wird dennoch nicht zurückgenommen. Gerade daß sie das »Gericht Gottes« gegen die weltliche Gerichtsbarkeit anruft, beweist, daß sie an der einstigen Entscheidung festhält. Gretchen hätte am Ende ihres Lebens, wollte sie den Regeln ihres »Christentums« (1160) entsprechen, ihre freie Liebe zu Faust reuig zu verwerfen. Paradox: Gerade das Anrufen des »Gerichts Gottes« verweigert das. Gretchen kriecht nicht als reuige Sünderin – wie es den Anschein hat – zu Kreuz. Die Gretchen-Szenen enden damit, daß Gretchen mit ihrer Weigerung den Horizont eines kirchlich-theistischen Christentums durchbricht.

Die Gretchen-Szenen gehören in den Entwicklungszusammenhang des bürgerlichen Trauerspiels, das sich in der europäischen Aufklärungsliteratur des 18. Jahrhunderts in Frontstellung zum höfisch-heroischen Trauerspiel der feudalabsolutistischen Repräsentationskunst herausbildet. In der Gestaltung von Liebesbeziehungen greifen die Szenen eine konstituierende Thematik dieses Trauerspieltyps auf, geben ihr jedoch eine ganz neuartige Wendung. Die Eigenart dieser Weiterbildung läßt sich am besten feststellen, wenn wir die Gretchen-Szenen einerseits dem bürgerlichen Trauerspiel Lessings und andererseits den bürgerlichen Trauerspielen des Sturm und Drang gegenüberstellen.

Das bürgerliche Trauerspiel der Aufklärung – Lessing stehe hier als Beispiel – unterstellt sich ganz der Absicht, eine besondere bürgerliche Moral der Brüderlichkeit und Menschlichkeit zu entwickeln und zu fördern. Das Lessingsche bürgerliche Trauerspiel lebt aus dem Konflikt zwischen Personen zweier Moralbereiche. Im abgeschlossenen Kreis privater Geselligkeit – eine Festlegung auf bürgerliche Klassenzugehörigkeit muß nicht unbedingt stattfinden, wie die »Emilia Galotti« zeigt – hat moralische Integrität ihre Heimstatt. Ihm entgegen stehen die Amoral, der Hedonismus der öffentlichen feudal-politischen

Welt, besonders der Sphäre des Hofes. Vorgeführt wird nun, wie die tugendhafte private Welt in die Fänge der höfischen Amoral gerät und wie sie auf diesen zerstörerischen Zugriff von außen reagiert. Meist geht es darum, daß ein Bösewicht aus der höfischen Gesellschaft ein bürgerliches Mädchen besitzen will. Der »Unmensch« stürzt die tugendhafte Person ins Verderben; die aktive Einwirkung des »Bösen« vermag jedoch die neue Moral nicht zu vernichten. Sie bewahrt ihre Überlegenheit und Reinheit, indem sie sich dem Zugriff durch Selbstaufopferung entzieht. Sie triumphiert im passiven Erleiden, im Untergang, freilich nicht im aktiven Widerstand.[36]

Das bürgerliche Trauerspiel Lessings entwickelt vor allem das moralische Moment des bürgerlichen Citoyen-Ideals. Das bürgerliche Trauerspiel eines Lenz und Wagner erreicht in der bürgerlichen Emanzipation vom Feudalabsolutismus eine neue Qualität, indem es die Einschränkung auf eine nur innerlich und passiv sich bewährende bürgerliche Tugend aufgibt. Lessing stellt den Angriff des Despotismus auf die bürgerliche Moral dar, um die »tugendhaften Fertigkeiten« seiner Klasse zu befördern. Lenz und Wagner binden sich nicht mehr nur an ein antihöfisches Tugendideal, das sich im Privaten bescheidet. Sie wollen die am eigenen Leib erfahrenen Konflikte des bürgerlichen Lebens mit dem Feudalabsolutismus möglichst rückhaltlos und authentisch mitteilen, um – wie auch immer – auf die Gestaltung des öffentlich-politischen Lebens einzuwirken. Das bürgerliche Trauerspiel gibt dadurch Lebenswirklichkeit viel unmittelbarer wieder, es gewinnt eine neue soziale Konkretheit. Die Anlage des Konflikts, wie wir sie etwa in der »Emilia Galotti« finden, braucht dabei nicht grundsätzlich verändert zu werden. »Die Soldaten« (1776) von Jakob Michael Reinhold Lenz und »Die Kindesmörderin« (1776) von Heinrich Leopold Wagner führen das Modell adligen Übergriffs auf bürgerliche Tugend fort, geben dem Konflikt aber jetzt ein neues, soziales Profil und eine bis dahin unbekannte anklägerische Schärfe. Anders als bei Lessing wird der Konflikt eindeutig als ein Klassengegensatz zwischen Adel und Bürgertum und nicht mehr nur als Gegensatz zwischen privater bürgerlicher Moral und höfischer Amoral ausgewiesen; extrem zugespitzt wird er überdies durch die Kindesmordproblematik. Nehmen wir das Drama von Wagner: Ein gewissenloser, nur auf sein sexuelles Vergnügen bedachter junger Adliger – wie bei Lenz aus dem Offiziersmilieu – verführt unter Ausnutzung seiner sozialen Vorteile ein unerfahrenes bürgerliches Mädchen, macht ihr ein Kind und läßt sie dann mit ihrem Schicksal allein. Das Mädchen tötet ihr Kind, um der sozialen Schande zu entgehen. Eine barbarische Gerichtsbarkeit bestraft sie dafür mit dem Tode. Der eigentlich Verantwortliche bleibt ungeschoren.

Die Gretchen-Szenen haben mit den Dramen von Lenz und Wagner, denen sie in der Programmatik nahestehen, auch Ähnlichkeiten in der Thematik. Wie diese entwickeln sie den Konflikt im Bereich des privaten Lebens der Familie. Die ähnliche Thematik verbindet sich jedoch mit einer ganz neuartigen Struktur des Konflikts. Der junge Goethe bietet die Motive des verlassenen Bürgermädchens und des Kindsmords auf, um Konfliktsituationen in die literarische Gestaltung einzubringen, wie sie unter den Bedingungen feudal-absolutistischer Herrschaft innerhalb der bürgerlichen Klasse selbst auftreten. Ein gewachsenes Selbstbewußtsein bringt Interessengegensätze zur Darstellung, die im Rahmen feudaler Herrschaft durch Bürger selbst verursacht werden.[37]

Die männliche Hauptfigur erhält im Vergleich mit Lenz' und Wagners Helden ein neues soziales und moralisches Profil, was durch die Wandlung zu Beginn des Geschehens unterstrichen wird. Faust kommt in die Welt des bürgerlichen Mädchens nicht als adliger Verführer, der von vornherein weiß, daß er nach Erreichen seines Ziels wieder das Weite suchen wird. Faust ist bürgerlicher Intellektueller mit echter Bindung an bürgerliche Moral. Wenn auch er schließlich das bürgerliche Mädchen verläßt, so geschieht das aus einer Motivation heraus, die einem neuartigen, spezifisch bürgerlichen Interessenkonflikt entspringt. Auf der einen Seite liebt Faust sein Mädchen im Sinne bürgerlicher Moral. Er akzeptiert das Ideal, das Liebe in die privat beschränkte Welt der bürgerlichen Familie einbindet. Auf der anderen Seite stellt sein Ich den Anspruch nach schöpferischer Wirksamkeit außerhalb von Amt und Familie. Ein neues bürgerliches Selbstverständnis dokumentiert sich, das sich mit »häuslichem Beginnen« (1420) »in der kleinen Welt« (1421) nicht mehr zufrieden gibt. Faust will die Früchte bürgerlicher Liebe, gleichzeitig aber nicht in seiner sozialen Beweglichkeit durch eine familiäre Bindung behindert sein. Diesem Anspruch ist sittliche Berechtigung keinesfalls abzusprechen. Unter den gegebenen historischen Bedingungen beschwört er jedoch für die Frau, die ihn akzeptiert, immer die Gefahr schwerer sozialer Nachteile herauf. Ohne Faust des skrupellosen Egoismus bezichtigen und moralisch verurteilen zu wollen, dürfen wir jedoch nicht über die Tatsache hinwegsehen, daß er hier seinen Anspruch *gegen* das einst geliebte Mädchen durchsetzt, daß er die dem Mann gegebene Möglichkeit ausnutzt, die Folgen der Verletzung der moralischen Norm allein das Mädchen tragen zu lassen. Indem Faust sich, allerdings nicht unversehrt, aus dem Konflikt hinausschleicht, verhält er sich prosaisch als Bürger, der seinen Vorteil wahrnimmt. Menschliche Größe kann einem solchen Verhalten, mag es sich auch mit dem Anspruch auf Außerordentlichkeit begründen, nicht zukommen. Faust büßt im Stück dadurch, daß er hinter das Mädchen aus der »kleinen Welt«, dem er sich überlegen fühlt, zurückfällt.

Die Würde der wirklich tragischen Person erhält Gretchen. Sie steht den zerstörerischen Konflikt durch, bei dem – wie Goethe in seiner Rede »Zum Schäkespears Tag« (1771) sagt – »das Eigentümliche unseres Ich, die prätendierte Freiheit unsres Wollens, mit dem notwendigen Gang des Ganzen zusammenstößt«. Dabei kann man nicht sagen, daß sie von Anfang an zielstrebig auf einen solchen Konflikt zugeht. Von Faust geweckt, beseelt Gretchen von Anfang an ein starker Anspruch auf Liebe. Wie nicht anders zu erwarten, sucht sie diesen jedoch durchaus in Übereinstimmung mit den sozialen Konventionen zu verwirklichen. Daß das, was sie tut, »Sünde« ist, steht für Gretchen niemals außer Frage. Ein Gegensatz zwischen dem Anspruch auf Liebe und der sozialen Norm wird erst aufgerissen durch das Verhalten Fausts.

Gretchen sieht sich in einen Konflikt hineingestellt, den sie nicht gewollt hat. In diesem Konflikt entwickelt sie eine menschliche Größe, die sie über sich selbst hinaushebt. Gretchen stellt den Anspruch auf Liebe als Naturrecht über die gesellschaftlich gegebene Regel. Im Gang der Handlung kommt Gretchen erstmals in einen Gegensatz zur Norm, als sie Faust ohne jedes Eheversprechen liebt. Die Gesellschaft würde das tolerieren, wenn Faust Gretchen danach heiratete. Gretchen hofft das im Gespräch am Brunnen für Bärbelchen. Warum nicht auch für sich! Doch vergeblich, da Faust sich von ihr abwendet. Der Konflikt tritt in Kraft. Zwar braucht auch in der gesellschaftlichen Wirklichkeit des 18. Jahrhunderts eine uneheliche Schwangerschaft für das Mädchen nicht den Untergang zu bedeuten. Doch Goethe will die Gegensätze nicht verniedlichen, sondern ihre Härte zeigen. Er will zeigen, daß der Konflikt zwischen dem Anspruch auf freie Liebe, von bürgerlichen Ideologen als Naturrecht proklamiert, und der gesellschaftlich notwendigen Forderung, Liebe an die Ehe zu binden, für die *Frau* nicht auflösbar ist, daß sie in diesem Konflikt – im Gegensatz zum Mann – auf der Strecke bleibt. Die Ermordung ihres Kindes[38] führt Gretchen in die Katastrophe.

»Faust. Ein Fragment«

Zur Textgeschichte des »Fragments«

Um einem erneut bevorstehenden Raubdruck des Berliner Verlegers Himburg zuvorzukommen, beschließt Goethe im Frühjahr 1786, die erste, von ihm autorisierte Sammlung seiner Werke, an der er schon längere Zeit arbeitet, nun ohne Zeitverlust an die Öffentlichkeit zu bringen. Im August 1786 meldet eine »Ankündigung« die bevorstehende Herausgabe von »Goethe's Schriften« in 8 Bänden. Sie schließt mit seinem Wunsch, »die angefangenen Arbeiten«, die ebenfalls in die Ausgabe aufgenommen werden sollen, »wo nicht sämtlich, doch zum Teil vollendet zu liefern«.[39] Für den 7. Band ist unter anderem angekündigt: »‚Faust‘, ein Fragment.«[40] In Italien faßt Goethe nach relativ kurzer Zeit die Zuversicht, alle »angefangenen Arbeiten« vollenden zu können. Mit dem »Berg«[41] »Faust« ist dabei freilich das größte Hindernis zu überwinden. Goethe bringt in Italien noch wichtige konzeptionelle Neuerungen in den »Faust« ein. An erster Stelle zu nennen: ein neuer Ansatz für Faust nach dem Scheitern seiner Beschwörungen. Das Unternehmen kann jedoch in Italien nicht zu Ende geführt werden. Goethe setzt jetzt alle seine Hoffnungen auf den Winter 1788/89. Die Hoffnungen erfüllen sich nicht. Weil er den Abschluß der Werkausgabe nicht länger hinauszögern kann, entschließt er sich, den »Faust« schließlich doch als »Fragment« – wenn auch ein anderes als das von 1786 – aufzunehmen. Anfang November 1789 liegt das Manuskript abgeschlossen vor. Zur Ostermesse 1790 erscheint im 7. Band der »Schriften« »Faust, ein Fragment«.

Für die Öffentlichkeit hat der »Faust« bis 1808 die Gestalt des »Fragments«.

Als hoher Verwaltungsbeamter bekommt Goethe Einblick in
die wirtschaftlichen, politischen und kulturellen Verhältnisse
Sachsen – Weimars, eines kleinen feudalabsolutistischen Terri-
torialstaates, die den gewöhnlichen Erfahrungshorizont eines
beamteten Bürgers übersteigen. Insofern ist die Tätigkeit in
der »Staatsverwaltung«[42] auf jeden Fall ein Gewinn für ihn.
Seine Erwartung allerdings, in dieser Tätigkeit mit Hilfe des
freundschaftlichen Verhältnisses zum Landesherrn und dem
eigenen gesunden Menschenverstand kurzfristig bürgerliche Reformpolitik betreiben zu können, erweist sich jedoch als herbe
Enttäuschung. Schon um 1780 muß Goethe sich eingestehen,
daß er – wie Wieland schon 1776 prophezeite – »am Ende
doch nicht den 100sten Theil von dem thun kann, was er gern
thäte«[43], daß ohne den Besitz der politischen Macht, »ohne
regierender Herr zu seyn«[44], sich nichts wirklich Entscheidendes
verändern läßt.

Goethe fragt sich natürlich, worin die Ursachen der ent-
täuschenden Bilanz zu suchen sind. Ganz offensichtlich hatte er
sich die Verwirklichung seiner Ideen und Vorhaben zu problem-
los vorgestellt und die eigenen Kräfte überschätzt. Mit Notwendigkeit mußte sich jedoch die kritische Überprüfung auch
auf das politische System selbst erstrecken, das die gesamte
politische Macht in *einer* Hand konzentriert, mußte erwogen
werden, ob es für das Wohl der »Landeskinder« nicht nützlicher
wäre, das absolutistische Regiment durch eine republikanische
Herrschaftsform zu ersetzen oder doch wenigstens die Bürgerklasse, den »dritten Stand«, an der politischen Macht des Adels
zu beteiligen.

Wir dürfen mit Sicherheit annehmen, daß Goethe solche Überlegungen angestellt hat; denn wir kennen ihr Resultat. Goethe
kommt zum Schluß, daß das bestehende politische System in
keiner Weise angetastet werden sollte. Er sieht keine politische
Kraft, die eine politische Umwälzung durchführen könnte, um
an Stelle des Adels die führende Rolle im Staat zu übernehmen.
Außerdem schätzt er das Risiko einer zweifellos mit Gewalt

verbundenen politischen Umwälzung ungleich höher ein als die Aussicht, durch sie die soziale Lage zu verbessern. Mit Entschiedenheit wendet er sich deshalb dagegen, die politische Macht des feudalabsolutistischen Herrschers in irgendeiner Form zu beschränken oder gar zu beseitigen.

Es bleibt für Goethe dabei: Gesellschaftliche Veränderungen zum Vorteil der nichtadligen Stände, d. h. vor allem günstigere Voraussetzungen für die Entfaltung der Wirtschaft, sind weiterhin nur *innerhalb* der bestehenden politischen Struktur durch Reformen von oben anzustreben. Allerdings hegt Goethe nach zehn Jahren Verwaltungspraxis nicht mehr die illusionäre Erwartung, daß sich eine vernünftige Reformpolitik kurzfristig mit einzelnen Einsichtigen durchsetzen lasse. Er knüpft seine Hoffnungen jetzt an einen langfristig angelegten Bildungs- und Erziehungsprozeß der Gesellschaft, der auf breiter Grundlage die adlige politische Führung wie das bürgerliche »Volk« zur »vernünftigen« Gestaltung ihrer Arbeit und ihres gesellschaftlichen Zusammenlebens veranlaßt.

Daß Goethe bürgerliche Veränderungen trotz seiner Desillusionierung nur im Rahmen der bestehenden Herrschaftsform gutheißen kann, bestätigt sich an seiner Haltung zur Französischen Revolution. Er hatte einen gewaltsamen Ausbruch der allgemeinen Unzufriedenheit in Frankreich geahnt, da ihm spätestens seit der Halsbandaffäre die unglaubliche Korruptheit des französischen Hofadels und der verzweifelte Zustand des französischen Staats bekannt waren. Weil ihm das völlige Versagen der »Großen« Frankreichs als erwiesen gilt, hat er gegen die revolutionäre Aktion nichts vorzubringen. Solange die Revolution in den Bahnen einer konstitutionellen Monarchie verläuft, neigt Goethe deshalb dazu, sie als ein bloß innerfranzösisches Ereignis zu betrachten, und vermeidet eine Stellungnahme. Als jedoch im Herbst 1792 das französische Königtum restlos beseitigt wird und Revolutionstruppen deutsches linksrheinisches Gebiet besetzen, fürchtet er, daß unter französischem Einfluß oppositionelle Kräfte »aufgeregt« werden könnten, ähnliche Umwälzungen auch in Deutschland geistig vorzubereiten und politisch zu verwirklichen. Weil die Französische Revolution das eigene, für Deutschland als einzig sinnvoll erachtete Modell gesellschaftlicher Veränderung in Frage stellt, wendet er sich jetzt gegen sie. In der ersten Hälfte der neunziger Jahre sieht Goethe die entscheidende politische Aufgabe darin, die deutschen Staaten vor einem revolutionären Umsturz nach französischem Vorbild zu bewahren.

Goethe hielt es für seine Pflicht, nicht nur über gesellschaftliche Veränderungen zu räsonieren, sondern *selbst* in die gesellschaftliche Praxis verändernd einzugreifen. Er geht nach Weimar mit dem festen Vorsatz, seine ganze Arbeitskraft in die Landesverwaltung zu stecken und seine »Schriftstellerey« dem »Leben« zu »subordinieren«[45]. Wir wissen, daß Goethe über Jahre mit seinem Vorsatz Ernst gemacht hat. Die Bereitschaft zum praktischen Engagement verschleißt sich zusehends in der Folgenlosigkeit einer kräftezehrenden administrativen Kleinarbeit. Angesichts des Mißverhältnisses von Aufwand und Erfolg seiner Arbeit verliert Goethe die Lust. Seit ungefähr 1781/82 ist es eine innerlich beschlossene Sache, sich aus den Verwaltungsgeschäften zurückzuziehen und sich den Wissenschaften und Künsten zuzuwenden, die nun als die eigentliche Berufung angesehen werden. Geschickt versteht es Goethe, mit dem immer wieder verlängerten Italienaufenthalt seine Zielvorstellungen durchzusetzen, ohne sein Verhältnis zum Hof und damit seine materielle Sicherheit zu gefährden. Als er aus Italien zurückkehrt, trägt er keine Verantwortung mehr für die kanzleimäßige Erledigung von Geschäften, sondern übt nur noch eine Art Beratertätigkeit aus. Er wird weiterhin wie ein Geheimer Rat besoldet, kann jedoch fast unbelastet den eigenen künstlerischen und wissenschaftlichen Arbeiten nachgehen.

Goethe versteht die Verlagerung seiner Arbeitskraft auf Kunst und Wissenschaft nicht als Bruch mit früheren Zielvorstellungen. Er will weiterhin gesellschaftlich wirken, nur jetzt mit anderen Mitteln und auf Gebieten, wo er seiner Arbeit mehr Effektivität erhofft. Zusätzlich scheint ihm die Umorientierung seiner Kräfte legitimiert mit der gewachsenen Notwendigkeit einer langfristigen Bildungs- und Erziehungsarbeit. Goethe flüchtet also nicht in eine selbstgenügsame Privatexistenz, die sich um die Welt nicht mehr kümmert. Dennoch bleibt der Rückzug aus der feudalabsolutistischen Bürokratie ein Verzicht.

Die Erfahrungen der ersten Weimarer Jahre hinterlassen ihre Spuren natürlich auch in der Weltanschauung und philosophischen Theorie. Der junge Goethe, der Anfang der siebziger Jahre den Theismus hinter sich läßt, versichert sich der neu gesehenen Wirklichkeit zunächst immer als Ganzes. Wie berauscht richtet sich der Blick auf die große Harmonia naturae, in die alles Einzelne nach weisem Plan eingebettet ist. Frühzeitig jedoch erkennt Goethe die Notwendigkeit, über diese Sicht aufs Ganze hinauszugehen. Sie muß in Schwärmerei enden, wenn sie nicht durch die konkrete Analyse der einzelnen Dinge des großen Ganzen ergänzt wird. Der Mensch wird seine Umwelt nur dann praktisch beherrschen können, wenn er das Besondere der konkreten Einzeldinge erforscht und nicht bei dem bloßen Verweis auf ein harmonisches Ganzes stehenbleibt. Die Praxis der Weimarer Jahre vermag diese Einsichten nur zu bestätigen. Die Aussagen vom Anfang der siebziger Jahre über die Wirklichkeit als Ganzes werden nicht zurückgenommen, sondern als theoretisches Fundament beibehalten. Sie bilden jedoch nur eine Vorgabe für die Entfaltung der Wirklichkeit in ihrem inneren Reichtum.

Als Goethe aus Italien zurückkehrt, hält er es für seine Pflicht, in der literarischen Öffentlichkeit energisch gegen einen »bequemen Mysticismus«, der nur einen abstrakten Begriff des »harmonischen Eins«[46] hat, aufzutreten und mit Nachdruck die Notwendigkeit einer unvoreingenommenen Analyse der einzelnen Sachverhalte zu unterstreichen.

Die Aufforderung, mehr auf die Unterschiede der Dinge als auf ihre Zugehörigkeit zum »harmonischen Eins« zu achten, ergeht natürlich auch an die eigene Person. Um nach den Enttäuschungen über die »Inconsequenz der Menschen«[47] gleichsam ein neues Fundament zu errichten, wendet Goethe seine Studien – sporadisch seit Anfang der achtziger Jahre, systematisch nach der Italienreise – an die »Gegenstände der Natur«[48] und hier vor allem an den pflanzlichen und tierischen Organismus. Das ist eine Entscheidung von nicht zu unterschätzendem theoretischen Folgenreichtum. Die Organismusanalyse erschließt nämlich Fragestellungen, mit deren Beantwortung Goethe einer der wichtigsten Denker des klassischen deutschen Idealismus wird. Da ist zunächst eine neue Qualität dialektischen Denkens. Die Notwendigkeit, Organismusentwicklung auch als Selbstentwicklung begreifen und den Grund für Entwicklung auch im Innern des Organismus selbst suchen zu müssen, führt Goethe zu der Annahme innerer Widersprüche im Organismus. Er erkennt, daß sich Selbstentwicklung rational nur aus gegensätzlichen Momenten *in* einer Einheit erklären läßt. Damit wird er neben Herder zu einem der Wegbereiter des durchgebildeten dialektischen Denkens in der Philosophie des deutschen Idealismus von Kant über Fichte und Schelling bis Hegel. Spontanes dialektisches Denken, das Goethe schon in der Straßburger Zeit übt, geht in der Organismusanalyse durch das Medium theoretischer Reflexion hindurch und wird zum bewußt gehandhabten Instrument theoretischer Wirklichkeitsaneignung ausgebildet.

Die Kunst ist von den kritischen Reflexionen der ersten Weimarer Jahre nicht ausgeschlossen. Wie Goethe im philosophischen Denken einen »bequemen Mysticismus« nicht mehr gutheißen kann, so wendet er sich auch in der Kunst gegen das subjektive Meinen, das sich über die Wirklichkeit hinwegsetzt. Kunst soll Wirklichkeit darstellen, und zwar das Wichtige, Wesentliche, Bedeutsame in ihr. Nach der Italienreise verweist Goethe den Künstler mit Nachdruck an die Natur; er verpflichtet ihn, den »Reichthum des Gemüths« mit dem »großen Reichthum der Natur«[49] zu vermitteln.

Der neue Ansatz des »Fragments«

Das »Fragment« bringt als entscheidenden Neugewinn der Arbeit am »Faust« einen neuen Ansatz für den Helden, der nach dem Scheitern des Anspruchs auf Gottgleichheit die Handlung wieder in Gang bringt. Die neuen Verse (249–346) akzentuieren im Interesse der Lebensfähigkeit Fausts dessen Einschränkung auf das Irdische. Faust überspringt nicht mehr den Lebensraum der »Menschheit«, das heißt des Menschseins schlechthin. Er geht auf die Welt los, um sie als Mensch zu genießen. Freilich nicht in den Schranken des einzelnen. Faust begehrt die Ausweitung des Ich gleichsam zum All-Menschen, der als einzelner das Ganze menschlicher Lebensmöglichkeiten voll durchleben kann. Der Gewinn an Nähe zur Welt geht dabei auf Kosten einer grundsätzlichen Geringschätzung des »Menschengeists« (290).

Der Faust jetzt beherrschende Konflikt zwischen seinem welt- und sinnlosen Gelehrtenleben und dem Drang nach sinnlicher Aneignung der Welt ermöglicht erstmals auch einen verstehbaren Ansatz für die Verbindung mit Mephisto, wobei jedoch deren Bedingungen immer noch offenbleiben. Mephisto gedenkt Fausts Drang »in die Welt hinein« (308) aufzugreifen, um ihn auf das nie zu sättigende biologische Bedürfnis abzuleiten. Er plant, Faust dadurch als Menschen zugrunde zu richten, daß er das angestrebte Genießen der Welt auf das Genießen sinnlicher Lust einschränkt.

Die neue Szene »Hexenküche« markiert das Vorfeld der sinnlichen Aneignung der Wirklichkeit. Durch die physische Verjüngung und Vitalisierung kommt Faust in eine größere Nähe zur Welt, zugleich aber auch zu dem »wilden Leben«, in das ihn Mephisto hinabziehen will.

Faust eignet sich in der Liebe zu Gretchen zum ersten Mal wirklich Welt an. Die »Gretchentragödie« des sog. Urfaust wird in den neuen Zusammenhang des »Fragments« eingegliedert. Das »Fragment« übernimmt Szenenfolge und Text des sog. Urfaust, wobei es allerdings Gretchens Geschichte schon beim Zusammenbruch im Dom enden läßt. Neu im Komplex der Gretchen-Szenen ist einzig die zwischen »Am Brunnen« und »Zwinger« eingeschaltete Szene »Wald und Höhle«. Sie wirft ein neues Licht auf die Faust-Gestalt, ohne für die eigentliche Gretchen-Handlung dramaturgisch ins Gewicht zu fallen.

Wenn Faust nach dem Scheitern seiner »Beschwörungen« und nach dem Gespräch mit Wagner jetzt wieder auftritt, ist er auf die Ausgangssituation zu Beginn der Szene »Nacht« zurückgefallen. Erneut beklagt er im Rückblick die völlige Sinnlosigkeit seines bisherigen Gelehrtenlebens: »Ich fühl's, vergebens hab ich alle Schätze / Des Menschengeists auf mich herbeigerafft« (289 f.). Das erneute brennende Verlangen, aus der Misere herauszukommen, geht jedoch jetzt auf ein verändertes Ziel los. Der Faust der Göchhausenschen Abschrift nahm sich vor, »Übermensch« (137), »Ebenbild der Gottheit« (163) zu werden. Was der Faust des »Fragments« anstrebt, übersteigt wieder die Kapazität eines *einzelnen* Menschen, jedoch nicht die *aller*. Das Streben bleibt im Rahmen des Menschlichen, des der »Menschheit« Möglichen. Faust begehrt jetzt die Ausweitung seines Ichs gleichsam zum All-Menschen, der als einzelner das Ganze menschlicher Lebensmöglichkeiten unmittelbar, voll und tief durchleben – in diesem weiteren Sinn –, »genießen« kann: »Und was der ganzen Menschheit zugeteilt ist, / Will ich in meinem innern Selbst genießen, / Mit meinem Geist das Höchst' und Tiefste greifen, / Ihr Wohl und Weh auf meinen Busen häufen / Und so mein eigen Selbst zu *ihrem* Selbst erweitern / Und, wie sie selbst, am End auch ich zerscheitern« (249–54). Wiederum begehrt Faust mit energischer, alles – auch den Untergang – wagender Entschlossenheit, was dem konkreten menschlichen Individuum nicht möglich ist. Dennoch überspringt er nicht mehr den Bereich der »Menschheit«, d. h. des Menschseins überhaupt. Mit dem früheren Anspruch eines göttlichen Schöpferdaseins darf deshalb das jetzige Programm, die Schranken des Individuums zum All-Menschen hin zu durchbrechen, nicht gleichgesetzt werden.

Diesem so neugefaßten Faust ist nun erstmals im Stück Mephisto zugesellt. Zwar führt Goethe die Verbindung ohne Klärung ihrer Entstehungsgeschichte und ihrer Bedingungen ein, doch teilt uns der Text – zumal die programmatische Wendung Mephistos an die Zuschauer (330–346) – schon etwas über ihren

Charakter mit. Mephistos Endziel ist: Faust soll »zugrunde gehn« (346). Der Faust jetzt beherrschende Konflikt zwischen dem Drang nach voller und unmittelbarer Aneignung der irdischen Welt und seinem welt- und sinnlosen Gelehrtenleben gibt diesem Programm einen plausiblen Ansatz. Mephisto gedenkt den Drang in die Welt zu verstärken, aber ihn auf das nie zu sättigende kreatürlich-biologische Bedürfnis abzuleiten. Er plant, Faust als Menschen dadurch zugrunde zu richten, daß er das angestrebte Genießen der Welt, das bei Faust »Vernunft und Wissenschaft« (330) eigentlich nicht ausschließt, in der Praxis auf das Genießen sinnlicher Lust einengt: »Den schlepp ich durch das wilde Leben, / Durch flache Unbedeutenheit, / Er soll mir zappeln, starren, kleben, / Und seiner Unersättlichkeit / Soll Speis und Trank vor gier'gen Lippen schweben« (339–343).

In Fausts Anwesenheit gibt Mephisto seine Absichten freilich nicht so klar zu erkennen. Da bekräftigt er in derber unbekümmerter Sprache, die vom hohen Redestil Fausts absticht, einfach dessen Abneigung vor dem »Marterort« (314) Studierzimmer und dessen Drang in die Welt, ohne die Auffassungsunterschiede in der Frage des Genießens hervorzukehren: »Drum frisch laß alles Sinnen sein, / Und grad mit in die Welt hinein« (307 f.). Der »Spekulierer« Faust wird aufgefordert, sich unverzüglich »zur schönen Fahrt« (329) in die Welt bereitzumachen. Faust und Mephisto haben sich geeinigt, sofort die Fahrt in die Welt anzutreten. Da meldet sich ein Schüler zum Besuch an. Faust erklärt sich außerstande, den Schüler jetzt zu empfangen. Mephisto springt für Faust ein, der sich für die Ausfahrt fertigmacht. Damit ist der Anschluß an das Gespräch Student-Mephisto des sog. Urfaust hergestellt.

Goethe hat die Studenten-Szene bearbeitet, ohne Anlage und Ton zu verändern. In der Gestalt des »Fragments« geht sie in Faust I ein. Gestrichen ist der Textteil am Anfang, der die konkreten Lebensumstände des Studentendaseins behandelt (sog. Urfaust 266–333), neu eingefügt die kritische Begutachtung des juristischen und theologischen Studiums. Der Schüler des »Fragments« hat sich im Gegensatz zum sog. Urfaust noch nicht eindeutig für eine bestimmte Fakultät entschieden, so daß Mephisto jetzt den gesamten Lehrbetrieb, alle vier Fakultäten kritisch durchgehen kann. Bemerkenswert: die ironische Vernichtung der Theologie als »Wissenschaft« (463) ohne sinnvollen Gegenstand (»Begriff«), als »Wissenschaft«, die es nur mit dem (inhaltsleeren) »Wort« (475) zu tun hat.

Nach der Verabschiedung des Schülers werden kurz vor der Ausfahrt Leben und weltfremdes Spekulieren nochmals scharf kontrastiert. Faust zeigt eine gewisse Ängstlichkeit. Bisher war es stets Mephisto, der das Bild eines lebensfremden Professors zeichnete. Jetzt sieht Faust sich selbst so: »Allein mit meinem langen Bart / Fehlt mir die leichte Lebensart. / Es wird mir der Versuch nicht glücken; / Ich wußte nie mich in die Welt zu schicken« (534–37).

Das Ziel der Fahrt gibt Mephisto nur sehr vage an: »Wir sehn die kleine, dann die große Welt« (531). Wir entnehmen diesen Worten, daß er Faust zunächst in die Welt privater Bürgerlichkeit und danach in die Welt der »Großen«, die öffentlich politische Welt der Höfe führen will.

»Auerbachs Keller in Leipzig« (552–815)

Für die Szene »Auerbachs Keller« ist wiederum eine Bearbeitung zu verzeichnen, die zwar etwas tiefer als in der Studenten-Szene greift, aber auch hier nicht die Grundanlage aus dem sog. Urfaust aufhebt. Auch diese Szene geht in der Gestalt des »Fragments« in Faust I ein.

Die Bearbeitung erstreckt sich in folgende Richtungen: Goethe schwächt die ohnehin wenig plausible Verführungsmotivation ab. Mephisto macht nicht mehr das Angebot: »Wenn dir's gefällt, dergleichen Sozietät schaff ich dir nachtnächtlich.« Jetzt führt er Faust nur noch in die »lustige Gesellschaft« (638), um ihm zu zeigen, »wie leicht sich's leben läßt« (639). Weiterhin verstärkt Goethe die Distanz zur »lustigen Gesellschaft«, die für Faust schon im sog. Urfaust charakteristisch ist, indem er Faust aus jeder Aktivität herausnimmt und ihn zum bloßen Betrachter des Geschehens reduziert. Goethe profiliert sodann den politischen Aspekt im Verhalten der Studenten, wenn er deren Zustimmung zum Flohlied jetzt eindeutig als bloße Maulauf-

reißerei entlarvt: »(Siebel:) So soll es jedem Floh ergehn!/
(Brander:) Spitzt die Finger und packt sie fein! / (Altmayer:)
Es lebe die Freiheit! Es lebe der Wein!« (721–23). Ein Hochruf auf die Freiheit, dem sich ohne Vermittlung ein Hochruf
auf den Wein anschließt, zeigt selbst, was er wert ist. Und
nicht zuletzt: Goethe tilgt die Prosa, die ihm jetzt ein zu unmit-
telbares, nicht genügend künstlerisch vermitteltes Wirklichkeits-
verhältnis anzeigt. Mit »Auerbachs Keller« hält der jambische
Vers seinen Einzug in den »Faust«.

»Hexenküche« (816–1067)

In der Szene »Hexenküche« – im Frühjahr 1788 in Rom entstanden – geht Faust erstmals durch eine Sphäre hindurch, in
der Mephisto unmittelbar »Herr und Meister« (945) ist. Erstmals ersteht – wie später im Faust I noch ausdrücklicher mit der
Walpurgisnacht – eine verkehrte Welt, eine Art Gegenwelt, die
Mephisto unmittelbar zugehört.

Die abstruse Szenerie wird belebt von dem »zierlichen Geschlecht« (845) einer Meerkatzenfamilie, das gleichsam auf der
Grenze zwischen Menschlichem und Tierisch-Teuflischem steht,
und von einem »Scheusal« (944) von Hexe. Zunächst agieren
nur die »zarten Tiere« (853); ihre Patronin ist noch »Aus dem
Haus / Zum Schornstein hinaus« (849 f.). Die Tiere, »allerlei
wunderliche Bewegungen« (Szenar nach 912) vollführend, »reimen« (918) ständig. Was sie dabei an »Gedanken« (923) pro-
duzieren, trifft nur zufällig einen Sinn, so daß selbst Mephisto,
der solche »Diskurse« (855) sehr gern führt, am Ende »der Kopf
zu schwanken« (920) beginnt. Der Kater beschwört Mephisto
zum Gewinn im Würfelspiel. Mit dem realen Besitz, meint er,
werde ihm auch der menschliche Verstand kommen. Zugleich
warnt er seinen »Sohn« (874), der eine »große Kugel« (Szenar
nach 864) herbeirollt, vor der Unbeständigkeit und Scheinhaf-
tigkeit der »Welt« (865). Schließlich präsentieren die Tiere
Mephisto, der auf einem Sessel »wie der König auf dem
Throne« (911) posiert, eine Krone mit der unverständlichen
Bitte, sie »mit Schweiß und Blut« (914) – eine Anspielung auf
die Verhältnisse kurz vor der Französischen Revolution – zu

leimen. In diesem Moment ist die Krone aber noch heil, sie zerbricht erst bei ihren Spielen.

Der »Unsinn« (1036) in Reinkultur offenbart sich in der Zauberzeremonie der Hexe, welche die Verabreichung des Verjüngungstranks an Faust einrahmt. Ihr Kern, das »Hexen-Einmaleins« (1015), in seiner Form wohl von magischen Quadraten des späten Mittelalters angeregt, vermittelt weder in sich eine sinnvolle Bedeutung, noch steht es in einem sinnvollen Bezug zur Beschwörung. Goethe selbst hat es in einem Gespräch mit Eckermann vom 28. März 1827 als eine Stelle bezeichnet, bei der »der Gedanke nicht rückt und fortschreitet und wobei sich die dunkle Sprache immer auf demselbigen Fleck und immer in demselbigen Kreise bewegt«. Mit seinem ins Leere stoßenden Formaufwand ist das »Hexen-Einmaleins« die augenfälligste Repräsentation des Sinnentleerten der Hexenküchen-Welt. Nur insofern stiftet es in der Szene einen sinnvollen Bezug, als es durch seine Zahlenspielerei Mephisto auf das christliche Dogma der Dreifaltigkeit bringt und damit den Anlaß zu einer scharfen Attacke gegen die christliche Kirche liefert.

Faust verabscheut die Hexenküchen-Welt, läßt sich aber dennoch in sie hineinziehen. Er wird in der ganzen Szene seinen Widerstand gegen das »tolle Zauberwesen« (816) nicht aufgeben, letztlich jedoch mit ihm gemeinsame Sache machen. Die Zwangslage, in der Faust sich befindet, dokumentiert das der eigentlichen Hexenszene vorangestellte Gespräch mit Mephisto, in dem noch einmal die schon vereinbarte Verjüngung besprochen wird. Faust widerstrebt die »Sudelköcherei« (820). Er drängt auf »ein natürlich Mittel« (827), ihm »wohl dreißig Jahre« (821) vom Leibe zu schaffen. Als ihm Mephisto ein bäuerlich-tätiges Leben »in einem ganz beschränkten Kreise« (835) empfiehlt, weist er das mit dem Gestus des sich außergewöhnlich wissenden Menschen als Zumutung zurück (841 bis 43). »So muß denn doch die Hexe dran« (844). Faust beugt sich dieser Logik, bleibt aber dennoch auf Distanz. Während Mephisto und die Tiere ihre »Diskurse« halten, schaut Faust gebannt in einem »Zauberspiegel« (893) den »hingestreckten Leib« (901) einer schönen Frau. Das »himmlische Bild« scheint »in diesem Wust von Raserei« (818) völlig fehl am Platze.

Sinnlich eindeutig, doch ohne Lüsternheit weibliche Schönheit vorführend, zieht es zwar Faust in die Welt; seine Sehnsucht nach dem realen Besitz bewahrt aber zweifellos eine Mephisto fremde Idealität, wenn er zweifelt, ob sich dieser »Inbegriff von allen Himmeln« überhaupt »auf Erden« (902 f.) finden lasse. Dennoch dürfen wir nicht vergessen, daß sich die Spiegelvision in der Sphäre Mephistos abspielt. Mephisto baut bei Faust eine Sehnsucht nach weiblicher Schönheit auf, die durchaus noch zwischen »Himmel« und »Erde« pendelt, um sie auf ein »Schätzchen« (908) abzulenken. Je länger Faust in den Spiegel blickt, desto größer wird der Drang zur Erde hin, desto größer die Gefahr, die Elemente idealer Sicht einzubüßen. Faust reißt sich schließlich mit Gewalt vom Spiegel los, nun aber schon unübersehbar frustriert. In dieser geistigen Verfassung findet Faust sich bereit, die Zauberzeremonie der Hexe über sich ergehen zu lassen, obwohl sie ihm der »abgeschmackteste Betrug« (997) ist. Im Zauberkreis der Hexe nimmt Faust den »Trank« (1041) und wird physisch verjüngt.

In der »Hexenküche« gewinnt Faust eine bessere physische Ausstattung für die irdische Welt, die er bisher versäumt hat. Der physisch verjüngte Faust steht der Welt näher, zugleich aber auch dem »wilden Leben«, in das Mephisto ihn hinabziehen will. Faust gewinnt etwas hinzu, was ihn zugleich mehr an Mephisto bindet. Diese Dialektik von Gewinn und Verlust wird sich in den Gretchen-Szenen bestätigen.

Die Szene »Hexenküche« bereichert auch das Bild von Mephisto. Im Gespräch mit der Hexe ordnet Mephisto sich – was als Begriff zum erstenmal fällt – den »Bösen« (972) zu. Außerdem verweist er mit Nachdruck auf seine Modernität. Sie besteht darin, nicht mehr »nordisches Phantom« (960), sondern als Angehöriger einer bestimmten Klasse Zeitgenosse zu sein. »Den Bösen sind sie los, die Bösen sind geblieben. / Du nennst mich Herr Baron, so ist die Sache gut; / Ich bin ein Kavalier, wie andre Kavaliere« (972–74). Daß ein »Böser« gerade eine solche Gestalt annimmt, sollte nicht übersehen werden.

Noch eine Anmerkung zur Form der Szene: In der modernen spätbürgerlichen Kunst finden wir das Bestreben, Sinnlosigkeit, Sinnentleertheit auch in analogen Formen (unartikulierte Laute,

Wortfetzen, Auflösung der Syntax usw.) auszudrücken. An der »Hexenküche« erkennen wir deutlich die Absicht, auch dem »Unsinn« die Form des Sinnvollen zu geben. In dieser Spannung werden wir die formale Eigenart der »Hexenküche« sehen müssen.

»Wald und Höhle« (1889–2044)

Nach dem letzten Auftritt in der Szene »Marthens Garten«, dem die Liebesnacht folgt, finden wir Faust in der Natur wieder, weitab von den Menschen in tiefer Einsamkeit. Der hymnische Dank an den »erhabnen Geist« (1889), der niemand anderes als der Erdgeist sein kann, offenbart seine glückliche Zufriedenheit, einen vollkommenen Einklang mit sich und der Welt. Gegenüber den Beschwörungen des Makrokosmos und des Erdgeists in der Szene »Nacht« hat sich die Beziehung zur Natur freilich grundlegend gewandelt. Faust beansprucht nicht mehr, dem göttlich schaffenden Erdgeist und der Natur als einer Ganzheit gleich zu werden. Jetzt begegnet er der Natur als Forscher, der, mag er immer noch das Ganze im Auge haben, einer streng trennenden Untersuchung des *einzelnen* in ihr nachgeht. Faust mustert mit »strenger Lust« (1911) »die Reihe der Lebendigen« (1897). Mit dem Reichtum äußerer Erfahrung gewinnt er zugleich eine tiefere Einsicht ins Innere des eigenen Ich.

Das einsame Forscherleben in der Natur gibt Faust »neue Lebenskraft« (1950). Die Zufriedenheit mit diesem Leben kann jedoch nicht anhalten, weil es die Beziehung zu Menschen ausschließt, diese aber sich nicht ausschließen läßt. Der »Wandel in der Öde« (1951) ist nicht ohne Voraussetzung. Hinter ihm steht der Versuch, Konflikte der Menschenwelt durch den Rückzug in die Natur hinter sich zu lassen. Faust kann aber auf die Dauer nicht verdrängen, daß es ein Mädchen gibt, vor dem er geflohen ist. Noch mit sich allein, überkommt ihn ein mächtiges sexuelles Verlangen »nach jenem schönen Bild« (1920).

Fausts Einklang mit sich und der Welt in »Wald und Höhle« wird vollständig zerstört durch Mephistos Intervention. Mephisto trifft mit rücksichtsloser Sicherheit Fausts Bedürftigkeit. Es drängt Faust zurück in die Menschenwelt, zurück zu Gretchen. Mag er den »Gefährten« (1915), der ihn in die Menschenwelt zurückholen will, auch verwünschen, er kann ihn »schon nicht mehr entbehren« (1915 f.). Mephistos Kritik trifft freilich nicht Fausts Beziehung zur Natur. Wenn er glaubt, diese als Ausdruck einer maßlosen Subjektivität parodieren zu können, hat er Unrecht.

Faust hat dem Drängen Mephistos, das Leben des einsamen Naturforschers aufzugeben, nichts entgegenzusetzen als ohnmächtigen Abscheu. Als Mephisto ihm schließlich vorstellt, wie Gretchen sich, »immer verliebt« (1995), nach ihm verzehrt, gibt er vollends seinen Widerstand auf, um den Dingen ihren Lauf zu lassen. Die Szene schließt mit Fausts pathetischer Selbstanklage, in welcher er schon im sog. Urfaust (1409–1436) sein Verhalten gegenüber Gretchen zu bewältigen und vor sich zu rechtfertigen suchte (vgl. S. 57 f.).

Im »Fragment« fällt die Szene »Wald und Höhle« mit ihrem neuen Anfangs- und Mittelteil für die eigentliche Gretchen-Handlung dramaturgisch nicht ins Gewicht. Die katastrophale Entwicklung hat schon begonnen, der Rückzug in die Natur vermag die Möglichkeit einer alternativen Entwicklung nicht mehr aufkommen zu lassen. Die Szene wirft so allein neues Licht auf die Faustgestalt. Dargestellt wird, wie Faust sich aus der Bindung zu Gretchen zu lösen versucht. Faust bemüht sich, das Mädchen, das er immer noch begehrt, aber doch nicht heiraten will, zu vergessen, indem er sich einem einsamen Naturforscherleben verschreibt. Wir erkennen eine geistige Haltung und Stimmung wieder, die für Goethe unmittelbar vor der Italienreise charakteristisch ist, als er sich, mit menschlichen Problemen belastet, neuen Halt in der naturforscherischen Arbeit erhofft. Die Szene »Wald und Höhle« lebt vielleicht am unmittelbarsten aus den Erfahrungen der mittachtziger Jahre.

»Faust.
Der Tragödie erster Teil«

Zur Textgeschichte

Nach einer über siebenjährigen Pause geht Goethe im Juni 1797 wieder an seinen »Faust«. Es ist ein aufgedrungener zeitlicher Freiraum, der die Wiederaufnahme der Arbeit veranlaßt. Der erste Arbeitsschritt betrifft die Ordnung des Vorhandenen und schon Geplanten sowie dessen schriftliche Fixierung. Für den 23. Juni 1797 nennt das Tagebuch »Ausführlicheres Schema zum Faust«[50]. Goethe will sich mit dem Schema, das – obwohl nicht erhalten – durch Zeugnisse in Briefen und Tagebüchern näher zu fassen und durch seine Beziehung zu den Texthandschriften des »Faust« anhand einer Bezifferung teilweise noch erkennbar, jedoch nicht wirklich zu rekonstruieren ist,[51] Klarheit über den Verlauf der Handlung verschaffen und nachdrücklich kennzeichnen, was noch getan werden muß, wobei er nach wie vor davon ausgeht, den »Faust« als ein einteiliges Drama zu vollenden. Neben dem Stoffplan, der Szenen oder Handlungskreise disponiert, geht Goethe sogleich auch an die Ausarbeitung. Er schreibt oder entwirft »Zueignung« (durch das Tagebuch auf den 24. Juni 1797 datiert), »Vorspiel auf dem Theater« und »Prolog im Himmel«. Grumach hat nachgewiesen, daß ein erhaltener Entwurf der letzten 25 Prologverse noch der wiederaufgenommenen Faustarbeit im Juni 1797 zugehört.[52] Mehrere Versuche, den Prolog erst um die Jahrhundertwende anzusetzen, sind damit gegenstandslos geworden. Entwürfe zum Vorspiel (Paralipomena 6–10) gehören ebenfalls der Zeit des Neuansatzes an. Wie sich aus der auf das numerierte »ausführlichere Schema« verweisenden Signatur schließen läßt, werden im Juni 1797 gleichfalls zumindest vorgesehen als Gegenstücke zur »Zueignung« die Gedichte »Abkündigung« und »Abschied«.

In ununterbrochener Arbeit von kurz vor dem 22. Juni bis in die ersten Julitage hinein fixiert Goethe also einen Stoffplan und schreibt oder entwirft eine lyrisch-dramatische Rahmendichtung. Dann tritt die Arbeit am »Faust« schon wieder in den Hintergrund.

Am 9. April 1798 wird der »Faust« erstmals wieder im Tagebuch erwähnt. Die Eintragungen reichen bis zum 21. April. Am 5. Mai meldet Goethe in einem Brief an Schiller: »Meinen Faust habe ich um ein gutes weiter gebracht. Das alte, noch vorrätige, höchst konfuse Manuskript ist abgeschrieben und die Teile sind in abgesonderten Lagen nach den Nummern eines ausführlichen Schemas hinter einander gelegt; nun kann ich jeden Augenblick der Stimmung nutzen, um einzelne Teile wieder auszuführen und das Ganze früher oder später zusammen zu stellen.«[53] Goethe scheint die Arbeit der detaillierten Materialdisposition vom Juni 1797 fortgeführt und nunmehr endgültig abgeschlossen zu haben.

Der »Ausführung« der einzelnen Teile stand nichts mehr im Wege. Doch die Arbeit rückt wider Erwarten nur sehr langsam voran. Im August 1798 rechnet Goethe noch mit vier Monaten bis zum Abschluß.[54] In einem Brief an den Verleger Johann Friedrich Cotta vom 2. Januar 1799 muß er schon gestehen, daß er die Zeit der Reife nicht mehr vorauszusagen wisse. Für das ganze Jahr 1799 wird Arbeit am »Faust« nur für zwei Tage im September vermerkt. Im März 1800 befürchtet Schiller, daß Goethe den »Faust« ganz liegenlasse. Um das zu verhindern, veranlaßt er Cotta, der seit dem Verlag der »Propyläen« zu Goethe in Geschäftsbeziehung steht, für den Verlag des »Faust« ein lukratives Angebot zu machen. Auf Cottas Angebot hin nimmt sich Goethe im April 1800 den »Faust« wieder vor. Die Arbeit tritt nach der Materialdisposition und der Ausführung der Rahmendichtungen in ihre zweite entscheidende Phase.

Um sich die Arbeit zu erleichtern und sie wenigstens teilweise bald abschließen zu können, entschließt sich Goethe gegenüber dem Plan von 1797/98 zu einer einschneidenden Veränderung: Er trennt das bisher einheitliche Drama in zwei Teile. Die Zweiteilung belegt ein Blatt – ganz sicher aus der Zeit des Neuanfangs im Frühjahr 1800[55] –, auf dem sich Goethe in flüchtiger Schrift und stichwortartig Grundgedanken zum »Faust«

notiert hat (Paralipomenon 1 in der Zählung der Weimarer Ausgabe, Plp. 5 in der Zählung der Berliner Ausgabe)[56]. Die Zweiteilung hebt die Gültigkeit des Stoffplans von 1797/98 nicht notwendig auf. Doch muß Goethe ihm gegenüber schon eine andere Haltung einnehmen, denn von 1800 an verzichtet er darauf, wie in der Zeit zwischen 1797 und 1800 die Faust-handschriften dem Plan von 1797/98 durch die Angabe von ad-Nummern zuzuordnen.

Goethe arbeitet am »Faust« im April, September und Oktober 1800. Als intensivste Arbeitsperiode haben wir die Zeit von Februar bis April 1801 anzusehen. In diesen Monaten der Jahre 1800 und 1801 gelingt es Goethe endlich, Faust und Mephisto auf dem Boden seiner Weltanschauung zu verbinden und die »große Lücke« zwischen der Szene »Nacht« und der Ausfahrt in die Welt im wesentlichen zu schließen. Der erste Teil des »Faust« ist damit im April 1801 konzeptionell durchgebildet und abgeschlossen, freilich als Werk noch nicht beendet. In diesem Zustand bleibt er liegen, bis im Frühjahr 1806 der Zeit-druck – »Faust« war endlich für die erste dreizehnbändige Cot-tasche Ausgabe der Werke abzuliefern – Goethe zwingt, letzte Hand an das Werk zu legen. Goethe verzichtet endgültig, die Vorgabe des Stoffplans zu Ende zu bringen. Er schreibt die noch ausstehenden, einst vorgesehenen Szenen – wie z. B. die Disputationsszene[57] – nicht mehr, sondern bringt nur noch zum Verständnis der Handlung notwendige Ergänzungen an.

1808 erscheint im 8. Band der »Werke«: »Faust. Eine Tra-gödie«. Den drei Rahmendichtungen folgt die Überschrift »Der Tragödie Erster Teil«.

Zur weltanschaulichen Entwicklung Goethes in den neunziger Jahren

Die Beschäftigung mit der Natur lenkt den Blick Goethes auf den Menschen zurück; sie wirft im Interesse des eignen Erfolges Fragen auf, die den Menschen betreffen: sein Verhältnis zur Natur; seine Fähigkeit, die Natur zu erkennen und zu ver-ändern; seine Stellung im Wirklichkeitsganzen überhaupt.

Nach Auffassung des jungen Goethe, der im Anschluß an Spinoza die Wirklichkeit selbst mit allen Attributen der Göttlichkeit ausgestattet hatte, war es für den Menschen das Entscheidende gewesen, überhaupt der großen harmonischen Natur anzugehören. Aus der Teilhabe an der Natur bezog der Mensch seinen Wert. Der junge Goethe betont deshalb immer, wenn er allgemeine Aussagen zum Menschen macht, dessen Eingeordnetsein in die Natur. Dieses Verfahren der Eingliederung läßt sich am besten an der Beurteilung des Verhältnisses belegen, das der Mensch zur Natur im Erkenntnisprozeß herstellt. Die Natur allein ist hier die alles Gebende. Der Mensch hat bloß über seine Sinnesorgane diese Gabe zu empfangen.

Die Erfahrungen der naturwissenschaftlichen Arbeit sowie der Einfluß Kants und Schillers wirken zusammen, in den neunziger Jahren die Mängel des bisherigen Vorstellungsmodells einzusehen und das Verhältnis zwischen Mensch und Natur neu zu bestimmen. Für die Arbeit am »Faust« in der Arbeitsperiode von 1797 bis 1801 ist das von entscheidender Bedeutung. Goethe wollte am Anfang seine Naturstudien konsequent nach den Richtlinien durchführen, die sich aus der empiristischen Mensch-Natur-Bestimmung ergaben. Er nahm sich vor, die Natur in ihrer Gesetzlichkeit allein mit Hilfe der Anschauung zu erschließen. Das theoretische Vermögen der Menschen stand in dem Verdacht, das sinnlich Gewisse unzulässig zu verändern, und sollte deshalb möglichst ausgeschlossen werden. Die Praxis der Naturstudien nötigt Goethe nun zu der Einsicht, daß die *unmittelbare* Beziehung zur Natur allein kein Wissen von deren wirklichem Wesen erbringen kann. Das Denken wird für Goethe diejenige Kraft, die auf der Grundlage der sinnlichen Wahrnehmung eine wirkliche geistige Aneignung der Natur erst ermöglicht. Das Vermögen des Menschen zu geistiger Tätigkeit, das früher als sachfremde Zutat zum Gegenstand galt, rückt in ein neues Licht. Es tritt eine Fähigkeit des Menschen ins Zentrum des Interesses, die ihn ganz offenbar von der übrigen Natur unterscheidet. Die Theorie begnügt sich nicht mehr damit, den Menschen in das große Naturganze einzubetten. Ihre Aufmerksamkeit lenkt sich auf das Besondere des Menschen, das er der übrigen Natur voraushat. In *dieser* Hinsicht trifft sich Goethe mit der kritischen Philosophie Kants, die als erste dem philosophischen Bedürfnis der aufstrebenden Bürgerklasse, den Menschen als ein freies von seiner natürlichen Umwelt ganz unterschiedenes Wesen zu begreifen, theoretisch Rechnung getragen hatte, so sehr sie auch in ihrer Erkenntniskritik auf den ersten Blick seine Fähigkeiten nur zu begrenzen schien.

Goethe schätzt an Kants Philosophie die allgemeine Intention, die »theoretischen Vermögen« des Menschen gegenüber der Sicht des Sensualismus-Empirismus entscheidend aufzuwerten. Das heißt jedoch nicht, daß er diese Philosophie selbst übernimmt. Goethe kann bei Kant nicht akzeptieren, daß die Machtvollkommenheit der »theoretischen Vermögen« so weit reicht, den durch die sinnliche Erfahrung gegebenen Erkenntnisinhalt überhaupt erst zu einer sinnvollen Erkenntnis zu gestalten. Er hält an seiner Überzeugung fest, daß die Natur unabhängig vom Denken des Menschen schon ein gesetzlich geordnetes Ganzes ist.

Goethe betont jetzt die Sonderstellung des Menschen, das Moment des Gegensatzes zwischen ihm und der Natur, ohne die übergreifende Einheit der harmonia naturae aufzukündigen. Nur wird diese Einheit jetzt dialektisch gefaßt. Der Mensch kann sich als Teil der Natur dieser gegenüberstellen, um sie nach *seinen* Vorstellungen zu verändern. Die geistigen Fähigkeiten des Menschen schaffen und vermitteln den Gegensatz. Sie werden zum wesentlichen Merkmal des Menschen. Ihrem Vermögen, aus der Kenntnis dessen, was ist, zu entwerfen, was sein *soll*, hat es der Mensch zu verdanken, daß er die Natur fortschreitend nach seinen Bedürfnissen umgestalten und ihr den Stempel seines Wesens aufdrücken kann. Materielle Tätigkeit ist in dieser Sicht bloßes Vollzugsorgan des schöpferischen Geistes. Goethe gehört zu den führenden bürgerlichen Denkern, die – wie Marx in der 1. Feuerbachthese formuliert – den »Hauptmangel alles bisherigen Materialismus« überwinden, indem sie »den Gegenstand, die Wirklichkeit, Sinnlichkeit« nicht nur »unter der Form des *Objekts oder der Anschauung*« fassen, sondern zugleich auch »als *sinnlich menschliche Tätigkeit, Praxis* ... subjektiv«[58], freilich – wie vom bürgerlichen Klassenstandpunkt nicht anders möglich – »abstrakt«, d. h. idealistisch, ohne »die wirkliche, sinnliche Tätigkeit als solche«[59] zu kennen.

Goethe ging an den Weimarer Hof, beseelt vom Glauben an die Macht der Vernunft. In der Verwaltungsarbeit, im Umgang mit dem höfischen Adel hatte ihn der Zweifel gepackt, ob der Mensch wirklich zu stetigem sinnvollem Handeln geschaffen sei. Der Glaube an die »Vernunft des Menschen« stellt sich wieder her mit den sozialen Erfahrungen und Erkenntnissen der neunziger Jahre: der freilich zähflüssigen, doch unaufhaltsamen ökonomischen Aufwärtsentwicklung der Bürgerklasse; den Fortschritten in der Erforschung der Natur; dem neuen Begriff vom Wert des »menschlichen Geistes«. Die Überzeugung gewinnt die Oberhand, daß der Mensch mit seiner Vernunft das Zufällige, Willkürliche, Regellose in sich eindämmen und bemeistern könne.

Goethe sichert diese Überzeugung im Rahmen eines bürgerlichen Denkens, das die materielle Produktion zwar als unerläßliche Naturbasis des menschlichen Lebens ernst nimmt, in ihr aber nicht die »wirkliche Basis der Geschichte«[60] zu sehen vermag, theoretisch mit der Annahme eines überpersonalen *Wesens* »des« Menschen ab. Dieses Wesen ist als eine überhistorische Vernunft gedacht, die sich jeweils in den konkreten historischen Menschen auf unterschiedliche Weise verkörpert und durch seine überhistorische Objektivität in der Mannigfaltigkeit der menschlichen Geschichte eine übergreifende Sinngebung gewährleistet. Besonders in den neunziger Jahren unternimmt Goethe – wie die häufige Verwendung des Begriffs des »rein Menschlichen« zeigt – vielfältige Anstrengungen, ein »dem« Menschen zu allen Zeiten Wesentliches, einen jeder Veränderung enthobenen Grundbestand des Eigentlich-Menschlichen einzukreisen.

Das Wesen »des« Menschen ist für die wirklichen Menschen eine Zielgröße, auf die sie im Laufe der Geschichte zustreben sollen: die menschliche Gesellschaft, in der sich das legitime private Interesse mit dem Gemeinwohl vermittelt, in der jeder Mensch durch Arbeit ein reiches, erfülltes Leben führen kann. Goethe verleiht einem Ziel gleichsam überhistorische Gültigkeit, das schon in der Weimarer Zeit sein Handeln bestimmt hat. Geändert hat sich die theoretische Haltung gegenüber den Hemmnissen, die früher Goethe an der Macht der Vernunft zweifeln ließen. Goethe bleibt sich bewußt, daß die angestrebte humane Gesellschaft in der Praxis bei weitem noch nicht verwirklicht ist. Die Widersprüche, Hemmnisse auf diesem Wege werden jedoch nicht mehr einfach nur beklagt oder weggewünscht. Goethe hatte in der naturwissenschaftlichen Arbeit den dialektischen Widerspruch als produktive vorwärtsbringende Kraft erkannt. Es fällt ihm jetzt unter den Bedingungen der beginnenden bürgerlichen Umgestaltung nicht schwer, ihn auch im gesellschaftlichen Leben zu sehen und als Triebkraft und Quelle für Entwicklung anzunehmen. Im Gegensatz zu Schelling und Friedrich Schlegel sieht er keinen Grund, vor den Widersprüchen des beginnenden Kapitalismus in eine eingebildete objektive Harmonie auszuweichen.

Die veränderte Sicht des Verhältnisses zwischen Mensch und Natur sowie die neuen Überlegungen zum »Wesen« des Menschen haben auch für die Kunsttheorie Konsequenzen. Goethe sieht sich in der zweiten Hälfte der neunziger Jahre veranlaßt, die Eigenständigkeit des Künstlers gegenüber der Natur, den Unterschied zwischen Kunst und Natur, die während der Italienreise und in einigen Jahren danach aus polemischem Anlaß in den Hintergrund geraten waren, wieder mit Nachdruck hervorzuheben. Außerdem beobachten wir, wie sich das langfristig angelegte Bildungs- und Erziehungsprogramm durch Kunst nach den Erfahrungen der Französischen Revolution verstärkt auf das »Wesen« des Menschen richtet, wie es sich von der Gestaltung des »Gesetzlichen« im Menschen und seiner Geschichte die meiste Wirkung verspricht. Goethe dringt auf eine Kunst und Literatur, die das »historisch-politisch-barbarisch Temporäre«[61] ausscheidet, um sich allein des »rein Menschlichen« anzunehmen. Der Briefwechsel mit Schiller illustriert beispielhaft die Schwierigkeiten, dieses Programm in die Tat umzusetzen.

Die entscheidenden Neuerungen
der Arbeitsperiode von 1797 bis 1801

Die Arbeitsperiode zwischen 1797 und 1801 schafft mit zwei
Schritten die Voraussetzung, daß der »Faust« – vorläufig – zu
einem einheitlichen Kunstwerk vollendet werden kann: Goethe
schließt die »große Lücke« zwischen der Szene »Nacht« und der
Ausfahrt Fausts in die Welt; und er stellt den Faust-Szenen
eine Rahmendichtung voran, die schon auf einen zweiten Teil
des »Faust« vorausweist.

Ausgehend von den Überlegungen der neunziger Jahre zur
Bedeutung des »Menschengeists« und der Dialektik von Mensch
und Natur, gelingt es Goethe endlich, eine Verbindung von
Faust und Mephisto zu konzipieren, die mit den Prinzipien seiner Weltanschauung vereinbar ist. Die Faustgestalt der dritten
Arbeitsperiode lebt aus der entwickelten Dialektik der neunziger Jahre. Faust ist einmal endliches Wesen, das sich auf die
Erde eingeschränkt weiß. Gleichzeitig birgt er in seinem Innern
eine unversiegbare geistige Kraft, die ständig entwirft, ständig
über das Erreichte hinauswill und damit als etwas Unendliches
wirkt. Faust kann sich auf eine Verbindung mit Mephisto jetzt
einlassen, weil er in sie das unendlich »hohe Streben« seines
Geistes einbringt. Gerade diese Unendlichkeit des »Strebens«
eines endlichen Menschen steht bei der Wette in Frage. Faust
sieht in ihr sein Wesen. Mephisto will den Beweis erbringen,
daß sich das Streben durch Genuß zum Stillstand bringen läßt.
Goethe besitzt in der Wette zwischen Faust und Mephisto den
archimedischen Punkt, von dem aus er das in der Vergangenheit
Entstandene als Elemente in ein Ganzes einarbeiten kann.

Der Wettkonflikt schließt den ersten wie den noch zu schreibenden zweiten Teil im Inneren auf der Ebene des Menschen
zu einer Einheit zusammen. Eine Einheit höherer, gleichsam
»übermenschlicher« Ordnung schafft Goethe mit der Rahmendichtung »Prolog im Himmel«. Der Prolog bezieht die historisch
bestimmte (freilich nicht in den Grenzen eines normalen Menschenlebens) Faustgestalt auf ein überhistorisches menschliches
Gattungswesen, wie er überhaupt das ganze historisch bestimmte Geschehen des »Faust« einem überhistorischen Unbe-

dingten unterstellt. Die Dichtung steigt erst in die wirkliche Geschichte hinab, nachdem deren inneres Wesen, ihren Grund in einem Übergeschichtlichen zu haben, klargestellt ist. Das Geschehen des »Faust« beansprucht einen Sinn und inneren Zusammenhang zu haben, der nicht bloß vom begrenzten Meinen der Menschen, sondern von einer sie umgreifenden Ordnung abhängt.

Der Komplex: Ende von »Nacht«, »Vor dem Tor«, »Studierzimmer« (1) und »Studierzimmer« (2)

»Nacht« (598–807)

Faust, unter dem Verdikt des Erdgeistes »zusammenstürzend« (Szenar nach 513), hat jetzt – nach der Fermate des Wagner-Gesprächs wieder mit sich allein – Gelegenheit, sich in längerem Nachdenken sein Scheitern bewußtzumachen. Der Zusammenbruch ließ es ahnen, nun wird es ausgesprochen: Einem Menschen, der sich, kraftvoll losstürmend, vorgenommen hatte, »den Erdensohn (abzustreifen)« (617) und »schaffend, Götterleben zu genießen« (620), muß – abgewiesen – das Leben auf der Erde mit Notwendigkeit zu einem sinnlosen »irdischen Gewühle« (639) zusammensinken. Der Höhe des Anspruchs entspricht die Tiefe des Zusammenbruchs: vom »Ebenbild der Gottheit, das sich schon / Ganz nah gedünkt dem Spiegel ew'ger Wahrheit« (614 f.), in *einem* rasenden Sturz zum »Zwerg« (613), zum »Wurme ... der den Staub durchwühlt« (653). Zurückverwiesen auf die Erde, die doch zunächst in der Sehnsucht, das »Kerker«-Leben zu beenden, freudig als neuer Daseinsraum ergriffen werden sollte, dem mächtigen Ansturm dann aber gleich nicht mehr ausreichte, versinkt Faust in eine alles anzweifelnde »Verzweiflung« (610). Es wird deutlich, wie sich der Entwurf eines schöpferischen Menschentums durch kolossale Übertreibung in die völlige Verzweiflung am »Menschenlos« (629) umkehren kann. Für den vom Erdgeist abgewiesenen Faust besteht das menschliche Leben nur noch aus »Sorge« (644), jämmerlichem Irrtum (667) und Quälerei (662).

Einem Menschen, dem sich das Leben so darstellt, bleibt nichts anderes zu tun übrig, als sich aus diesem Leben herauszunehmen. Doch gerade in der tiefsten Verzweiflung über »unsres Lebens Gang« (633) erwacht »jener Drang« (631) nach »Himmelsglanz und Klarheit« (616), jener Anspruch, »schaffend, Götterleben zu genießen«, zu neuem Leben. Ihn zu erfüllen, ist Faust bereit, diesmal alles in die Waagschale zu werfen: selbst sein Leben. Tatsächlich bleibt dem Anspruch, doch noch »in neue Sphären reiner Tätigkeit« (705) einzugehen, kein anderes Mittel mehr als der Einsatz des Lebens. Was gewöhnlich letzte Resignation bezeichnet, erhält eine entgegengesetzte Bedeutung. Faust sieht den Selbstmord als extremen Versuch an, sich doch noch der »Götterhöhe« (713) zu bemächtigen. Die Reflexion, die zum Selbstmord führt, unternimmt alles, den Tatcharakter dieses Versuchs zu unterstreichen (vgl. 703–719).

Die Tendenz zum Transzendieren, die mit dem Neuansatz Fausts nach der Hinwendung zur Natur schon in der Makrokosmos- und Erdgeistbeschwörung verhüllt gegeben war, offenbart sich in ihrer letzten Konsequenz. Eben noch in Frontstellung zum Theismus, wird Faust von seinem maßlosen Anspruch in die Arme einer Art unchristlicher Religion getrieben, die den Menschen wiederum von der Erde ablenkt. Faust, in befremdlicher Verblendung »heiter« (718) und gelassen, braucht nur noch *einen* Schritt zu tun, um seinem Leben ein Ende zu machen.

Er setzt schon »die Schale an den Mund« (Szenar nach 736), als plötzlich, wohl aus einer nahegelegenen Kirche, »Glockenklang und Chorgesang« (Szenar nach 736) zu »des Osterfestes erster Feierstunde« (745) zu ihm herüberdringen und ihm wieder »mit Gewalt das Glas von (s)einem Munde« (743) ziehen. Ein »Chor der Engel« und ein »Chor der Weiber« – wahrscheinlich aus einem Oratorium – verkünden die Auferstehung des Herrn. Faust glaubt diese Botschaft so wenig wie andere religiöse Konventionen. In der nächsten Szene erfahren wir, in welcher Krise er seinen kindlichen Glauben einst verloren hat. »Und doch, an diesen Klang von Jugend auf gewöhnt, / Ruft er auch jetzt zurück mich in das Leben« (769 f.). Faust erinnert sich an die Ostern seiner Kindheit und Jugend und wird dabei in das einstige unbefangene Weltgefühl zurückversetzt. In der Erinnerung gewinnt er – wie durch ein Wunder – erneut das frische unverbrauchte Weltverhältnis des Kindes. Die Szene schließt mit zwei Chorgesängen. Der »Chor der Jünger« klagt, daß er im Gegensatz zum »lebend Erhabenen« (787) »an der Erde Brust / ... zum Leide« (791 f.) zurückbleiben muß. Der »Chor der Engel« mahnt die Jünger, nicht erdflüchtig zu werden und ihre irdische Mission freudig anzunehmen.

»Vor dem Tor« (808–1177)

Der Nacht vor Ostern ist ein heller, sonniger Ostertag gefolgt. Wir erleben Fausts Auferstehung für die Erde nun als dramatische Handlung. Er verläßt zusammen mit seinem Famulus Studierzimmer und Stadt, um zum erstenmal im Stück in eine direkte sinnliche Beziehung zur Natur zu treten. Die eigene Auferstehung ist Teil der allgemeinen Auferstehung der Natur und der Menschen in Dorf und Stadt. Eins spiegelt sich im andern: die Befreiung der Natur von den Banden des Winters, der Ausflug der Städter in die frühlingshafte Natur, das Fest der Bauern im Dorf unter der Linde und Fausts eigene neuerwachte Daseinsfreude.

Die Szene beginnt als Revue. Der erst später einsetzenden Faust-Handlung wird ein realistischer sozialer Hintergrund gegeben. »Spaziergänger aller Art« (Szenar nach 807) passieren das Stadttor, nehmen für Momente die Aufmerksamkeit des Zuschauers in Anspruch, um sich im Weiterwandern wieder dem Blick zu entziehen. Die Spaziergänger gehören offenkundig sämtlich dem »dritten Stand« an. Goethe stellt eine bürgerliche Welt dar, die schon auf die Gretchen-Szenen vorausweist.

Die Jugend hat es vor allem auf das andere Geschlecht abgesehen: derb geradezu, auch mit Lust zu »Händeln von der ersten Sorte« (816), die »Handwerksburschen«; ihrer sozialen Höherstellung wohl bewußt die »Schüler«; »kühn« (899) und stürmisch, bloß auf Eroberung aus, notwendig treulos, ein Chor von »Soldaten«. Auch die Mädchen zieht es zum anderen Geschlecht. Freilich müssen sie sich damit begnügen, sich zur Schau zu stellen. Die »Bürgermädchen« tun es mit »stillem Schritt«

(840). Die »Dienstmädchen«, weniger streng durch die Sitte gebunden, können »wackrer« (828) ausschreiten.

Den jungen Menschen, die sich mehr oder weniger in innerer und äußerer Bewegung befinden, stehen drei saturierte »Bürger« gegenüber. Auch sie hat der Frühling vors Stadttor gelockt. Doch ist bei ihnen innerlich so gar nichts in Bewegung geraten. Das einzige, was sie wünschen: »Doch nur zu Hause bleib's beim alten« (871). Den Genuß am »alten« erhöht – geführt aus sicherer Distanz – »ein Gespräch von Krieg und Kriegsgeschrei, / Wenn hinten, weit, in der Türkei, / Die Völker aufeinander schlagen« (861 f.). Ein »Burgemeister« (846) scheint schon allein deshalb der Kritik wert, weil er ein »neuer« (846) ist. Die plebejischen Schichten sind vertreten durch einen singenden »Bettler« und eine »Alte«, die durch kupplerische Weissagungen etwas verdienen will.

Der erste Teil der Szene führt im bunten Reigen unmittelbar Geschehen vor. Im zweiten Teil beschreibt und kommentiert Faust das Ostertagstreiben von einem von der Menge wohl nicht so besuchten Hügel aus. Die Beschreibung, die als »Osterspaziergang« – freilich meist isoliert genommen – im Unterricht von jeher mit Vorzug behandelt worden ist, mit Recht, weil sich an ihr das Vermögen, die Vorgaben einer Dichtung zum Aufbau einer sinnlichen Wirklichkeit in der Vorstellung exakt nachzuvollziehen, gut üben läßt, gliedert sich sachlich, wenn auch nicht formal, in drei Abschnitte.[62]

Faust zeichnet zunächst (903–915) das Bild einer sich aus den Fesseln des Winters befreienden bergigen Landschaft.

Im zweiten Abschnitt (916–928) lenkt Faust, sich umkehrend (916), den Blick von der freien Natur zurück auf die im Tal liegende Stadt, aus der er selber kommt. Die Stadt bietet im Gegensatz zur freien Natur ein Bild der Enge und Dunkelheit: hohle finstere Stadttore, niedrige Häuser, quetschend enge Straßen, dunkle Kirchen. Die Menschen, die in der Stadt leben, stehen außerdem – wie der Betrachter weiß – unter dem Druck ihrer handwerklichen und gewerblichen Arbeit. Wir sind durch die äußere Gestalt der Stadt und die Angaben zur Arbeit auf eine vorkapitalistische Welt verwiesen. Fausts Blick ruht jedoch nicht in erster Linie auf der Stadt selbst, sondern auf einem

Stadttor, durch das die Menschen die Stadt verlassen. Was Faust eigentlich nur sieht, weil es ihm das Entscheidende ist: daß heute, am Tag der »Auferstehung des Herrn« (921), »ein buntes Gewimmel« (919) sich aus dem Druck der Stadt und des alltäglichen Lebens löst und in die Natur hinausströmt.

Der dritte und letzte Abschnitt (929–940) zeigt die Menschen in der freien Natur: Sie verbreiten sich in Gärten und Feldern, fahren Kahn auf dem Fluß, spazieren auf den Pfaden des fernen Berges und gehen sogar bis in das nächste Dorf, um dort mit den Bauern zu feiern. So rückt die Beschreibung zunächst die vom Winter »befreite« (903) Natur ins Blickfeld, lenkt dann den Blick darauf, wie die Stadtmenschen heute gleichsam selber auferstehen (22), indem sie in die Natur hinausfliehen, und gipfelt schließlich in der Zusammenschau des auferstandenen Menschen in einer auferstandenen Natur. Faust beschreibt das alles mit inniger Anteilnahme, ja mit einem gewissen Enthusiasmus, er kann, als er »schon des Dorfs Getümmel« (937) herüberhört, sich den jauchzenden Satz »Hier bin ich Mensch, hier darf ich's sein!« (940) zu eigen machen und sich im Gegensatz zu Wagner, der von der Roheit des Volkes abgestoßen ist, ganz zur Gemeinschaft der dort feiernden Menschen bekennen, weil auch er selbst »auferstanden« (922), »ans Licht gebracht« (928) ist. Die Natur, die aus der Stadt in die Natur strömende »Menge« (929), das »Volksgedräng« (983) der auf dem Dorf feiernden Menschen und Faust sind verbunden in einer weitgefaßten entchristlichten Auferstehung. Goethe nutzt den christlichen Sinn des Osterfestes als die bindende Klammer, wobei Auferstehung jeweils eine besondere Bedeutung entfaltet. Die Natur ist auferstanden von den Fesseln des Winters. Die Städter genießen das Glück der Auferstehung, einer neu erwachten Daseinsfreude in einem feiertäglichen Spaziergang in die freie Natur, der sie ihre enge, dunkle Stadt und ihren Arbeitsalltag vergessen läßt. Den reichsten Sinn hat Auferstehung für Faust. Er ist aus dem »verfluchten dumpfen Mauerloch« (399), das ihn bisher umgeben und ihm »alle Lebensregung« (413) gehemmt hat, auferstanden *für* die Natur, und er ist auferstanden *für* die Erde, für das Leben auf ihr schlechthin, nachdem er schon fest entschlossen gewesen war, es hinter sich zu lassen. Das Problematische dieser Auferstehung offenbart sich im dritten und vierten Teil der Szene.

Der dritte Teil der Szene führt in die Frühlingsfeier des Dorfes, die schon von weitem zu hören war. Das lustige Treiben auf dem Dorfplatz »unter der Linde« (Szenar nach 948) wird durch das balladeske Lied »Der Schäfer putzte sich zum Tanz« illustriert. Faust, der inzwischen weitergewandert ist, hat sich mit seinem Begleiter mitten »unter dieses Volksgedräng« (983) begeben. Ein »alter Bauer«, der ihn kennt, spricht ihn an, bringt seine Freude darüber zum Ausdruck, daß Faust heute unter die einfachen Menschen gegangen ist, und wünscht ihm, einen »Erquickungstrank« (991) reichend, beste Gesundheit. Faust nimmt den Krug an und erwidert die Wünsche. Das Auftreten eines »so Hochgelahrten« (984) hat Aufsehen erregt. Das Volk unterbricht Tanz und Gesang und sammelt sich um Faust »im Kreis umher«. Nunmehr im Zentrum der Aufmerksamkeit, bringt der alte Bauer die Rede darauf, wie vor Jahren Faust als junger Arzt an der Seite seines Vaters Menschen des Dorfes dem Pesttod entriß und der Seuche tatkräftig ein Ende setzen half. Beeindruckt und dankbar wünschen »Alle« »Gesundheit dem bewährten Mann, / Daß er noch lange helfen kann!« (1007 f.). Befremdend formelhaft erwidert Faust: »Vor jenem droben steht gebückt, / Der helfen lehrt und Hülfe schickt.« (1009 f.), um sich sofort von der Dorfbevölkerung zu verabschieden.

Das seltsame Verhalten findet seine Erklärung im vierten und letzten Teil der Szene. Der alte Bauer hat in Faust eine Erinnerung geweckt, die ihn nicht losläßt. An einem »Stein«, wo er in jener Zeit »oft gedankenvoll allein« (1024) saß, unterbricht er die Rückkehr in die Stadt, um sich der Erinnerung hinzugeben. Wir erfahren, daß Vater und Sohn bei unbestreitbarer »Redlichkeit« (1036) mit ihren unzureichenden Mitteln damals das Unheil nicht eingedämmt, sondern nur befördert haben, daß ihm »der Menge Beifall ... nun wie Hohn« (1030) klingt: »So haben wir mit höllischen Latwergen / In diesen Tälern, diesen Bergen / Weit schlimmer als die Pest getobt« (1050–52). Der junge Mann mußte damals erleben, wie menschliches Bemühen gegenüber der »heißen Fieberwut« (999) machtlos blieb und wie auch vom »Herrn des Himmels« weder durch

Beten noch durch Fasten »das Ende jener Pest« (1028 f.) zu erbitten war. In der schmerzlichen Erinnerung an jene Zeit der wohl ersten schweren Vertrauens- und Glaubenskrise verfällt Faust, eben noch im Hochgefühl einer neuen Daseinsfreude, in »Trübsinn« (1069); doch nicht mehr in jene radikale Verzweiflung, die in der vorhergehenden Nacht den Wunsch entstehen ließ, in der Selbstauslöschung die Welt zu überspringen. Faust hat inzwischen eine Bindung an die Welt gewonnen, die er offenbar nicht mehr ganz verlieren kann. Trotz seines Trübsinns bleibt er für die Schönheit der Welt offen: Die Sonne nähert sich ihrem Untergang. In purpurner »Abendsonne-Glut« schimmern die »grünumgebnen Hütten« (1070 f.). Der Trübsinn weicht einer neuen stillen Begeisterung. Es ist gerade eine heftige Sehnsucht nach Leben, die in Faust jetzt den Drang weckt, die Sonne für sich nicht untergehen zu lassen (vgl. 1072–75). In der Phantasie folgt Faust der lebensspendenden Sonne, gerade weil er von ihr und vom Anblick der schönen »stillen Welt« (1077) nicht genug haben kann. Dabei weiß Faust von Anfang an, daß er in dieser Sehnsucht über die Möglichkeiten des Menschen hinauswill. Er überläßt sich ihr, ohne zu vergessen, daß er nur träumt (1089). Die Gefahr schwerer Enttäuschung ist damit gebannt.

Zunächst kann sich Faust, eingespannt zwischen seiner Sehnsucht und der Einsicht, sie nicht verwirklichen zu können, ein gewisses inneres Gleichgewicht bewahren, aus dem er jedoch durch Wagner aufgestört wird. Der Famulus bekundet sein Unverständnis für das Verlangen, sich wie ein Vogel vom Boden zu erheben, um unter sich die Welt zu schauen, und preist die Freuden eines begrenzten Gelehrtenlebens. Die Einsicht, selbst bisher ein solches Leben geführt zu haben und kaum auf die Erfüllung seiner Sehnsucht »hinauf und vorwärts« (1093) hoffen zu dürfen, verursacht Faust jetzt einen heftigen Schmerz. Er bricht aus in die Klage über seine Zweiseelenhaftigkeit. Und, bezeichnend, mündet diese Klage – erstmals so deutlich ausgesprochen – in den sehnlichen Wunsch, die bisherige Eingeschränktheit durch Teilhabe an einem »neuen, bunten Leben« (1121) hinter sich zu lassen.

Fausts Sehnsucht hat sich verdinglicht. Sie zielt nun ganz

konkret auf den Genuß der Welt. Dabei bleibt Faust so sehr
seiner alten »Lebensart« verhaftet, daß er sich die Erfüllung
seiner Wünsche nur mit Hilfe zauberischer Mittel vorstellen
kann: »Ja, wäre nur ein Zaubermantel mein! / Und trüg er mich
in ferne Länder« (1122 f.). Auf einem solchen Zaubermantel
werden Faust und Mephisto später ihre Weltfahrt antreten.

Mit dem Erscheinen eines »schwarzen Pudels« (1156) deutet
sich die Sphäre des berufenen Zauberischen am Ende der Szene
schon an. Wagner bemerkt an dem Hund nichts Auffälliges;
allein Faust hat das sichere Gefühl, daß der Hund in einer besonderen Beziehung zu ihm steht, weil er sich innerlich dem
Magischen schon genähert hat.

Die beiden Szenen »Studierzimmer« (1178–2072)

Das nach der Szene »Nacht« das zweitemal im Studierzimmer
sich abspielende Geschehen bringt die Verbindung Fausts mit
Mephisto. Freilich nicht schon bei der ersten Begegnung. Goethe
hat es für notwendig erachtet, die Entwicklung Fausts auf
Mephisto hin in zwei selbständige Szenen aufzugliedern.

»Studierzimmer« (I) (1178–1529)

Faust kehrt in sein Studierzimmer zurück. Wieder – wie zu Beginn – ist es Nacht. Nach diesem turbulenten Tag empfindet er
das Bedürfnis, sich zu sammeln und in innerer Ruhe seinen Gedanken nachzugehen. Er fühlt sich jetzt – was nach der Abscheu
der Szene »Nacht« im ersten Moment überrascht – im Studierzimmer wohl, weil es die innere Sammlung begünstigt.

Faust horcht auf die Stimme seiner »beßren Seele« (1181).
Doch was sind das für »Töne« (1202)? Worauf erstrecken sich
die Gedanken, die jetzt seinen »Busen« bewegen: »Es reget sich
die Menschenliebe, / Die Liebe Gottes regt sich nun.« »Man
sehnt sich nach des Lebens Bächen, / Ach! nach des Lebens
Quelle hin« (1184 f./1200 f.). Christliche Interpreten konstatieren eine neue Hinneigung zu Gott, wobei sie stillschweigend
den theistischen Gott meinen. Die »Liebe Gottes«, die Sehnsucht nach »des Lebens Quelle« (vgl. 456) bezieht sich jedoch in

Wahrheit – wie schon die Erdgeistbeschwörung, freilich mit einem anderen Ziel – nicht auf einen transzendenten Gott, sondern auf die allumfassende, einheitliche Gott-Natur. Sie kann mit der amor dei intellectualis des Spinoza[63], die aus der Erkenntnis entspringt, daß alle Dinge in der Gott-Natur ihre Ursache haben und ihr zugehören, verglichen werden. Faust realisiert mit seiner »Vernunft« (1198) diese Erkenntnis, die immer auch eine Sehnsucht über die Dinge hinaus zu ihrer immanenten Ursache hin weckt, und empfindet darüber eine »heilige« (1180, 1202) innere Zufriedenheit. Weil aber Faust, wenn er so die Gott-Natur zum Gegenstand seiner Liebe und Sehnsucht macht, wieder nur im Studierzimmer entfernt von der Natur sitzt, kann die Zufriedenheit notwendig nur von kurzer Dauer sein.

Gestört wird Fausts feierliche Stimmung schon durch den seltsamen Pudel, den er mit ins Haus genommen hat. Er muß ihn mit Worten, die durch ihr Metrum (Knittelvers) deutlich von den zwei Strophen der inneren Einkehr abgesetzt sind, zweimal zur Ruhe mahnen. Die feierliche Stimmung relativer Zufriedenheit zerfällt letztlich jedoch, weil sie sich auf einen Gegenstand bezieht, den sie nicht vor sich hat. Wieder überkommt Faust die Resignation (vgl. 1210–14). Er fängt sie ab, erneut von der Sehnsucht nach »des Lebens Quelle«, nach – wie es jetzt synonym heißt – dem »Überirdischen« und nach »Offenbarung« getrieben, indem er zum Neuen Testament greift: »Wir lernen das Überirdische schätzen, / Wir sehnen uns nach Offenbarung, / Die nirgends würd'ger und schöner brennt / Als in dem Neuen Testament« (1216–19). Faust scheint das Neue Testament als traditionelles Dokument einer dogmatisch verstandenen »Offenbarung« zu nehmen und nun tatsächlich christlichen Glauben zu bezeugen. Tatsächlich beugt er sich jedoch dem Schriftprinzip und dem behaupteten Offenbarungscharakter der Bibel nicht, sondern hebt ihn gerade auf. Die Übersetzung, die man eigentlich nicht mehr eine Übersetzung nennen darf, zeigt, daß Faust zum Neuen Testament nur greift, um sich zu ihm in Widerspruch zu setzen. Die Einbeziehung des Neuen Testaments hat offenbar die Funktion, Faust sich zum Wesen »des« Menschen erklären zu lassen.

Er schlägt den Anfang des Johannes-Evangeliums auf und beginnt zu übersetzen: »Im Anfang war das *Wort*!« (1224). Da »stockt« (1225) er schon. Er übersetzt den Evangelientext nicht weiter: ».... und das Wort war bei dem Gott, und Gott war das Wort. Dieses war im Anfang bei dem Gott. Alles ist durch es entstanden.« Faust geht es nicht darum, möglichst exakt den Sinn des johanneischen Logos (präexistentes lebensschaffendes Wort Gottes; schöpferischer Gedanke Gottes[64]) herauszuarbeiten. Er braucht ein Reizwort, an dem sich sein Widerspruch entzünden kann. Dieses Reizwort ist »Wort«, aus dem Kontext und der ihm eigenen Bedeutung herausgerissen: »Ich kann das *Wort* so hoch unmöglich schätzen, / Ich muß es anders übersetzen« (1226 f.). Faust hält sich nicht mehr an die Textvorgabe des »heiligen Originals« (1222), sondern setzt für »Wort« ein, was *sein* »Geist« (1228, 1236) für den »Anfang« hält. Zwei Zwischenstufen sind zu durchlaufen, bis der »Geist« das Gemeinte schließlich exakt trifft: »Mir hilft der Geist! Auf einmal seh ich Rat / Und schreibe getrost: Im Anfang war die *Tat*!« (1236 f.). Wir entfalten den Lakonismus des Satzes und lesen: Die Gott-Natur und mit ihr auch der Mensch haben ihren »Anfang«, ihren Grund, ihr Wesen in der »Tat«, im Tätigsein.

Goethe läßt Faust eine Einsicht aussprechen, die ihm seit langem naheliegt. Schon in der Jugend stellt sich Goethe die Natur als lebendige Wirksamkeit und den Menschen als schöpferisches Wesen vor. So sieht er 1772 in der Sulzer-Rezension in der »Natur« das Wirken von »Kraft«, ein Begriff, der in der »Übersetzung« dem Begriff der »Tat« unmittelbar vorausgeht. Doch steht das Problem der Tätigkeit noch nicht im Zentrum des Welt- und Menschenbildes, weil Goethe zunächst die Einheit der Natur gegen den Theismus zu verteidigen hat und deshalb das Eingeordnetsein des Menschen in die Natur betont. Erst nachdem sich Goethe in der naturwissenschaftlichen Arbeit der neunziger Jahre vor die Notwendigkeit gestellt sieht, Entwicklung und Selbstentwicklung zu bestimmen, nachdem die geistigen Fähigkeiten des Menschen in ein neues Licht getreten sind und nachdem er die Einheit von Mensch und Natur als eine dialektische, durch die Tätigkeit des Menschen vermittelte Einheit gefaßt hat, ist er in der Lage, Tätigkeit wirklich als das

Wesen des Menschen und der Natur zu begreifen. Was in den Jugendgedanken unentwickelt angelegt war, kann jetzt mit vollem Bewußtsein der theoretischen Tragweite ausdrücklich formuliert werden. Festzuhalten bleibt freilich, um die Grenzen zum Marxismus nicht zu verwischen, daß Goethe immer nur die geistige, nicht die materielle Tätigkeit meint.

Einen ähnlichen Prozeß philosophischer Bewußtwerdung läßt Goethe Faust durchmachen. Von Beginn an bezeugt Faust seine Hochschätzung von Entwicklung und Tätigsein: exemplarisch in den Beschwörungen der Szene »Nacht«. In der Übersetzung des Neuen Testaments wird die Hochschätzung der Tat ausdrücklich formuliert und – was für die Vorbereitung der Wette wichtig ist – ein für allemal die Tat als Zentrum des Menschen festgeschrieben. Goethes eigener Werdegang läßt ermessen, was an philosophischer Entwicklung, was an Erkenntnisgewinn hinter der lakonischen Formel »Im Anfang war die Tat« steckt. Das Problem der Tätigkeit wird fortan explizit eine geradezu konstitutive Bedeutung für den »Faust« haben. Im zweiten Teil wird in der Auseinandersetzung mit dem Feudalabsolutismus auch deutlich werden, welche Klasseninteressen der hohen Bewertung der (geistigen) Tat zugrunde liegen.

Faust bezeichnet die (geistige) »Tat« als »Anfang« der Gott-Natur und des Menschen, äußert also Einsichten, wie sie der deutsche Idealismus von Kant bis Hegel für das bürgerliche Denken insgesamt formuliert. Doch was bewirkt und verändert er als Denker »außen« (1569)? In welchem Verhältnis steht die Hochschätzung der Tat in der Philosophie zu den Ergebnissen, die Fausts eigenes (geistiges) Tun über sein Inneres hinaus in der Welt hat? Nach dem bisherigen Verlauf steht wohl außer Frage, daß innere Anstrengung und äußeres Resultat sich *nicht* entsprechen, daß es gerade die äußere Folgenlosigkeit seines (inneren) Tuns ist, die Faust charakterisiert und das eigentliche Problem seiner Existenz ausmacht. Ein bezeichnendes Licht auf den Faust beherrschenden Widerspruch scheinen uns auch die Aktivitäten zu werfen, die er entfaltet, gerade nachdem er die Tat philosophisch so hochgestellt hat. Bei einem großen Aufwand tut er hier am Ende nichts anderes, als eine Verzauberung zu entschlüsseln.

Gebannt durch ein »Zeichen« (1300) – es kann nur das Kruzifix sein, vor dem Mephisto schon in der später weggelassenen Urfaustszene »Landstraße« die Augen niederschlägt – enthüllt sich der Pudel: Mephisto »tritt ... gekleidet wie ein fahrender Scholastikus[65], hinter dem Ofen hervor« (Szenar nach 1321). Es kommt zur ersten Begegnung, in deren Verlauf Mephisto Gelegenheit erhält, sich selbst vor- und darzustellen.

Wir bemerken, daß Mephisto in keiner Weise mit seinen Absichten hinter dem Berg hält. Noch im Fragment (330–346) äußert sich Mephisto erst offen, als Faust von der Bühne abgetreten ist (vgl. S. 74 f.). Jetzt wird das Programm der Zerstörung offen ausgesprochen. Mephisto will »alles, was entsteht«, zugrunde richten, vor allem die »Menschenbrut« (1369): »Ich bin der Geist, der stets verneint! / Und das mit Recht; denn alles, was entsteht, / Ist wert, daß es zugrunde geht; / Drum besser wär's, daß nichts entstünde. / So ist denn alles, was ihr Sünde, / Zerstörung, kurz, das Böse nennt, / Mein eigentliches Element« (1338–1344). Mephisto scheint keinerlei Wert darauf zu legen, auf Faust einen verführerischen, verlockenden Eindruck zu machen, nicht einmal dann, als er sich nach Herkunft und Machtmöglichkeiten vorstellt. Zwar verleiht er seinem Ursprung durch eine eigene Version der Schöpfungsgeschichte eine besondere Würde: Im Gegensatz zum biblischen Mythos gilt ihm nicht Gott, das Licht, sondern die Nacht als die eigentliche Schöpfungsmacht. Doch ausdrücklich betont er mehrfach, nicht die mythische Macht des Bösen ganz, vielmehr von ihr nur ein »Teil« (1335, 1349) zu sein. Mephisto verhehlt auch nicht, daß er trotz angestrengtester Bemühungen die Welt und den Menschen bisher nicht zerstören konnte: »Was sich dem Nichts entgegenstellt, / Das Etwas, diese plumpe Welt, / So viel als ich schon unternommen, / Ich wußte nicht ihr beizukommen, / Mit Wellen, Stürmen, Schütteln, Brand, / Geruhig bleibt am Ende Meer und Land! / Und dem verdammten Zeug, der Tier- und Menschenbrut, / Dem ist nun gar nichts anzuhaben. / Wie viele hab ich schon begraben! / Und immer zirkuliert ein neues, frisches Blut. / So geht es fort, man möchte rasend werden!« (1363 bis 1373).

Mephisto verhält sich also bei seinem ersten Zusammentreffen mit Faust nicht wie ein Verführer. Er präsentiert sich einfach, ohne Faust gegenüber irgendeine Absicht erkennen zu lassen, mit der »bescheidenen Wahrheit« (1346) über seine Person. Mephisto sagt tatsächlich über sein ungeheuerliches Vorhaben »bescheiden« die volle Wahrheit, doch so, daß sich Faust in keiner Weise gefährdet fühlt. Er bezieht sein Programm der Zerstörung nicht auf Faust, er bekennt offen die Begrenztheit seiner Macht. Zu Beginn der Selbstvorstellung begreift er sogar in einem »Rätselwort« (1337) seine Zerstörungsbemühung als produktive Kraft. Für einen Moment – sonst nicht – darf er sich bewußt sein, daß er in einen übergreifenden Funktionszusammenhang eingeordnet ist, daß er »stets das Böse will und stets das Gute schafft« (1336). Das »Böse« hat sich offen eingeführt, ohne einen beunruhigenden Eindruck zu hinterlassen. Faust nimmt es wie eine exotische Erscheinung auf, die verwunderte Belustigung, aber keine Befürchtung erweckt (vgl. 1379–84).

Faust wähnt sich überlegen und in Sicherheit. Doch gerade jetzt, wo er nichts ahnt, treibt Mephisto sein Spiel, das Faust in eine Verbindung mit dem Teufel verstricken soll. Mephisto, der die Unterhaltung fürs erste abbrechen will, gibt vor, durch ein fehlerhaft gezogenes Pentagramm in die Studierstube gebannt zu sein. Faust schmeichelt sich, den Teufel nun auch noch in seiner Gewalt zu haben. Doch während er glaubt, mit dem Teufel zu spielen, spielt der in Wirklichkeit mit ihm. Zwar bequemt sich Mephisto, Faust »zur Gesellschaft hier zu bleiben; / Doch mit Bedingnis, (ihm) die Zeit, / Durch (s)eine Künste, würdig zu vertreiben« (1431–33). Nur zu gern gibt Faust seine Einwilligung. Er ahnt nicht, was er sich zuzieht.

Mephisto kennt Fausts innere Problematik genau und weiß, daß er, um Faust für die Verbindung vorzubereiten, sie bis zum äußersten verschärfen muß. »Auf dem Gange« (Szenar nach 1258) stehen schon die »Geister« bereit, um Mephisto zu nützen, weil er ihnen selbst »schon viel zu Gefallen« (1270) tat. Jetzt herbeigerufen, singen sie Faust in einen Schlaf, in welchem er »für (s)eine Sinnen, / In dieser Stunde mehr gewinnen (wird) / Als in des Jahres Einerlei« (1436–38). Auf Geheiß der »zarten Geister« (1439) öffnen sich Faust die »dunklen / Wölbungen« (1447 f.) seines Studierzimmers und geben den Himmel frei.

Faust bricht im Traum aus der Enge des »Kerkers« in eine Welt einzigartiger sinnlicher Fülle aus. Nicht eindeutig, doch erkennbar, trägt sie die Züge eines südlich-griechischen Arkadiens. Faust erlebt durch Mephistos »Künste« (1433), was er sich selbst sehnlichst wünscht: ein »neues, buntes Leben«. Doch er erlebt es nur in »süßen Traumgestalten« als »Wahn« (1510 f.). Die Szene endet damit, daß Faust, aus dem Traum erwachend, angesichts der tristen Realität seines Studierzimmers vor übermächtiger Enttäuschung gleichsam in sich zusammensinkt: »Bin ich denn abermals betrogen? / Verschwindet so der geisterreiche Drang, / Daß mir ein Traum den Teufel vorgelogen / Und daß ein Pudel mir entsprang?« (1526–29).

»Studierzimmer« (II) (1530–2072)

Nach kurzer Pause, in der Mephisto ein neues Gewand anlegt, betritt er als »edler Junker« (1535), der offensichtlich über genügend Geld verfügt, erneut das Studierzimmer, um schnurstracks auf Faust loszugehen. In der vergangenen Szene hatte Mephisto bei seiner Selbstvorstellung keinerlei besonderes Interesse an der Person Fausts erkennen lassen. Jetzt zeigt er offen, daß er mit Faust etwas vorhat. Er empfiehlt ihm ohne Umschweife den Sprung ins Leben, und zwar – die Kleidung unterstreicht das – nicht ins Leben, wie das »Pack« (1640) es führt, sondern ins Leben eines Privilegierten: »Denn dir die Grillen zu verjagen, / Bin ich, als edler Junker, hier, / In rotem, goldverbrämtem Kleide, / Das Mäntelchen von starrer Seide, / Die Hahnenfeder auf dem Hut, / Mit einem langen spitzen Degen, / Und rate nun dir, kurz und gut, / Dergleichen gleichfalls anzulegen; / Damit du, losgebunden, frei, / Erfahrest, was das Leben sei« (1534–43).

Mephistos Empfehlung gilt einem Faust, der nicht mehr an die Möglichkeit glaubt, in und an der »Welt Genuß« zu haben. Faust wollte doch in die Welt hinaus; er wollte doch nicht nur im »Innersten« reich sein, sondern auch »nach außen« (1567/69). Die Enttäuschung nach dem mephistophelischen Geisterchor hat Fausts Weltdrang in die resignative Weltklage umschlagen lassen, daß ihm »der Tag« niemals auch nur »*einen* Wunsch erfüllen wird« (1557): »Was kann die Welt mir wohl gewähren? / Entbehren sollst du! sollst entbehren! / Das ist der ewige Gesang, / Der jedem an die Ohren klingt« (1548–51). Faust verzweifelt an seinem Streben, den Gegensatz zwischen der gewaltigen Kraft seines Geistes, die ihn im Innern reich macht, und der Armut seines konkreten äußeren Lebens zu überwinden, und versinkt in eine tiefe Resignation. »Und so ist mir das Dasein eine Last, / Der Tod erwünscht, das Leben mir verhaßt« (1570 f.).

Die Erneuerung am Ende der Szene »Nacht«, die auf einen frischen Anfang für die Aneignung der Welt hoffen ließ, hat sich für Faust als Selbsttäuschung erwiesen. Er sieht keinen Ausweg mehr, auch nicht – wie einst – in einem alles wagenden Durchdringen »zu neuen Sphären reiner Tätigkeit« (705).

Sein Lebensrhythmus ist völlig ins Stocken geraten. In dieser Situation tiefster Enttäuschung und Hoffnungslosigkeit läßt sich Faust, provoziert durch Mephisto, zu einer äußersten Reaktion hinreißen: zum Fluch. Man muß den magischen und später christlichen Kontext des Verfluchens mitdenken, um das Ausmaß dieser Reaktion zu ermessen. Die Verfluchung – man beachte ihre rhetorische Konstruktion – ist summarisch. Sie beginnt bei Gütern der Welt, dem hohen Selbstwertgefühl des menschlichen »Geistes« (1592); es folgen die »Erscheinung« (1593), der »Ruhm« (1596), »Besitz« (1597), »Mammon« (1599) und der Wein (1603); sie erstreckt sich dann auf die drei christlichen Tugenden Glaube, Hoffnung und Liebe (1604 f.) und endet unter ausdrücklicher Hervorhebung mit der »Geduld« (1606). Dieser Schluß ist erhellend. Faust flucht der »Geduld«, die eine Geduld mit der Welt ist und die ihn immer noch in der Welt hält, gerade deswegen ausdrücklich, weil er trotz aller laut bekräftigter Abscheu vor dieser »Trauerhöhle« (1589) noch nicht mit der Welt fertig ist. Der schmerzlich-ohnmächtige Fluch läßt ahnen, daß Faust, der doch von den Gütern, die er verflucht, so gut wie nichts selbst besessen hat, erneut für die Welt anfällig sein wird.

Fausts Entwicklung auf Mephisto hin ist abgeschlossen. Ein unsichtbarer Geisterchor übertreibt ironisierend die Verfluchung zu einer realen Zerstörung: »Die schöne Welt, / Mit mächtiger

Faust; / Sie stürzt, sie zerfällt! / Ein Halbgott hat sie zerschlagen!« (1609–12). In seinem Bewußtsein hat Faust die »schöne Welt« tatsächlich zerschlagen. Der Geisterchor hat recht, wenn er die Verfluchung als den Abschluß einer Entwicklung deutet. Faust hat jenen Punkt erreicht, der ein Paktieren mit Mephisto möglich macht. Mit der Verfluchung ist die Voraussetzung gegeben, Faust und Mephisto nun wirklich in einer regelrechten Verbindung zusammenzuführen.

Die formelle Verbindung zwischen Faust und Mephisto, wie sie im Volksbuch durch den Teufelspakt gegeben ist, war zweifellos das schwierigste gestalterische Problem des ganzen Komplexes, der die »große Lücke« schließt. Goethe konnte aus weltanschaulichen Gründen – das war von vornherein klar – nicht dem Vorbild des christlich-mittelalterlichen Teufelspaktes folgen. Gleichwohl hatte er, weil sie im Haushalt der Dichtung nicht zu entbehren war, eine stabile Verbindung zustande zu bringen. Der Text selbst, in dem die formelle Verbindung zwischen Faust und Mephisto entwickelt wird (1627–1743), zeugt mit seinen Einschnitten und Wendungen von den Schwierigkeiten, die Goethe bei der Lösung dieses Problems zu überwinden hatte.[66]

Mephisto gibt den Einsatz; denn er ist es, der Faust an sich binden will. Er bereitet die Verbindung dadurch vor, daß er, nachdem er zu Beginn der Szene nur erst gezielte Ratschläge gegeben hat, nunmehr Faust ein konkretes Angebot macht. Natürlich schlägt Mephisto eine Verbindung vor, mit der er am sichersten sein Ziel der Zerstörung des Menschen zu erreichen hofft. Das ist der Pakt in der Art des Volksbuchs: Mephisto verpflichtet sich für eine bestimmte Frist zu Fausts Dienst auf der Erde; Faust überläßt ihm dafür als Gegenleistung nach dem Tode seine Seele. Der Faust des Volksbuchs verwirkt, indem er mit dem Teufel paktiert, unwiderruflich das höchste Gut, das ein Mensch in der Sicht des Christentums besitzt, das Heil seiner Seele. Bei Goethe kann es zwischen Faust und Mephisto nicht um die Verdammung oder das Heil der Seele in einem Jenseits gehen, da der »Faust« nicht wie noch das Volksbuch aus der Weltanschauung eines christlich-kirchlichen Theismus lebt. Bei einem anderen Inhalt – es geht letztlich auch dem

Mephisto, mag er sich auch am Ende als christlicher Seelenholer aufführen, um das Diesseits, um den diesseitigen Menschen – bleibt gleichwohl, daß Faust sich mit einem Pakt von vornherein und unwiderruflich Mephisto ausliefern würde.

Wir haben oben festgestellt, daß Faust mit der Verfluchung der »schönen Welt« in nächste innere Nähe zu Mephisto geraten ist. Ein Pakt, der alles determinierte, kann also nicht grundsätzlich ausgeschlossen werden. Die äußerste Krisensituation veranlaßt Mephisto mit Recht, den Versuch zu wagen: »Ich will mich *hier* zu deinem Dienst verbinden, / Auf deinen Wink nicht rasten und nicht ruhn; / Wenn wir uns *drüben* wiederfinden, / So sollst du mir das Gleiche tun« (1656–59).

Faust hält sich, als er um Erläuterung der Bedingungen nachsucht, einen Augenblick lang für das Paktangebot offen. Doch nachdem Mephisto die Bedingungen des Paktes genau benannt hat, nehmen wir an Faust ein entschiedenes Bedürfnis wahr, sich Mephisto und seinem Angebot zu widersetzen. Der Text erläutert die Wende nicht, er zeigt nur das Ergebnis: Nach der genauen Formulierung des Angebots beginnt eine Entwicklung, die Faust wieder von Mephisto wegführt.

Den Ansatz, sich gegen Mephisto zu stellen, liefert dessen Hinweis auf ein »Drüben«. Faust hat damit das Stichwort, an dem sich sein Widerspruch entzünden kann: »Das Drüben kann mich wenig kümmern; / ... / Aus dieser Erde quillen meine Freuden, / Und diese Sonne scheinet meinen Leiden« (1660; 1663 f.). Eben noch hatte Faust die Welt verflucht. Jetzt bekennt er sich uneingeschränkt zu ihr, erklärt, daß er nur sie als Daseinsraum habe und von einem Jenseits »nichts weiter hören«. (1667) wolle. Das Bekenntnis zum Diesseits impliziert die Ablehnung eines jenseitigen Seelenlebens, in dem man belohnt oder bestraft werden kann. Eine der wesentlichen weltanschaulichen Voraussetzungen des kirchlich-christlichen Teufelspakts ist damit außer Kraft gesetzt.

Bekundet schon der Widerspruch, den Fausts Diesseitsbejahung zur Geltung bringt, eine mangelnde Bereitschaft zum Pakt, so schwindet die Aussicht auf einen Pakt für Mephisto ganz, als Faust bezweifelt, ob jener ihm mit seinem Dienst überhaupt etwas »geben« könne. Wenn die Leistungsfähigkeit Mephistos in

Frage gestellt wird, hat ein Pakt mit ihm seinen Sinn völlig verloren.

Faust, eben noch im Begriff, sich an Mephisto zu verlieren, entzieht sich ihm in einer schnellen Wendung, indem er sich darauf besinnt, daß der Mensch erst durch sein »hohes Streben« zum Menschen wird: »Was willst du armer Teufel geben? / Ward eines Menschen Geist, in seinem hohen Streben, / Von deinesgleichen je gefaßt?« (1675–77). Aus diesem neu gewonnenen Bewußtsein erwächst Faust die Kraft, Mephisto, der bisher geführt hat, in die Defensive zu drängen. Konkrete Aufgaben sollen erweisen, daß Mephisto das »hohe Streben« des menschlichen Geistes niemals befriedigen kann. Wir befinden uns schon im Vorraum der Wette.

Die Wünsche, die Faust nun ausspricht, artikulieren – in der Mehrzahl zumindest – eine Sehnsucht nach dem Unmöglichen, nach Durchbrechen der Naturgesetzlichkeit. Sie zielen zumeist auf Paradoxes, zweifellos auch, um Mephisto zum Eingeständnis seines Unvermögens zu zwingen. Zuerst begehrt Faust »Speise, die nicht sättigt« (1678). Wir erkennen die Sehnsucht nach einem Genießen wieder, das nicht aufhört. Ganz folgerichtig setzt Faust also mit dem Motiv ein, das ihn am meisten betrifft. Danach geht sein Wünschen auf Gegenstände, die sich selber aufheben: sich wie Quecksilber verflüssigendes und verschwindendes »rotes Gold« (1679 f.); ein »Spiel, bei dem man nie gewinnt« (1681). Schließlich kommt Faust in eine Sphäre, wo er den Möglichkeiten Mephistos wieder entgegenkommt. Faust ein treuloses Mädchen (1682 f.) und schnell vergehende Ehre (1684) zu verschaffen, dürfte gerade Mephisto nicht schwerfallen. Auch biologische Gesetzmäßigkeiten zu durchbrechen (1686 f.) müßte ihm möglich sein, da er doch zaubern kann. Die letzten Wünsche sind offensichtlich bewußt so formuliert, daß Mephisto sie für erfüllbar halten kann.

Mephisto wiegt sich noch einmal in der Sicherheit, Faust einfangen zu können. Er preist erneut den Genuß und bringt die Gewißheit zum Ausdruck, daß Faust nach extravaganten Wünschen sich mit einem Genießen »in Ruhe« bescheiden werde: »Ein solcher Auftrag schreckt mich nicht, / Mit solchen Schätzen kann ich dienen. / Doch, guter Freund, die Zeit kommt auch heran, / Wo wir was Guts in Ruhe schmausen mögen« (1688 bis 1691).

»Ruhe« ist Fausts Stichwort. Er greift es auf, um seine Auffassung vom Sinn des menschlichen Lebens, die sich in der Reaktion auf Mephistos Paktangebot schon zu konturieren begonnen hatte, nun ausdrücklich zum Gegenstand einer Wette zu machen. Der Vorschlag zum Pakt war von Mephisto gekommen. Daß jetzt Faust die Wette initiiert und formuliert, verdeutlicht welche Wendung das Geschehen inzwischen genommen hat. Wir verstehen Scholz in diesem Sinne, wenn er von »einer Achsendrehung nach der Seite des Menschen«[67] spricht.

Das Wettgeschehen selber – Mephistos Unterschriftsforderung leitet schon etwas Neues ein – gliedert sich in zwei Teile: den Wortlaut der eigentlichen Wette, die durch den Handschlag besiegelt wird (1692–1698), und eine nachträgliche Kommentierung und Präzisierung, die im strengen Sinn nicht mehr dazugehört, die aber zumindest Mephisto gleichermaßen in die Verbindlichkeit hineinnimmt (1699–1706; 1708–11). Der Inhalt der Wette ist vollständig schon in den ersten zwei Versen gegeben. Die folgenden zwei anaphorisch einsetzenden Sätze entfalten ihn: »Werd ich beruhigt je mich auf ein Faulbett legen, / So sei es gleich um mich getan! / Kannst du mich schmeichelnd je belügen, / Daß ich mir selbst gefallen mag, / Kannst du mich mit Genuß betrügen: / Das sei für mich der letzte Tag« (1692 bis 1697). Faust steht wieder ganz auf der Höhe des Anfangs von »Studierzimmer« (I), wo er in der »Übersetzung« des Johannes-Evangeliums die »Tat« als den »Anfang« des Menschen festgeschrieben hatte. Was dort indes nur als theoretischer Satz aufgestellt worden war, wird jetzt hineingezogen in Praxis. Die Wette setzt der Praxis eine Meinung vom Menschen aus, um zu ermitteln, ob sie sich in der Praxis bewährt und durchsetzt. In Frage steht also die »Tat« als »Zentrum« des Menschen. Faust wettet mit Mephisto, daß er niemals aufhören wird, tätig zu sein. Mit Selbstgefälligkeit und fauler Genußsucht werden zwei Motive genannt, die ein Aufhören des Tätigseins veranlassen könnten.

Weil für Faust die »Tat« den Sinn des menschlichen Lebens ausmacht, liefert die Behauptung, niemals aufzuhören tätig zu sein, zugleich den Einsatz, der bei einer Wette gefordert wird. Faust bietet als Einsatz, was er im Falle des »Beharrens« vor dem Richterstuhl des eigenen Ichs auch ohne Wette verlieren würde: sein Menschsein. »Beharren« ist mit dem Verlust des Menschseins, mit dem Totsein als Mensch, das im leiblichen Tod sein Bild hat, identisch. Eine zweite Person braucht nicht eingeschaltet zu werden: »Wie ich beharre, bin ich Knecht, / Ob dein, was frag ich, oder wessen« (1710 f.). Faust wettet so zuerst mit sich selber. Eine Beziehung zu Mephisto wird erst hergestellt, indem Faust den Selbstverlust als Mensch mit dem Verfall an Mephisto identifiziert. Nur in diesem Sinne des Verlusts menschlichen Wesens darf von der Möglichkeit gesprochen werden, daß Faust »vom Teufel geholt« wird.

Mephisto geht sofort auf das Wettangebot ein, ohne vorher nochmals die eigenen Positionen klarzustellen. Tatsächlich ist das auch nicht nötig. Denn Mephisto hat seine Auffassung vom Sinn des menschlichen Lebens unmißverständlich schon in der Selbstvorstellung der Szene »Studierzimmer« (I) dargelegt. Außerdem ist sie in der Formulierung der Wette durch Faust enthalten, da Faust seine Weltanschauung hier nur im Negativ gibt. Auf Grund des sofortigen Einverständnisses entfällt auch eine Auskunft über den Einsatz, den Mephisto im Falle der Wettniederlage an Faust zu zahlen gedenkt. Wir nehmen an, daß auch auf der Seite Mephistos das Programm selbst den Einsatz ausmacht.

Nachdem Faust und Mephisto die Wette schon mit Handschlag besiegelt haben, redet Faust, in steigender innerer Bewegung, sofort weiter. Diese spontane Weiterführung über den Handschlag hinaus bringt in das Wettgeschehen zwei neue Momente ein, die von großer Bedeutung sind.

Faust hat sich in der eigentlichen Wettformulierung verbürgt, sich niemals, aus Selbstgefälligkeit oder fauler Genußsucht etwa, »auf ein Faulbett (zu) legen«. Die Bedingung für Gewinn oder Niederlage der Wette ist damit angegeben, jedoch nur im allgemeinen. Das Bild »auf ein Faulbett legen« gibt keine Handhabe, ein Verhalten Fausts so eindeutig als ein Versagen im Sinne der Wette zu bestimmen, daß ein Streit zwischen den Wettpartnern ausgeschlossen wäre. Diese Unbestimmtheit wird jetzt von Faust gleichsam im Vorübergehen beseitigt, indem er den Verlust der Wette an das Aussprechen eines Satzes knüpft: »Werd ich zum Augenblicke sagen: / Verweile doch! du bist so schön! / Dann magst du mich in Fesseln schlagen, / Dann will ich gern zugrunde gehn!« (1699–1702). Goethe lenkt damit unsere Aufmerksamkeit für den weiteren Verlauf darauf, ob Faust einmal diesen Satz aussprechen wird. Eine Diskussion von Handlungen Fausts auf ein Versagen hin, wie sie die Wette nahelegt, muß demgegenüber an Interesse und Gewicht einbüßen. Mephisto selbst wird die Möglichkeit geliefert, Faust im entscheidenden Moment beim Wort zu nehmen.

Das zweite neue Moment: Faust hat sich dem Pakt in erster Linie deshalb entzogen, weil er Mephisto für außerstande hielt, sein »hohes Streben« durch irgendwelche »Künste« zufriedenzustellen. Die Fähigkeit Mephistos, menschliche Wünsche durch seinen »Dienst« zu erfüllen, war allgemein in Frage gestellt worden. Jetzt sichert Faust – wie selbstverständlich – Mephisto zu, daß er im Falle einer Wettniederlage sofort seines »Dienstes frei« (1704) sei. Stillschweigend wird also wieder ein »Dienst« vorausgesetzt. Auch Mephisto geht – wie selbstverständlich – von einer Dienstverpflichtung aus, wenn er verspricht, »heute gleich, beim Doktorschmaus, / Als Diener, (s)eine Pflicht (zu) erfüllen« (1712 f.). An die Wette um zwei entgegengesetzte Menschen- und Lebensauffassungen, deren Ausgang offen ist, lagert sich ein »Dienst« Mephistos an, der das Prinzip Leistung–Gegenleistung des mittelalterlichen Teufelspaktes nicht mehr kennt.

Faust und Mephisto wetten also nicht nur um ein Programm der Lebensführung. Ihre Beziehung erschöpft sich nicht in einer Konkurrenz. Faust greift gleichzeitig das Angebot Mephistos auf, ihm »Diener« und »Knecht« (1648) zu werden, und akzeptiert es. Damit ist eine enge Verbindung zwischen Faust und Mephisto hergestellt, wie sie von einer Wette allein nicht zu erwarten war. Faust hat mit Mephisto gewettet. Gleichzeitig will er aber »mit (ihm) vereint, / (S)eine Schritte durchs Leben nehmen« (1642 f.), will er ihn als »Diener« zur Seite haben, ohne ihm eine Gegenleistung zuzusichern. Mephisto darf nicht erwarten, daß er für seinen »Dienst« mit dem Gewinn Fausts belohnt wird. Ein Pakt ist nicht abgeschlossen worden. Mephisto kann nur hoffen, 'daß sein »Dienst« bei seinen Wettaussichten positiv zu Buche schlägt.

In der Formulierung der Wette war Faust ganz Mensch »in seinem hohen Streben«. Die Gefahr, sich an Mephisto zu verlieren, schien vollständig gebannt zu sein. Da erfahren wir unter der Hand, daß Faust schon einen Dienst Mephistos in Anspruch genommen hat. Die Wette beinhaltet keine Gefährdung, die nicht auch ohne Mephisto dagewesen wäre. Eine ständige zusätzliche Gefährdung ist dagegen gegeben, wenn Faust sich von Mephisto »bedienen« läßt.

Tatsächlich gewinnt Mephisto, nachdem sein »Dienst« bekannt geworden ist, wieder mehr und mehr die Oberhand. Goethe stellt diese Entwicklung dar an der Reaktion Fausts auf Mephistos Forderung nach einer Blutunterschrift.

Eine Unterschrift ist sachlich nicht notwendig, da die Wette schon durch den Handschlag sanktioniert worden ist. Da außerdem der Text des Dokuments nicht mitgeteilt wird, scheint auch ohne Interesse zu sein, was Faust unterschreiben soll, zumal es sich nur um die ohnehin schon sanktionierte Wette handeln kann. Goethe greift also das alte Motiv aus dem Volksbuch offenbar nur deshalb auf, um eine Haltung Fausts vorzuführen. Sie ist denn auch bezeichnend dafür, wie Faust zunehmend dem Einfluß Mephistos verfällt. Mephisto fordert von Faust eine Unterschrift, weil er sich nicht auf das »gesprochene Wort« (1718) verlassen kann. Obwohl Faust diese Forderung für entwürdigend hält, gibt er seinen heftigen Widerstand auf und tut Mephisto »Genüge« (1738). Faust beugt sich Mephisto, wie er sich dessen Eingangsriten schon zu Beginn der Szene »Studierzimmer« (II) anbequemt hat.

Nachdem Faust die Unterschrift geleistet hat, wird er sich erst voll bewußt, daß sein »Gefährte« (3243) der Teufel ist. Die schmerzliche Einsicht überwältigt ihn, daß zu einem Gefühl der Überlegenheit über Mephisto kein Grund mehr besteht: »Ich habe mich zu hoch gebläht; / In deinen Rang gehör ich nur« (1744 f.).

Offenbar unwiderruflich auf die Ebene Mephistos herabgezerrt, sieht Faust in seiner Schmach keinen anderen Ausweg, als die Flucht nach vorn anzutreten. Am Anfang der Szene hatte Mephisto Faust zum Sprung ins Leben geraten. Jetzt beschließt Faust selbst, verbissen und zum äußersten bereit, in die Welt hinaus zu fliehen und *alle* Möglichkeiten eines Lebens, die guten wie die schlechten, »Schmerz und Genuß, / Gelingen und Verdruß« (1756 f.) in einem rastlosen »Taumel« (1766) durchzukosten: »Laß in den Tiefen der Sinnlichkeit / Uns glühende Leidenschaften stillen! / ... / Stürzen wir uns in das Rauschen der Zeit, / Ins Rollen der Begebenheit!« (1750 f./1754 f.).

An diesem Punkt der Entwicklung, wo sich Faust einem ruhelosen Durchgenießen des Lebens verschreibt, stoßen wir auf Verse, die schon im »Fragment« enthalten sind. Goethe schließt die Szene »Studierzimmer« (II) mit dem Text der Szene 2 (ohne Szenenüberschrift) des »Fragments«. Die Verse 1770 bis Ende der Szene 2072 sind mit den Versen 249–551 des »Fragments« identisch.

Für die Schülerszene (1868–2050/»Fragment«: 347–529) und den Dialog zwischen Faust und Mephisto vor der Ausfahrt (2051–2072/»Fragment«: 530–551) ist auf die Interpretation im Zusammenhang des »Fragments« zu verweisen (vgl. S. 76 f.). Hier interessiert nur, wie Goethe den Text der neuen Arbeitsperiode mit dem Dialog zwischen Faust und Mephisto, der den ersten Teil der Szene 2 des »Fragments« (249–346) bildet, verzahnt hat.

Wir erinnern uns: Faust und Mephisto treten in der Szene 2 des »Fragments« zum erstenmal – hier noch ohne Vermittlung – als verbunden auf. Faust, der auf die Ausgangsposition zu Beginn der Szene »Nacht« zurückgefallen ist, brennt erneut darauf, das »Kerker«-Leben hinter sich zu lassen. Das Ziel jedoch hat sich gegenüber den »Beschwörungen« geändert. Faust hat es aufgegeben, »Übermensch« zu werden. Er drängt jetzt in die Welt, um als einzelner das Ganze der Lebensmöglichkeiten *aller* Menschen unmittelbar, ganz und gar zu durchleben. An dieses Streben kann Goethe anknüpfen. Auch der Faust, der soeben die Wette mit Mephisto eingegangen ist und darüber hinaus Mephisto sich zum dienenden »Gefährten« genommen hat, drängt in die Welt. Nur ist dieses Streben unmittelbar nach der schmerzlichen Erkenntnis, Mephisto an sich gebunden zu haben, jeder Idealität entkleidet. Faust »weiht« (1766) sich einem ganz realen und konkreten »Konsumieren« des Lebens, das die Möglichkeiten des Individuums auskostet, aber nicht überschreitet. Der Text des »Fragments« hebt den Drang in die Welt auf eine höhere, gleichsam idealere Stufe. Wenn sich Faust jetzt vornimmt, bei seinem Leben in der Welt die Schranken des Individuums zum All-Menschen zu durchbrechen, zu genießen, »was der ganzen Menschheit zugeteilt ist«, bezeugt er wieder Momente eines »hohen Strebens«, das er kurz nach der Unterschrift ganz verloren hatte. Durch den Anschluß an den »Fragment«-Text stattet Goethe Faust mit dem Bemühen aus, sich aus der totalen Auslieferung an Mephisto wieder herauszulösen.

»Walpurgisnacht« und »Walpurgisnachtstraum«

Der sog. Urfaust entwickelt die Gretchenhandlung von Anfang bis Ende ohne Unterbrechung. Das »Fragment« unterbricht erstmals den durchgängigen Handlungsfluß durch die Szene »Wald und Höhle«. In der Arbeitsperiode von 1797 bis 1801 wird der Komplex der Gretchen-Szenen erneut thematisch ausgeweitet. Goethe baut in ihn zwei weitere Szenen ein, die über die eigentliche Gretchenhandlung hinausführen: die »Walpurgisnacht« und den ihr zugeordneten »Walpurgisnachtstraum«.

»Walpurgisnacht« (3835–4222)

Goethe fügt die »Walpurgisnacht« dort in den Komplex der Gretchen-Szenen ein, wo das »Fragment« aufhört. Sie folgt also auf den physischen Zusammenbruch Gretchens in der Szene »Dom«. Ihr sollte ursprünglich eine überleitende und vorbereitende »Aufmunterung zur Walpurgisnacht« (Plp. 40) vorangehen. Dieser Plan wurde jedoch nicht ausgeführt. Erst in der Endphase der Arbeit am »Faust« (Frühjahr 1806) löst Goethe das Überleitungsproblem, indem er zwei – im »Fragment« fallengelassene – Szenen des sog. Urfaust (Nr. 13 und 14 der Gretchen-Szenen) ganz oder teilweise aufgreift und sie für den Vorbereitungszweck ausbaut.

Im sog. Urfaust beklagt Gretchens Bruder Valentin in der Szene »Nacht. Vor Gretchens Haus« (Nr. 13) voll ohnmächtiger Wut die ersten Anzeichen allgemeiner Verachtung. Die Szene hat zu bezeugen, wie Gretchens »Schande« in die Öffentlichkeit gedrungen ist. Die folgende Szene ohne Szenenüberschrift (Nr. 14) zeigt Faust und Mephisto – ebenfalls nachts – auf dem Wege zu Gretchen. Ob sie sich schon vor ihrem Haus oder in dessen nächster Nähe befinden, bleibt offen. Sicher ist, daß zwischen ihnen und Valentin keinerlei Verbindung besteht. Faust ist in der Liebesnacht das letztemal bei Gretchen gewesen. Die Szene hat nach seiner langen Abwesenheit zu klären, wie er jetzt sein Verhältnis zu ihr sieht. Faust ergeht sich in der pathetischen Selbstanklage, die Goethe vom »Fragment« an in die Szene »Wald und Höhle« aufgenommen hat (s. S. 56).

Im Faust I ist der erneute Auftritt Fausts und Mephistos voll in den Rahmen der vorangegangenen Szene »Nacht« integriert. Faust und Mephisto erscheinen des Nachts »vor Gretchens Türe« (Szenar), vor den Augen Valentins, der soeben – im Urfausttext – die ersten Auswirkungen der »Schande« bezeugt hat. Faust ist wiederum auf dem Weg zu Gretchen. Doch quält ihn dabei nicht mehr wie im sog. Urfaust die »Seelennoth«. Er braucht sich nicht mehr zum »Flüchtling«, zum »Unmensch ohne Zweck und Ruh« zu deklarieren, weil das schon in der Szene »Wald und Höhle« geschehen ist. Faust tritt jetzt ganz als degentragender adliger Verführer auf, der wie in der Eingangsszene der Gretchenhandlung nur »so grade ... genießen« (2722) will. Bezeichnenderweise wird auch das Geschenkmotiv aufgenommen. Nach der ersten Begegnung mit Gretchens Welt hatte sich Faust gescheut, Gretchen ein Geschenk zu machen, weil er die Freiwilligkeit der ersehnten Liebe nicht verletzen wollte. Jetzt – wie schon zu Beginn nach der Begegnung auf der Straße – empfindet er diese Scham nicht mehr. Gretchen ist zur »lieben Buhle« (3671) geworden, zu der man nicht »ohne Geschenke« (3675) geht. Mephisto, dem »schon durch alle Glieder / Die herrliche Walpurgisnacht« (3660 f.) spukt, unterstreicht das Kavaliersmäßige des Auftritts, indem er Gretchen ein frech-anzügliches Ständchen singt. Der Serenade folgt das Duell. Valentin geht auf den »Sänger« (3701) los und wird von Faust, dem

Mephisto den Degen führt, getötet. Mephisto flieht auf der Stelle mit Faust. Denn er weiß »trefflich mit der Polizei, / Doch mit dem Blutbann schlecht (s)ich abzufinden« (3714 f.).

Im letzten Teil der Szene geht der sterbende Valentin vor dem herbeigeeilten Volk mit seiner Schwester ins Gericht und verflucht sie: »Und, wenn dir denn auch Gott verzeiht, / Auf Erden (sollst) sein vermaledeit!« (3762 f.). Die Valentin-Episode ist die letzte Station vor Gretchens physischem Zusammenbruch.

Faust ist auf das Niveau des adligen Verführers, auf dem er zu Beginn der Gretchenhandlung stand, zurückgefallen. Jetzt kann ihn Mephisto – die »Hexenküche« gab einen Vorgeschmack – in sein ureigenstes Reich führen, in »des Bösen Haus« (3980), dorthin, wo das »Böse« in höchster Potenz und Konzentration versammelt ist. Faust soll ihm in seiner ganzen Unverfälschtheit ausgesetzt werden. Dazu war es notwendig, Faust über eine konkret historische Wirklichkeit im Sinne der Gretchenwelt, in der das »Böse« gleichsam nie »rein« erscheint, hinauszuführen. Doch versetzt Goethe nun keineswegs die Handlung in die Hölle. Er nutzt die alte Sage von der Walpurgisnacht auf dem Brocken (Blocksberg), um auf einer nordisch-bizarren Erde zu bleiben. Im heidnisch-germanischen Kult galt die Nacht vom 30. April zum 1. Mai als Beginn des Frühlingsfestes. Daraus wurde in der christlichen Umdeutung die Nacht, in der sich jährlich um Satans Thron die Hexenwelt versammelt und ihre wüst-sündhafte Sinnlichkeit austobt. Das Treiben auf dem Blocksberg als Manifestation des widerchristlich Teuflischen – so etwas war für Goethes Zwecke fruchtbar zu machen. Der Blocksberg wird zum Reich des Menschenfeindes Mephisto. Goethe gestaltet in der »Walpurgisnacht« den Ort, wo die Konfrontation Fausts mit den Mächten, die auf die Vernichtung des Menschen ausgehen, ihren Höhepunkt erreicht.

Die »Walpurgisnacht« ist wie eine Revue-Szene angelegt. Faust steigt mit Mephisto den Blocksberg hinan und kommt dabei mit verschiedenen Gestaltungen des »Bösen« in Berührung. Die Stationen seines Weges geben der Szene ihre Gliederung.

Faust öffnet sich dem »Bösen«, als er sich in dessen »Traum-

und Zaubersphäre« (3871) hineinführen läßt, zweifellos in einmalig extremer Weise. Und er wird ihm auch auf dem Höhepunkt für kurze Zeit in extremer Weise verfallen. Doch es ist nicht so, daß er allein schon mit dem Eintritt in die Sphäre des »Bösen« jeden Unterschied zu Mephisto verliert.

Wir registrieren am Beginn der Szene, daß Faust keinesfalls wie einer, der es nicht mehr erwarten kann, in das Reich des »Bösen« hineinstürmt. Mephisto möchte sich eines »Besenstiels« (3835) bedienen, um möglichst schnell ins Zentrum seines Herrschaftsbereiches, zum Gipfel des Berges, zu gelangen. Faust weist den bequemen Weg zurück. Er besteht darauf, »im Labyrinth der Täler hinzuschleichen, / Dann diesen Felsen zu ersteigen« (3841 f.), weil nur ein mühsamer Weg ihm Befriedigung und »Lust« (3844) gewähren kann, fügt sich dann aber dem Begehren Mephistos. Doch schon in der nächsten Episode (3912 bis 3935) offenbart sich erneut die Spannung zwischen ihnen. Ihren Augen bietet sich ein unbekanntes Schauspiel: Der Berg, dessen Gesteinsschichten von Goldadern durchzogen sind, scheint in seinem Inneren auf wunderbare Weise zu glühen. Faust versteht das glühende Gold als eine seltene Naturerscheinung. Mephisto dagegen betrachtet es allein unter sozialem Aspekt als Mittel der Macht, der Herrschaft über andere; er weiß, daß »Herr Mammon« in »des Bösen Haus« eine hervorragende Rolle spielt: »Erleuchtet nicht zu diesem Feste / Herr Mammon prächtig den Palast?« (3932 f.).

Faust und Mephisto sind in die Betrachtung des glühenden Berges versunken, als ihnen das »Böse« leiblich in Gestalt eines riesigen Zuges von Hexen und Hexenmeistern entgegentritt.

Faust gerät in den Strudel des Hexenheeres und wird mitgerissen. Doch Mephisto bietet alle Beredsamkeit auf, Faust wieder aus dem Hexenschwarm herauszulösen und ihn in einen »muntren Klub« (4035) abzulenken. Zwar möchte Faust lieber bis zum Gipfel vordringen, weil er dem »Bösen« ganz auf den Grund gehen will: »Doch droben möcht ich lieber sein! / Schon seh ich Glut und Wirbelrauch. / Dort strömt die Menge zu dem Bösen; / Da muß sich manches Rätsel lösen« (4037–40). Doch weil Mephisto seitwärts »im Kleinen« (4036) vollwertigen Ersatz für die »große Welt« (4042) des »Bösen« verspricht, willigt

Faust schließlich stillschweigend ein, auf die Brockenbesteigung zu verzichten.

Mephisto und Faust treten nun in den eigentlichen teuflischen Bezirk der «Walpurgisnacht» ein. »... das ist kein kleiner Raum. / ... / Ein Hundert Feuer brennen in der Reihe; / Man tanzt, man schwatzt, man kocht, man trinkt, man liebt« (4055 bis 4058). Sie besuchen die einzelnen Gruppierungen, die sich jeweils um ein Feuer lagern. Zuerst führt Mephisto Faust zu »einigen, die um verglimmende Kohlen sitzen« (Szenar nach 4071). Was hier sitzt, ist in jeder Hinsicht »am Ende« (4072) – am Ende der Feuerreihe, am Ende seiner einstigen politischen, sozialen und literarischen Geltung, am Ende des Lebens. Es ist das historisch Überlebte, das sozial Nichtige, das sich unwiderruflich entlarvt und jede Anziehungskraft verloren hat. Mephisto fragt die »alten Herrn« (4072) – in ironischer Absicht oder nicht –, warum sie nicht in der »Mitte« (4073) sitzen. Als Antwort kommt ohnmächtige Klage. Ein General, ein Minister, ein Parvenu und ein Autor stimmen ein Klagelied an, daß die alte, »die rechte goldne Zeit« (4083), wo sie »alles galten« (4082), nicht mehr ist und daß jetzt die »Jugend obenan« (4079) steht. Die drei ersten Herren klagen über die großen Umwälzungen der Französischen Revolution. Der General und der Minister können als typische Vertreter des ancien régime gelten, aber auch der Parvenu, der in der Revolution erst hochgekommen ist, wird durch eine Um-und-um-Kehrung bedroht. Der Autor schließlich beklagt die Abwendung des literarischen Zeitgeschmacks von der moralisierenden Literatur der späten Aufklärung. Goethe vermeidet den eindeutigen historischen Bezug. Man sollte auch nicht übersehen, daß sich sein Interesse primär auf bestimmte – natürlich in einem historischen Umfeld stehende – menschliche Typen richtet, nicht auf den historischen Prozeß im ganzen. Immerhin gibt er klar zu erkennen, daß er gegen eine politische Umwälzung, die solche Leute wie den General aus der Geschichte entfernt, nichts vorzubringen hat.

Der Anblick der verfallenen Gestalten macht auf Mephisto einen solch niederschmetternden Eindruck, daß er – gleichsam gegen seinen Willen – »auf einmal sehr alt erscheint« (Szenar nach 4091): »Zum Jüngsten Tag fühl ich das Volk gereift, / Da ich zum letztenmal den Hexenberg ersteige, / Und weil mein Fäßchen trübe läuft, / So ist die Welt auch auf der Neige« (4092 bis 4095). Die Regieanweisung über Mephistos plötzliche Veränderung spricht gegen die Auffassung, er parodiere hier nur »die reaktionären Ansichten der ‚alten Herrn‘, die das Weltende gekommen glauben, weil die Welt nicht mehr ihren Vorstellungen entspricht«,[68] und würde sich selbst von der Betroffenheit ausnehmen. Offensichtlich aktualisiert und befestigt der entlarvende Auftritt der »alten Herrn« in Mephistos Innern die schon früher geäußerte Erkenntnis (vgl. Hexenküche 2507–11), daß das »Böse«, um seine destruktive Kraft entfalten zu können, heutzutage in »neuer« Gestalt, verfeinerter, verhüllter, verführerischer auftreten müsse. Die Begegnung mit der Trödelhexe bietet den Anlaß, die Erkenntnis zu wiederholen.

Die dritte und letzte Station bringt schließlich die Begegnung mit einer Möglichkeit des »Bösen«, die gleichsam immer »neu« ist und zu keiner Zeit ihre Wirkung verfehlt. Fausts Blicke – zum erstenmal legt er selbst den Gegenstand des Interesses fest – werden angezogen von einer Frau mit »schönen Haaren« (4120): Lilith, »Adams erste Frau« (4119), Urbild der Verführerin. Liliths Anblick schürt in Faust sexuelle Lust, der er nicht widerstehen kann. Auf Mephistos Aufforderung hin: »Es geht zum neuen Tanz; nun komm! wir greifen zu« (4127), beginnt Faust mit einer schönen jungen Hexe zu tanzen, Mephisto mit einer alten.

Der Tanz beider ist nun nichts anderes als ein Beischlaf. Was sie ihrer Erzählung nach »einst« (4128) träumten, tun sie auch wirklich. Faust erzählt seinen Traum in der Metaphorik des Hohelieds, Mephisto »wüst« (4136), so daß Goethe es vorzog, mit Pünktchen zu arbeiten. Letztlich läuft es bei beiden auf dasselbe hinaus. Faust überläßt sich einem liebelosen Sexualtrieb. Sexualität gilt Goethe nicht schlechthin als »böse«. Im Gegenteil. Hier jedoch ist sie Mittel des »Bösen«, weil es sie nur interessiert, ob der Partner schön und willig ist. Auf dem Höhepunkt der Lust ereignet sich der Umschlag. Dem »schöne(n) Mädchen« (4176) entspringt ein »rotes Mäuschen« (4179). Dann ersteht das Bild Gretchens vor Fausts (innerem) Auge. Er bricht den Tanz mit der jungen Hexe ab.

Faust vergegenwärtigt sich – langsam nur – Gretchen in ihrem gegenwärtigen und zukünftigen Schicksal. Zunächst sieht er, fast wie einen Schemen, »ein blasses schönes Kind allein und ferne stehen« (4184). »Sie scheint mit geschloßnen Füßen zu gehen« (4186). Verwundert entdeckt er dann die Ähnlichkeit mit Gretchen. Mephisto will das Wiedererkennen aufhalten, indem er die Erscheinung als ein »Zauberbild« (4190) in der Art der Meduse deutet. Faust muß Mephisto recht geben, daß die Gestalt mit den geöffneten Augen »leblos« (4190) ist, daß sie die »Augen einer Toten« (4195) hat, läßt sich jedoch von der weiteren Identifizierung nicht abbringen. Zunächst erkennt Faust Gretchen als Tote, dann scheint ihm ihre Hinrichtung noch in der Zukunft zu liegen. Auf jeden Fall besteht für ihn an ihrer Identität kein Zweifel mehr, indes Mephisto, Mythologie ins Spiel bringend, sie bis zuletzt zu bestreiten versucht. Faust taucht auf, indem er langsam die Erinnerung an den *einen* Menschen wiedergewinnt, den er einst als ganzen geliebt hat. Mit der jungen Hexe hatte er nur tanzen können, weil er Gretchen vergessen hatte. Als die Erinnerung erwacht, muß der Tanz abgebrochen werden. Die Walpurgisnacht ist für Faust zu Ende. Sie wird ohne ihn weitergehen.

»Walpurgisnachtstraum oder Oberons und Titanias Goldne Hochzeit. Intermezzo« (4223–4398)

Die Walpurgisnacht geht weiter und endet mit einer theatralischen Aufführung. Es wird »Walpurgisnachtstraum oder Oberons und Titanias Goldne Hochzeit. Intermezzo« gegeben.

Das »Intermezzo« steht hinsichtlich seiner Entstehung nicht mit dem »Faust« in Zusammenhang. Nachdem 1796 die »Xenien«, eine erste Sammlung zeitsatirischer Distichen, erschienen waren, plante Goethe – wahrscheinlich im Juni 1797 – eine Fortsetzung des Unternehmens. Wiederum sollte eine Anzahl von Spottversen zu einem Ganzen zusammengefaßt werden, wozu der Oberon-Titania-Stoff dienen sollte. Noch im Sommer 1797 geht Schiller ein Text »Oberons goldne Hochzeit«[69] zu, um in den »Musenalmanach für das Jahr 1798« eingerückt zu werden. Schiller leitet ihn jedoch nicht zum Druck weiter. Goethe gibt am 20. 12. 1797 nachträglich seine Einwilligung dazu: »Oberons goldne Hochzeit haben Sie mit gutem Bedacht weggelassen, sie ist die Zeit über nur um das Doppelte an Versen gewachsen, und ich sollte meinen, im Faust müßte sie am besten ihren Platz finden.«[70]

Tatsächlich enthält der »Faust« nun eine Szene dieser Überschrift. In welchem Verhältnis sie zum Manuskript steht, das Schiller 1797 vorgelegen hat, wissen wir jedoch nicht, weil uns dieses Manuskript nicht bekannt ist. Die Szene im »Faust« kann also zu keinem Text außerhalb des »Faust« in Beziehung gesetzt werden. Deshalb läßt sich auch nicht darüber urteilen, ob Goethe einen Text »Oberons Hochzeit« in den »Faust« zu Recht eingeordnet hat. Der Text, den wir allein kennen, steht im Sinnzusammenhang des »Faust« und entfaltet hier seine Bedeutung. Nach dieser Bedeutung im Ganzen des »Faust« ist zu fragen und nicht, ob er überhaupt in den »Faust« hineingehört. Es besteht keine Veranlassung, unter Verweis auf den zeitsatirischen Ansatz einer uns unbekannten ersten Ausarbeitung mit dem Titel »Oberons goldne Hochzeit« das »Stück« »Walpurgisnachtstraum oder Oberons und Titanias goldne Hochzeit« nicht als Teil des »Faust« und – zuallererst – der Szene »Walpurgisnacht« ernst zu nehmen.

Die Einordnung des »Stückes« in den Herrschaftsbereich Mephistos hat zum einen ihren Grund zweifellos in der Beschaffenheit der in ihm auftretenden Personen. In der Walpurgisnacht selbst machte Faust die Bekanntschaft von Gestaltungen des »Bösen«, indem er von Feuer zu Feuer ging; nun sieht er, selbst feststehend, analoge Gestalten auf einem »Theater« (4213) an sich vorüberziehen. Die Akteure des »Stückes« – zum Großteil wenigstens – erweitern und vervollständigen das in der Walpurgisnacht bisher gegebene Bild von den Möglichkeiten des »Bösen«.

Doch damit nicht genug. Goethe begründet die Plazierung des »Stücks« ausdrücklich noch mit einem weiteren Tatbestand: »Ein Dilettant hat es geschrieben, / Und Dilettanten spielen's auch.« (4217 f.). Das »Stück« gehört – Mephisto selbst bestätigt

112

es – auf den Blocksberg, weil es das Werk von »Dilettanten« ist.

Wir wissen, daß Goethe sich 1799 zusammen mit Schiller eingehend mit dem Problem der Laienkunst beschäftigt hat. Beunruhigt über die Kunstentwicklung in Deutschland gegen Ende des 18. Jahrhunderts, wollten Goethe und Schiller sich darüber klar werden, wie »Nutzen und Schaden fürs Subject sowohl als für die Kunst und für das Allgemeine der Gesellschaft«[71] bei liebhaberischer Betätigung in den einzelnen Künsten zu veranschlagen seien: »Begriff des Künstlers im Gegensatz des Dilettanten. / Ausübung der Kunst nach Wissenschaft. Annahme einer objektiven Kunst ... Es giebt in allen Künsten ein Objektives und ein Subjektives, und je nachdem das eine oder das andere darin die hervorstechende Seite ist, hat der Dilettantism Werth oder Unwerth. Wo das Subjective für sich allein schon viel bedeutet, muß der Dilettant sich dem Künstler nähern z. B. Tanz, Musik, schöne Sprache, lyrische Poesie. Wo es umgekehrt ist, scheiden sich der Künstler und Dilettant strenger und der Dilettantism kann schädlich wirken, wie bei der Architectur, Zeichenkunst, Schauspielkunst, epischer oder dramatischer Dichtkunst.«[72] Laienkunst wird also keinesfalls pauschal verurteilt. In verschiedenen Schemata haben Goethe und Schiller für die einzelnen Künste »Nutzen und Schaden« gegenübergestellt. So hat laienhaftes »Selbstproducieren«[73] in der lyrischen Poesie z. B. folgenden Nutzen: »Ausbildung der Gefühle und des Sprachausdrucks derselben; Kultur der Einbildungskraft besonders als integrierender Theil bei der Verstandesbildung.«[74] Auch in den meisten »objektiven« Künsten, wo »der Dilettantism mehr Schaden«[75] anrichtet, sind noch fördernde Auswirkungen zu entdecken. Ohne Einschränkung abgelehnt wird er allein in der »pragmatischen Poesie« und »Schauspielkunst«; »Dilettant wird nie den Gegenstand, immer nur sein Gefühl über den Gegenstand schildern. Er flieht den Charakter des Objekts. Alle dilettantischen Geburten in dieser Dichtungsart werden einen pathologischen Charakter haben, und nur die Neigung und Abneigung ihres Urhebers ausdrücken.«[76] »Zerstörte Idealität der Kunst, weil der Liebhaber, der sich nicht durch Aneignung der Kunstbegriffe und Traditionen erheben kann, alles durch eine pathologische Wirklichkeit erreichen muß.«[77] Wenn Goethe und Schiller ein dramatisches Stück und seine theatralische Aufführung dilettantisch nennen, bewerten sie sie schlechtweg als »Pfuscherei«.[78] Es ist jetzt klar, warum Goethe den dilettantischen Charakter des Theaterstücks auf dem Blocksberg so hervorhebt. Nicht nur ein Großteil der Akteure gehört auf Grund seiner persönlichen Beschaffenheit dorthin. Das Theaterstück als Ganzes hat hier seinen Platz, weil es als Ganzes eine »Pfuscherei« ist, weil es gleichsam das »Böse« auf dem Gebiet des Theaters darstellt. Kunst war – konsequent gedacht – auf dem Blocksberg nicht aufzuführen. Eine theatralische Aufführung »pathologischen Charakters« ist die Kunst, die dem Herrschaftsbereich Mephistos gemäß ist.

Nun ist der »Walpurgisnachtstraum« nicht einfach die Pfuscherei von Dilettanten, die nicht anders können, sondern es ist gleichzeitig ein Kunstwerk. Der »Künstler« Goethe produziert sich als »Dilettant«, wirkt dem Dilettantismus aber gleichzeitig durch den Einsatz vielfältiger Kunstmittel entgegen, um das dilettantische Theaterstück in dem Kunstzusammenhang des Werkes aufzuheben. Der »Walpurgisnachtstraum« wird so zu einem Gebilde, das in sich widersprüchlich ist. Elemente dilettantischer Kunstausübung und Zeugnisse eines hohen Kunstverstandes bilden in ihm eine dialektische Einheit.

Der »pathologische Charakter« des »Intermezzos« zeigt sich schon in der formalen Anlage. Er ist nicht einfach ein »Stück« im »Stück«, das vor den Zuschauern, vor Faust und Mephisto, gegeben wird. Die Zuschauer erblicken auf dem »Theater« (4213) Personen, die wiederum einem Spiel auf einer improvisierten Bühne zuschauen. Der »Walpurgisnachtstraum« besitzt einen Rahmen, der das Motiv des Theaters auf dem Theater verdoppelt. Goethe hat dazu das Thema der Versöhnung von Oberon und Titania aus Shakespeares »Sommernachtstraum« aufgegriffen und parodistisch ins Bürgerlich-Irdische gewendet. Das Elfenkönigspaar zeigt sich nicht bloß »aufs neu verbunden« (4234), sondern begeht heute nach fünfzig Jahren Ehe das Fest der Goldenen Hochzeit. Zur Feier des Tages gibt es einen Festzug. Vor dem Jubelpaar und den Veranstaltern der Revue (Theatermeister, Herold) zieht in der Szenerie der Harzlandschaft – auf ein eigenes Bühnenbild hat man verzichtet – ein Reigen seltsamer Gestalten vorüber. Er bildet das Mittelstück des »Walpurgisnachtstraums«.

Das Motiv des Theaters auf dem Theater ist in der deutschen Romantik (Tieck, Brentano) ein beliebtes Mittel der Illusionsbrechung und Ironisierung. Goethe macht sich das Verfahren zu eigen, freilich nur, um es durch Überdrehung als »pathologisch« zu denunzieren. Wir folgen Walter Dietze, wenn er in der Rahmenstruktur der »Walpurgisnacht« eine Polemik erkennt, »die de facto ad absurdum führt, was sie lächelnd zu akzeptieren scheint«.[80]

Der Festzug selbst ist künstlerisch gestaltet, wobei sich Dilettantismus und Kunst vermengen. Ein Orchester, das aus Tieren besteht, begleitet das Defilé mit einer dilettantisch mißtönenden Musik. Dem Mißtönenden zugeordnet ist der von »fernen Trommeln« (4332) begleitet »neue Chor« (4331) der Philosophen, die in ihrem eintönig-unmusischen Streit wie »unisone Dommeln« (4334) anmuten. Ariel dagegen, der Luftgeist aus Shakespeares »Sturm«, »bewegt den Sang / In himmlisch reinen Tönen« (4239). Er bringt im Gegensatz zum Dilettantenorchester die »höchste ästhetische Herrlichkeit der Musik« hervor und gibt damit – wie Goethe Anfang 1798 unter Bezug auf eine Oper Cimarosas an Schiller schreibt – dem »Albernen, ja dem Absurden«[81] eine Art humoristische Verklärung. Ariel ist es zu danken, daß im Festzug nicht nur die »Fratzen« (4241), sondern auch einige wenige »Schöne« (4242) – das Weltkind, der Tänzer, der Tanzmeister und der Fiedler (die beiden letzten erst 1828 eingefügt) – vertreten sind. Am Ende des »Walpurgisnachtstraums«, wenn das Licht durch die Wolken bricht, klingt sogar das Dilettantenorchester zart aus. Puck aus dem »Sommernachtstraum« animiert durch sein Vorbild den Festzug, sich tänzerisch fortzubewegen. Nach dem Kommentar des Tanzmeisters kommt dabei freilich nur ein groteskes Gespringe und Gehupfe heraus (4335–38).

Im Festzug läßt Goethe vor allem Typen, aber auch namentlich genannte Personen seiner gesellschaftlichen Umgebung auftreten, die er mit den Mitteln der Satire kritisch vernichten will. Die Satire entwickelt sich in der Konfrontation mit der

Welt des »Bösen«, in der der Festzug selbst angesiedelt ist. Die Akteure entlarven sich, indem sie kommentieren, was vor der Bühne zu sehen ist.

Die Figuren gruppieren sich nach den Themen und Realitätsbereichen, die den Gegenstand der Satire bilden. Im Großen ist eine Dreiteilung zu erkennen.

Requadt wertet den jeweiligen Einsatz des Dilettantenorchesters als Gliederungskriterium und nimmt im Anschluß an Frankenberger[82] im einzelnen folgende Zuordnung vor: »Der erste Teil ... gliedert sich in drei Dreiergruppen, der zweite Teil besteht aus einer Dreiergruppe mit paarweiser Besetzung (Windfahne I–II, Xenien-Hennings, Musaget, Ci-devant Genius der Zeit), einer ihr entsprechenden Reihe von sechs Figuren (Neugieriger Reisender, Kranich, Weltkind, Tänzer, Tanzmeister, Fiedeler) und der Fünfergruppe der Philosophen, der sich noch einmal in der Fünfzahl des dritten Teils eine einzige Gruppe politischer Karikaturen anschließt.«[83] Dietze läßt den ersten Teil erst mit dem Weltkind enden. Wir verweisen auf die schematische Übersicht sowie die eingehende Besprechung der einzelnen Gestalten in seiner Spezialanalyse.[84]

Der erste Teil beginnt mit der Satire auf den Dilettantismus. Der »Geist, der sich erst bildet«, ist nicht fähig, ein organisches Ganzes zu formen; ein »Gedichtchen« (4262) meint er jedoch herstellen zu können. »Ein Pärchen« hält ihm entgegen, daß sein angestrengtes Bemühen nicht nach oben, »in die Lüfte« (4266) führen wird. Er ist ein Nichts wie die »Seifenblase« (4256), die den Dudelsack darstellt.

Ein »neugieriger Reisender« lenkt die Aufmerksamkeit auf Oberon. Das Problem des »Reisenden« besteht darin, daß er zwar viel herumreist und alles betrachten muß, die Wirklichkeit aber unabhängig von seinem Vorstellungsvermögen nicht ernst nimmt. So wundert er sich über alle Maßen, hier auf dem Blocksberg »Oberon, den schönen Gott« (4269) zu schauen. Der »Orthodox« erklärt Oberon kurzerhand zum »Teufel« (4274). Er entlarvt sich damit als religiöser Eiferer, der in allem, was nicht orthodox christlich ist, den Teufel sieht. Damit wird auf Friedrich Leopold Graf zu Stolberg angespielt, der in dem Aufsatz, Gedanken über Herrn Schillers Gedicht ‚Die Götter

Griechenlands' . . . glaubenseifrig das Christentum gegen Schillers ‚heidnische' Auffassungen verteidigt hatte.«[85] Während »neugieriger Reisender« und »Orthodox« sich ihres Urteils völlig sicher sind, bekennt sich allein ein »Nordischer Künstler« zu seiner Bedürftigkeit. Er verspricht, sein erst fragmentarisch ausgebildetes Vermögen, Wirklichkeit aufzunehmen, auf einer »italien'schen Reise« (4278) zu vervollkommnen.

Ein »Purist« bekundet intensivstes Interesse für etwas, was er eigentlich übersehen müßte: die Schar der Hexen. Natürlich wendet sich der Moralist dem sittlichen Verfall nur zu, um ihn zu verurteilen. Eine »junge Hexe« stellt unverhohlen ihre Nacktheit zur Schau. Eine »Matrone«, die das nicht mehr kann, tröstet sich mit dem Gedanken, daß auch Jugend einst »verfaulen« (4290) wird.

Der zweite Teil beginnt mit der »Windfahne«, die »nach der einen Seite« die Blocksberggesellschaft in höchsten Tönen lobt, »nach der anderen Seite« ihr sofortige Verderbnis wünscht. In diesen Typus wird man mehrere Personen einzeichnen können. Die Kommentare nennen den Komponisten und Publizisten Johann Friedrich Reichardt.

Dann bringt sich Goethe selbst ins Spiel. Die »Xenien« melden sich als »Insekten . . . mit kleinen scharfen Scheren« (4303 f.) und machen ihrem »Herrn Papa« (4305), Satan alias Goethe, die Honneurs. August v. Hennings, einst auch wirklich von den »Xenien« angegriffen, bezweifelt von seiner Warte aus zu Recht, daß diese »Insekten« »gute Herzen« (4310) haben. Noch einmal geht es auf Hennings. Die von ihm veranstaltete Gedichtsammlung »Der Musaget. Begleiter des Genius der Zeit« war mit dem Anspruch aufgetreten, die deutsche Dichtung gegen Ende des 18. Jahrhunderts zu repräsentieren. Der »Musaget« des Festzugs bekennt freimütig, eher Hexen »als Musen« (4314) anführen zu können. Der »Ci-devant Genius der Zeit« schließt sich der Absage an die Musen an. Man kommt überein, sich im »Hexenheer . . . (zu) verlieren« (4311 f.).

Der »neugierige Reisende« führt uns nochmals auf die Fährte eines religiösen Eiferers. Ein »steifer Mann« (4319), »Kranich« genannt, »schnopert« (4321) nach »Jesuiten« (4322). Er sucht seinesgleichen, um auf dem Blocksberg ein »Konventikel«

(4330) zu gründen. Der »fromme Herr« (4325) enthüllt – wie schon der »Orthodox« – seine besondere Affinität zum Teuflischen. Aus Eckermanns Bericht (17. 2. 1829) wissen wir, daß mit dem »Kranich« Johann Kaspar Lavater gemeint ist. Für das »Weltkind« – Goethe nennt sich selbst so in seinem Gedicht »Diner zu Koblenz im Sommer 1774« – ist das Auftreten des »Kranichs« ein erneuter Anlaß, sich von derart »Frommen« abzugrenzen.

Lautstark, schon von fern hörbar, meldet sich eine neue Gruppe an. Fünf Philosophen liegen in einem heftigen Streit. »Tänzer«, »Tanzmeister« und »Fiedeler«, welche die Gruppe ankündigen, klären uns auf, daß wir die Philosophen als »Lumpenpack« (4339) anzusehen und ihrer lautstarken Auseinandersetzung aber auch gar keine Bedeutung beizumessen haben: »,Nur ungestört! es sind im Rohr / Die unisonen Dommeln'« (4333 f.). Der Streit der Philosophen geht um das Problem der Realität und der Seinsweise des »Bösen«. Die unterschiedlichen philosophisch-erkenntnistheoretischen Standpunkte, die sich äußern, haben das Gemeinsame, daß sie alle dem Problem nicht beizukommen vermögen. Die Ankündiger der Philosophen tun recht, den Streit als nichtig zu charakterisieren. Der »Dogmatiker«, im parodistischen Nachvollzug des ontologischen Gottesbeweises vom Begriff auf reales Sein schließend, hält an der Existenz eines Teufels fest, weil es seinen Namen gibt. Am »Idealisten« enthüllt sich ironisch das Dilemma des Fichteschen Philosophierens, das in dem Bestreben, nach der Französischen Revolution das Vermögen des Menschen zu freiem Handeln rücksichtslos theoretisch zu begründen, den Menschen aus jeder Bindung an ein Objekt emanzipiert und seine Ich-Vernunft zum alleinigen Träger der Objektivität und Vernünftigkeit des ganzen Seins erhoben hatte. Der »Idealist« trifft auf eine Wirklichkeit, die nicht seinem Wollen entspricht. Bei Goethe – anders als in der Wirklichkeit – zieht er daraus den Schluß, sich für »närrisch« (4350) zu halten. In der Mitte der Philosophengruppe steht der »Realist«. Angesichts des Teufels versagt sein Realismus. Schockiert von einer Wirklichkeit, die ihn »baß verdrießt« (4352), weiß er sich keinen anderen Ausweg, als diese Wirklichkeit selbst in Zweifel zu ziehen. Goethe teilt uns eine seiner Grunderfahrungen mit, daß mit einem bloßen Empirismus die Wirklichkeit nur mangelhaft zu erfassen ist. Dietze sieht dagegen im »Realisten« einen Vertreter »jenes ‚Realismus‘, der, dem Nominalismus entgegengesetzt, die reale Existenz von Allgemeinbegriffen (*vor* den Dingen selbst) fälschlicherweise annahm«.[86] Es ist das eine Lesart, die dem Gebrauch von »Realist« bei Goethe widerspricht[87] und sich auch nicht durch die Worte des »Realisten« rechtfertigen läßt. Der »Supernaturalist« nimmt den Teufel als einen »Geist«. Ihm ist jedes Mittel recht, sich die Existenz eines überirdischen Bereiches bestätigen zu lassen. Wenn man von »Teufeln« auf »gute Geister schließen« (4357 f.) kann, hat er gegen sie nichts einzuwenden. Endlich kocht auch der »Skeptiker« nur sein eigenes Süppchen mit dem »Teufel«. Für ihn, der den »Schatz« (4360) Erkenntnis prinzipiell für nicht hebbar hält, reimt sich »Teufel« nur mit »Zweifel« (4361).

Keiner der Philosophen kann mit seiner theoretischen Arbeit dem Menschen Mittel an die Hand geben, das »Böse« zu erkennen und sich ihm entgegenzustellen; niemand wird mit dem Widersrpuch fertig.

Den dritten Teil des Festzugs bildet eine einzige Gruppe politischer Karikaturen. »Opportunisten verschiedener Schattierung (Die Gewandten), französische Emigrés, ehemaliger Hof- und Beamtenadel (Die Unbehülflichen) und Leute, die den revolutionären Ereignissen eine plötzliche, aber rasch wieder vergessene Tagesberühmtheit verdankten (Sternschnuppe), gesellen sich ... zum Typ des aus dem ‚Sumpf‘ aufsteigenden jakobinischen Revolutionärs und zur plump dahertappenden Personifikation in Bewegung geratener Volksmassen (Irrlichter, Die Massiven).«[88] Hier erscheint eine wesentliche Seite des Goetheschen Verständnisses der Französischen Revolution und der folgenden Entwicklung in den neunziger Jahren. So wenig Goethe ein Apologet des ancien régime ist, so sehr er auf Grund der tiefen Korruptheit des feudalabsolutistischen Systems in Frankreich Verständnis für den revolutionären Ausbruch des Volkes aufbringt: Den revolutionären Umwälzungsprozeß bis hin zu Napoleon sieht er beherrscht vom zügellosen Egoismus privater Interessen, die nicht mehr in der Berücksichtigung des Gemeinwohls ihr Regulativ haben.

Die Paralipomena zur »Walpurgisnacht«

(Plpp. 40–69 nach der in die BA
übernommenen Zählung Max Heckers)

In der »Walpurgisnacht« erfährt Faust das »Böse« in höchster
Potenz und Konzentration. Seitdem mit dem Erscheinen von
Band 14 der Weimarer Goethe-Ausgabe (1887) das gesamte
handschriftliche, nicht zum Druck gekommene Material bekannt
ist, wissen wir, daß Goethe in der »Walpurgisnacht« ursprünglich eine noch viel radikalere und brutalere Darstellung des
»Bösen« geplant hatte.

Siegfried Scheibe, der erstmals die wichtigsten zur »Walpur-
gisnacht« vorliegenden Handschriften wirklich gründlich auf
ihre entstehungsgeschichtlichen Indizien philologisch untersucht
hat, gibt von der Entwicklung der Szene folgendes Bild:
Goethe beginnt mit der Ausarbeitung Ende 1797. In dieser
Zeit schreibt er die Satansrede (Plp. 52), den Chor der Hexen
(Plp. 65), die Rede Mephistos (Plp. 52), den Chor der Hochgerichtserscheinung (Plp. 69) und die Satanszeremonie (Plp. 53).
Die Szene sollte also ursprünglich mit dem Höhepunkt, dem
Auftreten Satans auf dem Brockengipfel, beginnen. »In der
Zeit bis Herbst 1800 scheint sich der Plan der Szene modifiziert
zu haben: Goethe wollte die Szene nicht mehr mit dem Höhe-
punkt beginnen lassen ... sondern er wollte den Höhepunkt
vorbereiten ... So begann er, der eigentlichen Satansszene die
Wanderung Fausts und Mephistos zum Brocken, den Aufstieg
zum Gipfel voranzustellen ... Hauptsächlich an diesem Szenen-
komplex arbeitete Goethe vom Herbst 1800 bis zum Frühjahr
1801, bis dann die Arbeit plötzlich abgebrochen wurde.«[89]
Nach jenem 1801, beim Abbruch der Arbeit, durchaus noch
gültigen Plan muß der Bau der Szene wie folgt gedacht werden:
»Auf eine Szene ‚Aufmunterung zu Walpurgisnacht‘ (Plp. 40) ...
folgte die eigentliche Walpurgisnachtsszene, wie sie uns heute
vorliegt, mit der Wanderung Fausts und Mephistos, dem
Herannahen der Hexenschwärme, dem Gespräch mit den vier
alten Herrn ... und dem Gespräch mit der Trödelhexe.
Danach geraten Faust und Mephisto in einen Menschenstrudel,
der sie nach oben zieht. Es folgte wohl, nach dem Plan der

Szene, die Aufführung des ‚Intermezzos', und endlich schloß sich auf dem Gipfel des Brockens die Satansszene an. Nach dem Versinken der Erscheinung Satans fliegen die Hexen nach Hause, und auch Faust und Mephisto reiten vom Blocksberg hinweg. Beide geraten durch Zufall zu einer Hochgerichtserscheinung, wo Faust Gretchens Schicksal erfährt ...«[90] Erst 1806 beschäftigte sich Goethe wieder mit dem »Faust«, als er das Druckmanuskript für den Erstdruck in der ersten Cottaschen Ausgabe herstellen mußte. In dieser Zeit hat er, den Plan von 1801 aus uns unbekannten Gründen aufgebend, die »Walpurgisnacht« so gestaltet, wie sie uns heute im Druck vorliegt und wie sie oben beschrieben wurde.

Die entscheidende Änderung betrifft also die Satansszene. Im Plan von 1801 gipfelt die Erscheinungsreihe des »Bösen« in dem Auftritt des obersten »Herrn« (Plp. 52). Der »Herr« des »Bösen« selbst offenbart sich, um den »Völkern« seine »Worte« (Plp. 52) zu sprechen. Goethe parodiert die Offenbarung des »Herrn« auf dem Berge Sinai vor Moses und dem Volke Israel. Exodus 19, 16/18: »Als es am dritten Tage Morgen ward, brachen Donner los und Blitze. Eine schwere Wolke hing auf dem Berge, und mächtiger Hörnerschall ertönte ... Der ganze Berg Sinai aber rauchte, weil der Herr auf ihn im Feuer niedergefahren war ... Und der ganze Berg erbebte heftig.«

Goethe skizziert: »Einsamkeit, Öde. Trompetenstöße. Blitze, Donner von oben. Feuersäulen, Rauch-Qualm. Fels, der daraus hervorragt. Ist der Satan« (Plp. 48). Wie vor dem Berge Sinai muß das Volk »aufs Angesicht nieder« (Plp. 52). Dann verkündet Satan seine Lehre. »Zwei Dinge« sind es, die zu erwerben er anweist: das dem jeweiligen Geschlecht entsprechende Geschlechtsteil (»der weibliche Schoß« und »ein glänzender Schwanz«) sowie – für beide Geschlechter gemeinsam – »das leuchtende Gold« (Plp. 52). Die Gier nach Gold und entmenschlichte Sexualität, die in der »Walpurgisnacht« schon als die zwei Hauptmittel des »Bösen« erkannt wurden, erhalten durch die Worte Satans die Weihe eines »göttlichen« Gebots.

Im Plp. 53 hat Satan die Pose gewechselt. Er sichtet – nun im politischen Sinn – als »Herr« seine »Vasallen«, hält Audienz, um sich Rechenschaft geben zu lassen, Verdienste zu belohnen und Vergehen zu strafen. Die Satansszene zeigt eine enge Beziehung zur zeitgenössischen politischen Wirklichkeit. Goethe hält sich, was er im Druck von 1808 vermeidet, direkt an die »Großen«. Aufs Korn genommen wird die Günstlingswirtschaft der feudalabsolutistischen »Tyrannen« (Plp. 53). Satan belohnt bei seiner Audienz – nur eine wird vorgeführt – den besten Arschkriecher. Nicht derjenige ist im feudalabsolutistischen System der Beste, der am meisten geleistet, sondern derjenige, der »des Teufels« Arsch am besten gelobt hat. Goethe trifft den feudalabsolutistischen Herrscher; gleichzeitig denunziert er jedoch das Bestreben, das feudalabsolutistische System abzuschaffen, als Jagd nach persönlichem Vorteil. Wer in der Audienz die Arschkriecherei aus egoistischen Motiven perfekt beherrscht, ist »von Haus aus Demokrat« (Plp. 53).

Der Plan von 1801 lief darauf hinaus, dem Auftritt des Herrn im »Prolog im Himmel« auf gleicher Ranghöhe einen Auftritt des »Herrn« des »Bösen« entgegenzustellen. Das »Böse« sollte die Möglichkeit haben, sich in gleicher Weise zu exponieren wie das »Gute«. Die »Walpurgisnacht« hätte dadurch eine ähnlich herausragende Stellung im Werkzusammenhang erhalten wie der »Prolog im Himmel«. Im Druck von 1808 ist die direkte Beziehung zum »Prolog im Himmel« aufgehoben. Das »Böse« hat die dem »Guten« zugebilligte Statushöhe der Repräsentation eingebüßt.

Wir wissen nicht, warum Goethe den Plan von 1801 aufgegeben und auf die Satansszene verzichtet hat. Ganz sicher aber hätte eine »Walpurgisnacht« nach dem Plan von 1801 noch bedeutend mehr Entrüstung hervorgerufen, als es schon die »Walpurgisnacht« im Druck von 1808 getan hat.

Die Rahmenszenen
»Zueignung«, »Vorspiel auf dem Theater« und »Prolog im Himmel«

Die erste entscheidende Neuerung der Arbeitsperiode von 1797 bis 1801 war die Füllung der »großen Lücke«. Die zweite entscheidende Neuerung besteht darin, daß der Szene »Nacht« drei neue Szenen vorangestellt werden.

Der Druck von 1808 dokumentiert die neue Situation: Die Szene »Nacht« eröffnet nicht mehr wie im sog. Urfaust und im »Fragment« den »Faust«, sondern nur noch »Der Tragödie Ersten Teil«. Ihr gehen voran die »Zueignung« und die Szenen »Vorspiel auf dem Theater« und »Prolog im Himmel«. Ganz zu Beginn steht die Überschrift »Faust. Eine Tragödie«. Der »Faust« hat einen neuen Anfang bekommen. Nachdem die Zweiteiligkeit des Werkes erstmals Anfang 1800 im Schema zur gesamten Dichtung (Plp. 5) ausdrücklich fixiert worden war, erklärt jetzt 1808 Goethe der Öffentlichkeit seine Absicht, einen »Faust« zu schaffen, der sich in einem Ersten Teil nicht erschöpft. Indem er drei dem Ersten Teil ausgegliederte und dem Gesamttitel »Faust. Eine Tragödie« unterstellte Szenen mitteilt, gibt er gleichzeitig von der beabsichtigten Gesamtdichtung einen ersten Vorgeschmack. Denn die drei Szenen leiten nicht nur den schon vorhandenen Ersten Teil ein, sondern auch den Zweiten, der erst noch geschrieben werden muß.

Goethe hat den Wechsel auf die Zukunft eingelöst. Seit 1832 stehen die »Zueignung« und die Szenen »Vorspiel auf dem Theater« und »Prolog im Himmel« tatsächlich gleichermaßen »Der Tragödie Erstem Teil« und »Der Tragödie Zweitem Teil. In fünf Akten« voran, bilden sie den einleitenden Teil eines ebenso vielschichtigen wie überdimensionalen dramatischen Gebildes, das zwei einander sehr ungleiche Teile umfaßt.

Die »Zueignung«, das »Vorspiel« und der »Prolog« stellen insofern eine Einheit dar, als sie gleichermaßen den beiden Teilen voranstehen. Der »Prolog im Himmel« nimmt in dieser Einheit dadurch eine Sonderstellung ein, daß er einerseits aus den beiden Teilen ausgegliedert ist und dem Einleitungsteil zugehört, andererseits jedoch die erste Szene des Theaterstücks bildet, als das die beiden Teile des »Faust« durch die Szene »Vorspiel auf dem Theater« ausdrücklich ausgewiesen werden.

»Zueignung« (1–32)

Der »Faust« beginnt damit, daß ein Ich an einem »Lied« (23, 28) dichtet und zugleich in der gehobenen Feierlichkeit der Stanze von diesem Dichten spricht. Das redende Ich ist, da sein »Lied« deutlich erkennbar die Dichtung anspricht, die eben begonnen hat und weitergehen wird, der Autor Goethe selber. Den Dichter Goethe treibt ein unwiderstehlicher innerer Drang, nach langer Pause erneut an ein Werk zu gehen, das er einst in der frühen Jugend begonnen, aber nicht vollendet hatte.

Das einst Gedichtete hat das »strenge Herz« (30) des Gereiften ergriffen und übt, die Jugendzeit heraufbeschwörend, neue Faszination aus: »Mein Busen fühlt sich jugendlich erschüttert / Vom Zauberhauch, der euren Zug umwittert« (7 f.).

Der gereifte Dichter läßt sich gern in den Bann der Jugenddichtung ziehen. Er bekennt unverhohlen, daß er sich nach »jenem stillen, ernsten Geisterreich« (26) sehne. Die Sehnsucht löscht dennoch nicht das Bewußtsein der historischen Distanz. Mag Goethe durch die Wiederbegegnung mit dem einst Geschaffenen tief erschüttert und wehmütig berührt sein, das Werk wird er nicht im Geiste von damals fortführen, da er Einsichten gewonnen hat, die ihn die »ersten Gesänge« (17 f.) kritisch sehen lassen. Sie stellen sich ihm als Erzeugnisse eines »Wahns« (4), einer seltsamen subjektiven Befangenheit dar, die wirklich gegenständliche Darstellung verstellt.

Was »früh sich einst dem trüben Blick gezeigt« (2), entspricht nicht mehr den Vorstellungen der Reifezeit. Dennoch verwirft es Goethe nicht, um etwa ganz neu anzufangen. Er wird es in das zu vollendende Werke einbringen und hier einem neuen Sinn des Ganzen unterstellen.

Die »Zueignung« bereitet uns auf ein Werk vor, das in sich Gegensätzliches birgt. Sie weist uns an, die Einheit auf Gegensätze hin zu lesen. Ein Werk ist angekündigt, das zu unterschiedlicher Zeit aus einem gegensätzlichen Geist entstanden ist und das diese Gegensätzlichkeit bewußt vorzeigt, weil es selbst dialektische Entwicklung exemplarisch vorführen will.[91]

»Vorspiel auf dem Theater« (33–242)

Das »Vorspiel« stellt Dichtung, in der »Zueignung« nur als Sache des Dichters gesehen, in ein soziales Verhältnis. Goethe weiß, daß sich Poesie erst in der Aneignung durch andere verwirklicht, daß Hervorbringung und Aneignung von Dichtung in einem dialektischen Verhältnis miteinander verbunden sind. Er bringt deshalb den Dichter aus der »Zueignung«, objektiviert zum Theaterdichter, mit einem Theaterdirektor und einem als Lustige Person maskierten Schauspieler zusammen und läßt sie vor dem Vorhang auf der Rampe ein Streitgespräch darüber führen, wie das Stück, das man vom Dichter erwartet, beschaffen sein und welche Bedürfnisse es befriedigen soll. Die Auseinandersetzung ist so angelegt, daß sich die Auffassung, der sich Goethe selbst verbunden weiß, erst in der Vermittlung der einseitigen Standpunkte herausstellt.

Der Direktor eröffnet den Dialog. Er lebt vom Theatermachen und wünscht sich deshalb ein Stück, das der »Menge« (37) gefällt und möglichst viele zahlende Zuschauer in sein Theater holt. Dabei huldigt er keineswegs der bloßen Anpassung an primitive Unterhaltungsbedürfnisse: Das Stück soll »gefällig« (48) sein, aber auch eine »Bedeutung« (48) haben.[92]

Der Dichter weist die Aufforderung des Direktors, sein Stück für ein großes Publikum einzurichten, unwillig von sich, weil er die »bunte Menge« (59) für geistlos und amusisch hält. Die Erwartungen des »Volkes« (43) an das Stück zu befriedigen, bedeutet ihm, die Kunst zur »Pfuscherei« zu degradieren (106). Die Fähigkeit, das »Echte« (74) aufzunehmen, gesteht er nur einem intimen Kreis, der mit ihm durch »Lieb und Freundschaft« (65) verbunden ist, und einigen wenigen Geistesverwandten der »Nachwelt« (74) zu. Die Furcht des Ichs der »Zueignung« vor dem Beifall der »unbekannten Menge« (21) ist beim Theaterdichter des Vorspiels zu prinzipieller Abneigung ausgeweitet.

125

Die Lustige Person hält dem entgegen: Einen »großen Kreis ... zu erschüttern« (83 f.), sei mit »echter« Kunst durchaus vereinbar. Das »Volk« (82) habe ein Recht auf eine Kunst, die ihm »Spaß« (77) mache. Die Lustige Person fordert den Dichter auf, seine »Phantasie, mit allen ihren Chören, / Vernunft, Verstand, Empfindung, Leidenschaft« (86 f.) zu entfalten. Besonders nachdrücklich legt sie ihm jedoch ans Herz, Phantasie »nicht ohne Narrheit hören« (88) zu lassen. Die Hervorhebung der »Narrheit« ist wichtig. Denn Goethe faßt seit der Arbeitsperiode von 1797 bis 1801 »Narrheit« als ein Mittel auf, ohne das er die weitere Arbeit am »Faust« nicht fortsetzen kann. Gerhard Scholz sieht in der Hervorhebung der »Narrheit« sogar eine der entscheidenden Neuerungen der Arbeit am »Faust« seit 1797 bestätigt: »Der komödische Aspekt, den die Lustige Person vertritt und fordert, ist von außergewöhnlicher Bedeutung: Er ermöglicht erst den philosophischen Gehalt, er ist die andere Seite des optimistischen Wettausgangs. Das Komödische ist der große Gewinn des Niederschlags historischer Erfahrungen aus den gesellschaftlichen Kämpfen, die Goethe bei Neubeginn seiner Arbeit am ‚Faust‘ 1797 gegenwärtig waren.«[93]

Der Direktor, der die Unterstützung durch die Lustige Person wohl bemerkt, gibt aus seiner Kenntnis des Publikums heraus sogleich handfeste Empfehlungen zur Herstellung des Stückes (89 f.).

Die keineswegs abwegigen Empfehlungen des Direktors, der ja selbst von einer gewissen Publikumsverachtung nicht frei ist, fordern den sichtlich erregten (133) Dichter heraus, sich über die Gabe des Dichters, die er zu »verscherzen« (137) meint, wenn er den Interessen der »Menge« folgt, rückhaltlos auszusprechen und ein für allemal mit »echter« Kunst unvereinbare Ansprüche abzuwehren. Sie provozieren damit auch den folgenden Dialog zwischen Theaterdichter und Lustiger Person, der das Kernstück des »Vorspiels« bildet.

Der Dichter sieht sich als einen Schöpfer, der auf Grund einer besonders engen Beziehung zur Natur in der Lage ist, eine zweite Natur zu schaffen, die in gewisser Hinsicht der wirklichen überlegen ist. Während die »Natur des Fadens ew'ge

Länge, / Gleichgültig drehend, auf die Spindel zwingt« (142 f.), sondert der Dichter in seiner Welt das Gleichgültige aus. Er hebt das »Bedeutende« hervor und wirkt so unmittelbar auf die »Herzen« (138) der Menschen. Ja, er vermag sogar, den »Olymp« aufzubauen und »Götter« (156) zu vereinen. Dichten ist deshalb höchster Ausdruck der schöpferischen Fähigkeiten des Menschen: »Des Menschen Kraft, im Dichter offenbart« (157).

In den kritischen Zwischenbemerkungen zu seiner Übersetzung von Diderots »Versuch über die Malerei« schreibt Goethe 1798: »Die Natur scheint um ihrer selbst willen zu wirken; der Künstler wirkt als Mensch, um des Menschen willen. Aus dem, was uns die Natur darbietet, lesen wir uns im Leben das Wünschenswerthe, das Genießbare nur kümmerlich aus; was der Künstler dem Menschen entgegenbringt, soll alles den Sinnen faßlich und angenehm, alles aufreizend und anlockend, alles genießbar und befriedigend, alles für den Geist nährend, bildend und erhebend sein; und so gibt der Künstler, dankbar gegen die Natur, die auch ihn hervorbrachte, ihr eine zweite Naur, aber eine gefühlte, eine gedachte, eine menschlich vollendete zurück.«[94]

Der Dichter des »Vorspiels« stellt sich als Mensch mit einer einmaligen Schöpferkraft vor, um auf die tiefe Kluft zwischen sich und der geistlosen Menge hinzuweisen. Er benutzt sein Schöpfertum als Argument, sich von der Menge zu entfernen.

Die Lustige Person stellt in ihrer Replik die »schönen Kräfte« (158) des Dichters keinesfalls in Abrede, fordert jedoch ihren entgegengesetzten Gebrauch. Gerade weil der »echte« Künstler« (105) vielen anderen Menschen die besondere Fähigkeit des Dichtens voraushabe, sei er verpflichtet, sie *für* diese vielen zu »brauchen« (158). Die meisten Menschen lebten ihr Leben, verstrickt in den Alltag, ohne daß es ihnen »bekannt« (168) ist. Der »echte Künstler« kenne diese Lebenssituationen. Er werde »volles Menschenleben« (167) mit »viel Irrtum« (171) in seinem Werk gestalten. Die Lustige Person sucht dem Theaterdichter seine Aufgabe noch verlockender zu machen, indem sie ihm die Jugend als die dankbarsten Zuschauer verheißt.

Der Dichter weiß gegen diese behutsamen Gründe nichts Prinzipielles vorzubringen. Sein Widerstand erschöpft sich in dem Argument, daß man, um auf die Jugend wirken zu können, selber jung sein müsse. Ohne Mühe kann die Lustige Person auch den letzten schwachen Widerstand überwinden. Die Erziehung des Dichters ist abgeschlossen.

Der Direktor beendet das Streitgespräch über das Verhältnis zwischen Hervorbringung und Aneignung von theatralischer Kunst, um der Aufführung selbst das Feld zu überlassen. Hier wird die zweite Funktion des »Vorspiels« deutlich. Es ist auch deshalb dem Theaterstück als Ganzem ein »Vorspiel« vorangestellt, um es ausdrücklich als Theaterstück auszuweisen. Vor allem wird kein Zweifel daran gelassen, daß auch die erste Szene des Stücks »Prolog im Himmel« eine gedichtete Welt zeigt und keine Offenbarungswahrheit vermittelt.[95]

»Prolog im Himmel« (243–353)

In einem Raum *über* der Lebenswirklichkeit der Menschen haben sich »übermenschliche« Personen versammelt, um »einmal wieder« (271) das Seiende einer Revision zu unterziehen.

Die Szene beginnt mit dem Bericht der drei Erzengel. Raphael spricht vom »Anblick« (247) der Sonne und ihrer »Brudersphären« (244); Gabriel und Michael vom »Anblick« der Erde. Sie wenden sich dabei, sowohl in der Rede Michaels (265) als auch im abschließenden unisono, an den »Herrn«, weil alles sein Werk sei.

Die Erzengel geben von Sonne und Erde das Bild eines großen allumfassenden Ganzen, das sich nach einer einheitlichen Gesetzlichkeit »nach alter Weise« (243) in steter Bewegung befindet. Sie preisen eine Ordnung, die »herrlich wie am ersten Tag« (270) ist. Ordnung bedeutet dabei nicht nur Harmonie und Frieden. Auf der Erde waltet auch »blitzendes Verheeren« (263). Das Zerstörerische, das Widersprüchliche wird in das Lob der »Pracht« (252) der Erde einbezogen.

Mephisto gehört nicht zu den himmlischen Heerscharen, den »echten Göttersöhnen« (344). Er läßt sich »auch unter dem Gesinde« (247) sehen, weil er sich der Verherrlichung der »Werke«

des Herrn entgegenstellen will. Im Gegensatz zu den Erzengeln findet er es auf der Erde »wie immer, herzlich schlecht« (296). Zum Beweis bringt er das Gespräch auf die Menschen, von denen bisher nicht die Rede war: »Von Sonn' und Welten weiß ich nichts zu sagen, / Ich sehe nur, wie sich die Menschen plagen« (297 f.).

Mephisto will nicht bloß auf die Mühseligkeit menschlichen Lebens hinweisen, sondern vielmehr den Sinn des menschlichen Lebens überhaupt in Frage stellen. Damit bringt er den »Prolog« auf sein zentrales Thema: Mephisto provoziert eine Auseinandersetzung mit dem Herrn um das »menschliche Wesen« (Marx: 6. Feuerbachthese).

Aus der Antwort auf die Frage, worin das menschliche Wesen, das Wesen der Menschen, bestehe, leiten sich wichtige allgemeine Richtlinien der Lebensführung ab. Die Bestimmung des menschlichen Wesens ist daher in der Philosophie und Ideologie einer Klasse in jeder geschichtlichen Periode ein bedeutendes Instrument der Vermittlung ihrer gesellschaftlichen Erfahrungen und Zielstellungen. Eine marxistische Darstellung hat diese Erfahrungen und Interessen aufzudecken und anzugeben, wie sich die besondere Erfahrungs- und Interessenlage im theoretischen Profil der Bestimmung niederschlägt. Das kann sie freilich nur dann leisten, wenn sie sich selbst über die konsequent materialistische Bestimmung des menschlichen Wesens ganz im klaren ist. Hier gibt es jedoch langlebige theoretische Unsicherheiten – auch in der marxistischen Literatur – zur Bestimmung des menschlichen Wesens im »Prolog«. In der Nachfolge von Lukács wurde eine bürgerlich humanistische Bestimmung nicht eindeutig von einer marxistischen abgegrenzt und damit eine unhistorische Identifizierung des humanistisch bürgerlichen Menschenbildes mit dem sozialistischen zugelassen. Wir brauchen also zunächst Klarheit über die marxistische Auffassung des menschlichen Wesens.

Der reife Marxismus – das hat der französische Marxist Lucien Sève in seinem bedeutenden Buch »Marxismus und Theorie der Persönlichkeit«[96] überzeugend nachgewiesen – verwirft es nicht als nutzlose Spekulation, über das empirische Sein der konkreten Menschen hinauszugehen und nach einem mensch-

lichen Wesen zu fragen. Der Begriff des menschlichen Wesens
bedeutet nicht von vornherein eine idealistische Menschenauffassung; die Frage ist vielmehr, wie dieses Wesen bestimmt
wird. Die bürgerlich-humanistische Anthropologie, der Goethe
zuzuordnen ist, faßt das menschliche Wesen als ein Ensemble
allgemeiner Eigenschaften auf, das unmittelbar dem Individuum
innewohnt. Menschliches Wesen meint hier einen überindividuellen, überhistorischen Grundbestand des eigentlich Menschlichen, des »rein Menschlichen«, wie Goethe sagt, der sich jeweils in die unterschiedlichen Individuen hineinverwirklicht und
in der Unterschiedlichkeit der historischen Individuen den un-
veränderbaren Kern »des« Menschlichen bildet. Das Wesen der
Menschen ist das unbewegliche objektive Allgemeine, gleichsam
»der« Mensch im Allgemeinen; die konkreten Menschen sind
dazu die einzelne Realisierung. In der »Deutschen Ideologie«
heißt es zu dieser Sehweise: »Wenn man diese Entwicklung der
Individuen in den gemeinsamen Existenzbedingungen der geschichtlich aufeinanderfolgende Stände und Klassen und den
ihnen damit aufgedrängten allgemeinen Vorstellungen *philosophisch* betrachtet, so kann man sich allerdings leicht einbilden, in
diesen Individuen habe sich die Gattung oder der Mensch, oder
sie haben den Menschen entwickelt ... Man kann dann diese
verschiedenen Stände und Klassen als Spezifikation des allgemeinen Ausdrucks, als Unterarten der Gattung, als Entwick-
lungsphasen des Menschen auffassen.«[97]

Der Menschenbegriff der bürgerlich-humanistischen Anthropologie tritt mit dem Anspruch auf, ohne historische Voraussetzungen zu sein. Man braucht jedoch nur seinem konkreten Inhalt
nachzugehen, um herauszufinden, mit welchem Verfahren er gewonnen wurde.

Die bürgerlich-humanistische Anthropologie vertritt die Interessen des bürgerlichen Individuums, das auf seine Autonomie
pocht und die »verschiedenen Formen des gesellschaftlichen Zusammenhangs ... als bloßes Mittel für seine Privatzwecke«[98]
ansieht. Sie geht deshalb wie selbstverständlich von der Voraussetzung aus, daß das menschliche Wesen unmittelbar in dieser
Individualität zu finden ist. Der gesellschaftliche Zusammenhang braucht als »äußerliche Notwendigkeit« für diese Indivi-

dualität nicht in Betracht gezogen zu werden. Die bürgerlich-humanistische Anthropologie kommt also auf das menschliche Wesen, indem sie aus dem bürgerlichen Individuum bestimmte Grundeigenschaften, die ihr als wesentlich gelten, herauszieht. Diese Grundeigenschaften erscheinen ihr dann als eine unabhängig vom einzelnen Menschen gegebene überhistorische Größe.

Die neue Qualität des marxistischen Menschenbegriffs – Sève spricht zu Recht von einer »echten kopernikanischen Wende in der jahrtausendealten Frage des Humanismus«[99] – resultiert aus der Erkenntnis, daß man das menschliche Wesen eben nicht unmittelbar dem für sich gefaßten Individuum, das sich spontan als primär vorkommt, entnehmen kann, daß man es vielmehr dort feststellen muß, »wo sich die Haupttätigkeit der Menschen vergegenständlicht und von wo die Vermenschlichung des Subjekts hauptsächlich ausgeht, im System der Kräfte und Verhältnisse der materiellen Produktion«[100], in jener »Summe von Produktionskräften, Kapitalien und sozialen Verkehrsformen, die jedes Individuum und jede Generation als etwas Gegebenes vorfindet«[101]. Der reife Marxismus konstituiert einen Menschenbegriff, der vom konkret historischen »Ensemble der gesellschaftlichen Verhältnisse«[102] als dem »realen Grund dessen, was sich die Philosophen als ‚Substanz' und ‚Wesen des Menschen' vorgestellt«[103], ausgeht. Die Auffassung des Wesens als »‚Gattung', als innere, stumme, die vielen Individuen *natürlich* verbindende Allgemeinheit«[104] kann er nicht mehr akzeptieren, weil sie »von dem geschichtlichen Verlauf«[105] abstrahiert und tatsächlich den Oberflächenerscheinungen einer bestimmten historischen Situation noch sehr nahe bleibt. Die Menschen sind in der Allgemeinheit des Begriffs zu erfassen, ohne daß vom »Ensemble der gesellschaftlichen Verhältnisse« abstrahiert wird. Der Marxismus löst diese Aufgabe, indem er mit der Gleichsetzung von Wesen und Gegenstand im Allgemeinen (abstrakt Allgemeines) bricht und Wesen als Entwicklungslogik des realen Gegenstandes auffaßt. Die Bestimmung des menschlichen Wesens durch den Marxismus – erstmals in der 6. Feuerbach-These formuliert – zielt nicht darauf ab, einen bewegungslosen Kern allgemeiner Eigenschaften der Menschen anzugeben, sondern sie gibt Auskunft darüber, unter welchen allgemeinen Bedingungen

das konkrete Individuum hervorgebracht wird. Der Menschenbegriff des Marxismus sagt nicht, was der konkrete Mensch im
Allgemeinen ist, sondern er formuliert die innere Logik, aus
der heraus der konkrete Mensch zu begreifen ist.

Die Methode der Diskussion über das menschliche Wesen,
wie sie im »Prolog« geführt wird, kann jetzt theoretisch sicher
angegeben werden: Mephisto und der Herr fassen beide das
menschliche Wesen als ein »dem einzelnen Individuum inne-
wohnendes Abstraktum«[106] auf. Um auf das menschliche Wesen
zu kommen, fragen sie nicht – sowenig sie die Bedeutung des
Äußeren abstreiten – nach gesellschaftlichen Verhältnissen, sondern nach einer »inneren, stummen, die vielen Individuen *natürlich* verbindenden Allgemeinheit«[107]. Wenn sie das menschliche
Wesen diskutieren, steht eine feststehende Eigenschaft, die
ihnen als charakteristisch für alle Menschen gilt, zur Diskussion.

Diese Eigenschaft ist die Tätigkeit. Mephisto und der Herr
gehen beide von der Voraussetzung aus, daß in der Eigenschaft,
ständig tätig zu sein, das Wesen »des« Menschen liegt. Sie sind
gegensätzlicher Meinung, wie diese Eigenschaft zu bewerten ist.

Mephisto, der zuerst seine Meinung vorträgt, wertet das Tun
des mit »Vernunft« (285) begabten Menschen als ein vergeb-
liches Bemühen. Er bestreitet schlechtweg, daß die Tätigkeit
des Menschen zu irgendeinem Ergebnis führt, daß sie ihn
irgendwie weiterbringt. Der Mensch erscheint ihm »wie eine
der langbeinigen Zikaden, / Die immer fliegt und fliegend
springt / Und gleich im Gras ihr altes Liedchen singt« (288 bis
290). Mephisto kann sich nur wundern, wie der Mensch trotz
offensichtlicher Vergeblichkeit sein Bemühen, weiter- und höher-
zukommen, immer noch nicht aufgegeben hat.

Der Herr, an einem abstrakten Streit nicht interessiert, verweist nur auf einen einzelnen Menschen, der freilich ein besonderer ist: den Doktor Faust. Er sagt erst seine Meinung über
die Eigenschaft des ständigen Tätigseins, als Mephisto gerade
das Leben und Treiben Fausts als besonders beweiskräftige Be-
stätigung seiner These von der »Wunderlichkeit« des Menschen
nimmt. Der Herr bringt seine Gewißheit zum Ausdruck, daß
»des Menschen Tätigkeit« (340), sein Streben (317) trotz allen
Irrens und aller Vergeblichkeit, die auch er zugesteht, weiter-

führende Ergebnisse erbringt, daß sich der Mensch in seiner Tätigkeit letztlich weiterentwickelt. Der Herr leugnet nicht die Widersprüche im menschlichen Tun: Das eine »Ende menschlicher Thätigkeit« ist – wie Goethe zu einer kulturgeschichtlichen Preisaufgabe schreibt, deren Ausrichtung er auf die Bitte eines italienischen Grafen di Zenobio im Jahr 1801 übernehmen sollte – »*Streben*«, das andere »*Genuß*«[108]. Der Mensch dringt einerseits ständig vorwärts, stets mit dem Erreichten unzufrieden; andererseits tendiert er im Genießen des Geleisteten zum Stillstand: »Des Menschen Tätigkeit kann allzuleicht erschlaffen, / Er liebt sich bald die unbedingte Ruh« (340 f.). Darüber hinaus drohen ständig Widerstände von außen, die Ergebnisse seiner Tätigkeit in Frage zu stellen, sie zu verkehren, da er als einzelner natürlich nicht die Übersicht über das Ganze, »Klarheit« (309), besitzt. Tendenz zu »Klarheit« und Irrtum, Streben und Hang zur »unbedingten Ruh« bilden so für den Herrn in der menschlichen Tätigkeit eine spannungsvolle Einheit. Er akzeptiert diese Dialektik und bezieht gerade aus ihr seine Gewißheit, daß der Mensch in seinem Tun eben nicht »stets von gleichem Schlag« (281) bleibt, sondern sich weiterentwickelt. Seinerseits ein Bild gebrauchend, vergleicht er den exemplarischen Menschen Faust mit einem »Bäumchen«, von dem der »Gärtner« weiß, »daß Blüt und Frucht die künft'gen Jahre zieren« (310 f.).

Mephisto greift den Hinweis des Herrn auf Faust auf und wechselt damit ebenfalls vom abstrakten Streit auf das Feld der Praxis über. Dem Herrn schlägt er eine »Wette« (312) vor. Am Leben des einen Menschen Faust will er exemplarisch demonstrieren, daß er mit seiner Auffassung des menschlichen Wesens recht hat. Er zweifelt keinen Augenblick, daß er Faust am Ende dahin bringen wird, an der Sinnlosigkeit seines Tuns zu verzweifeln und sich damit als Mensch aufzugeben. Der Einsatz für die Wette besteht – wie später bei Faust in »Studierzimmer« (II) – im Programm selbst. Ein Gewinn über den Triumph des Programms hinaus wird nicht beansprucht: »Wenn ich zu meinem Zweck gelange, / Erlaubt Ihr mir Triumph aus voller Brust. / Staub soll er fressen, und mit Lust, / Wie meine Muhme, die berühmte Schlange« (332–335).

Der Herr läßt Mephisto mit der Gelassenheit des Sicheren gewähren. Er gibt ihm die Erlaubnis, alle nur möglichen Mittel für die Erreichung seines »Zwecks« bei Faust einzusetzen. Ausdrücklich versichert er ihm, ihn in seiner Wirksamkeit in keiner Weise einzuschränken: »Nun gut, es sei dir überlassen! / Zieh diesen Geist von seinem Urquell ab, / Und führ ihn, kannst du ihn erfassen, / Auf deinem Wege mit herab« (323–326). Der Herr zweifelt seinerseits keinen Augenblick, daß Faust immer ein »guter Mensch« (328) – und das ist ein tätiger Mensch – bleiben wird. Mephisto wird am Ende nicht triumphieren können, sondern sich schämen (327) müssen.

In der Kontroverse zwischen dem Herrn und Mephisto über das Wesen »des« Menschen geht es also um die allgemeine Eigenschaft der Tätigkeit. Zur Diskussion steht damit ein »Wesensmerkmal«, das im ideologischen Kampf des Bürgertums um seine Emanzipation eine zentrale Rolle gespielt hat. Das aufstrebende Bürgertum begründet nämlich seinen Anspruch auf politische Macht und sein Bewußtsein historischer Überlegenheit wesentlich mit dem Argument, daß es selbst produktiv tätig ist, während der Adel untätig vom Fleiß der anderen lebt und sich dem Genuß hingibt. Mephisto vertritt, wenn er den Sinn des Tätigseins in Abrede stellt, die feudale Geringschätzung gegenüber der Erwerbstätigkeit des dritten Standes. Der Herr propagiert demgegenüber, wenn er den Wert menschlicher Tätigkeit verteidigt, Leitvorstellungen für die Lebensführung der aufstrebenden Bürgerklasse.

Die Ideologie der revolutionären Arbeiterklasse hat das Recht und die Pflicht, sich auf die Bestimmung des Menschen als eines tätigen, sein Schicksal selbst bestimmendes Wesens, wie sie die deutsche Klassik und im besonderen Goethe vornimmt, zu berufen und sie im Gegensatz zu späteren Vorstellungen von der Ohnmacht des Menschen als geistiges Erbe zu pflegen. Die Orientierung auf ständiges Tätigsein gibt ein Verhaltensmuster vor, das sich in dieser Allgemeinheit die Ideologie der Arbeiterklasse zu eigen machen kann. Doch nur in dieser Allgemeinheit. Der Marxismus erlaubt es wohl – abgesehen davon, daß er das menschliche Wesen nicht in eine allgemeine Eigenschaft setzt –, von Tätigkeit im allgemeinen als einer allgemeinen Eigenschaft der Menschen zu sprechen. Er läßt den Begriff Tätigkeit im allgemeinen durchaus zu als »eine verständige Abstraktion, sofern sie wirklich das Gemeinsame hervorhebt, fixiert, und uns daher die Wiederholung erspart«[109].

Gleichzeitig weist er jedoch nachdrücklich darauf hin, daß der Begriff Tätigkeit eben nur eine Abstraktion ist, die sich auf »einige sehr einfache Bestimmungen«[110] reduziert und mit der noch keine wirkliche historische Tätigkeit begriffen werden kann. Das Wesen einer bestimmten konkreten Tätigkeit drückt sich nicht in den wenigen für alle Epochen der Geschichte gemeinsamen Bestimmungen aus, sondern in den konkreten Merkmalen, die sich wesentlich von Gesellschaftsformation zu Gesellschaftsformation unterscheiden. Für uns erwächst daraus die Verpflichtung, nicht bei der abstrakten Benennung der Tätigkeit im »Prolog« stehenzubleiben. Zu untersuchen ist die wirkliche Tätigkeit, die später in der Dichtung dargestellt wird. Es wird sich zeigen, daß die Dichtung solche Tätigkeiten vorführt und als die eigentlich produktiven hochschätzt, die das Bürgertum selbst ausführt. Die Hochschätzung und Verteidigung der Tätigkeit im allgemeinen durch den Herrn kommt unseren Vorstellungen von Lebensführung entgegen und kann in unserer Gesellschaft wirksam werden. Wir dürfen jedoch nicht in den Fehler verfallen, ein Pathos der Tat im allgemeinen einer sozialistischen Auffassung vom Menschen gleichzusetzen.

Die Diskussion des menschlichen Wesens ist als das zentrale Thema des »Prologs« festgestellt. Wir haben versucht, den theoretischen Reichtum und die Kompliziertheit dieser Diskussion zu entfalten und Probleme ihrer heutigen Rezeption zu klären. Wir können jetzt auch sicher angeben, warum Goethe die Diskussion in einen Himmel verlegt hat und was unter diesem Raum und den in ihm agierenden Gestalten zu verstehen ist.

Goethe hebt bekanntlich im Widerspruch zum theistischen Weltbild die irdische Wirklichkeit selbst in den Rang des einzig realen vollwertigen Seins, indem er im Anschluß an Spinoza den transzendenten Gott in die Welt hineinnimmt und so die Dualität von vollkommenem Gott und minderwertiger Welt aufhebt. Der Himmel des »Prologs« kann demnach keinesfalls ein transzendenter Raum sein, eine Außer-Welt, die mit der irdischen Welt nichts gemein hat, und der Herr des »Prologs« keinesfalls der außerweltliche personale Gott des Theismus. Goethe hat ja dem »Prolog« auch deshalb das »Vorspiel« vorangestellt, um der Illusion einer Offenbarung entgegenzuwirken. Dennoch läßt sich nicht übersehen, daß der »Himmel« einen *besonderen* Raum darstellt, der nicht einfach im großen Ganzen unterschiedslos aufgeht. Goethe baut nicht einen Himmel auf, zu dem die Menschen keinen Zugang haben, wenn das Geschehen im Himmel sich auch unter den Menschen abspielen könnte. Offenbar haben wir einen Bereich vor uns, der zum großen Ganzen dazugehört, aber dennoch von besonderer Qualität ist. Diese Vermutung bestätigt sich an Goethes Theorie.

Der junge Goethe unternimmt alle Anstrengungen – damit über Spinoza hinausgehend –, den einst transzendenten Gott vollkommen der Welt (Natur) gleichzustellen und keinerlei Qualitätsdifferenzen in der Welt zuzulassen. Später muß Goethe jedoch feststellen, daß er die Lebenstätigkeit des pflanzlichen und tierischen Organismus wie auch des Menschen nicht erklären kann, ohne innerhalb der Wirklichkeit wieder ein Bewirkungsverhältnis, ein Verhältnis von Unbedingtem (Grund, Ursache) und Bedingtem (Folge, Wirkung) anzunehmen. Pflanzen, Tiere, Menschen und schließlich die ganze Wirklichkeit bestehen nicht aus sich heraus, sondern haben ihren Grund in einem Unbedingten. Das Unbedingte existiert freilich niemals für sich in einem transzendenten Bereich, es hat Realität nur in den von ihm bewirkten Dingen der Wirklichkeit. Grund und Wirkung bilden eine untrennbare dialektische Einheit.

Goethe isoliert mit dem Himmel innerhalb der Wirklichkeit einen Bereich des Unbedingten. Hier hat seine Heimstatt der Herr, der die Wirklichkeit schafft und in ihr *sein* Wesen ausdrückt. Er ist der persongewordene Gott Spinozas, personifizierte natura naturans, das »Werdende, das ewig wirkt und lebt« (346). Und zwar von Anfang an. Wenn Scholz behauptet, daß der Herr im ersten Teil des »Prologs« (Scholz: »Naturverehrungsteil«) ein christlicher Gott, eine »Gottperson mit allen ihren christlich-metaphysischen Attributen« ist und daß er sich erst durch den Widerspruch Mephistos innerlich wendet und in eine »simple Person Welt als gegen-metaphysische Versinnbildlichung der Gesetzmäßigkeit«[111] verwandelt, so sieht er eine »philosophische Peripetie des Herrn«[112], für die der Text keinerlei Anhaltspunkte gibt. Niemand bestreitet die Veränderung des Gottesbegriffes in der weltanschaulichen Entwicklung des jungen Goethe: vom christlich-theistischen Gott der Kindheitserziehung zur Identifizierung von Gott und Natur. Doch diese Veränderung findet nicht im »Prolog« statt. Sie wird hier vorausgesetzt.

Zum Himmel hat auch Mephisto Zugang. Wie der Herr wirkt er unbedingt, jedoch nur in Abhängigkeit vom Herrn. Er dient dem »Werdenden«, indem er es »verneint« (338) und ständig zu vernichten sucht. Selbst versteht er sich nur als Zerstörer. Von der produktiven vorwärtsbringenden Wirkung seiner zerstörerischen Bemühungen fehlt ihm das Bewußtsein. Der »Prolog« ordnet so der alten Gestalt des Teufels im Plan der Welt die Funktion des dialektischen Widerspruchs zu, ohne sie natürlich darauf zu reduzieren.

»FAUST.
DER TRAGÖDIE ERSTER TEIL«
ALS EINHEITLICHES KUNSTWERK

Nachdem gemäß den methodischen Überlegungen der Einleitung jede Szene oder Textstelle von Faust I im Zusammenhang derjenigen Texteinheit, in der sie zum erstenmal bekannt wird, interpretiert und die Leistung jeder Arbeitsperiode für sich bestimmt ist, steht jetzt der erste Teil des »Faust« in der Gestalt vor uns, in der ihn Goethe erstmals als abgeschlossenes, nicht mehr fragmentarisches Werk der Öffentlichkeit mitgeteilt hat und in der er seither dem öffentlichen Bewußtsein gegenwärtig ist.

Faust I als einheitliches Kunstwerk. Wie sieht inhaltlich und formal diese Einheit und Ganzheit aus, in der nach Goethes Auskunft in einem Gespräch mit Luden vom 19. August 1806 die »Bruchstücke« der früheren Arbeit als »organische Theile erscheinen und erst ihre wahre Bedeutung erhalten (werden)«[113]? Durch welche gedanklichen Lösungen, durch welche gestalterischen Maßnahmen sind die Ergebnisse zeitlich getrennter Arbeitsperioden in dieser neuen Einheit aufgehoben worden? Die Beantwortung dieser Fragen, die auf eine Beschreibung von Faust I als Ganzem zielen, führt wiederum über die Werkgeschichte.

Gehen wir zunächst die Arbeitsperioden durch, um dem »Geist« des Ganzen, seiner ideellen Konstruktion auf die Spur zu kommen. Wir erkennen eine Entwicklung, worin jede Konzeption die vorhergehende deutend oder umdeutend so in sich aufnimmt, daß als Element des neuen Entwurfs weiterbestehen kann, was bisher Gesamtentwurf war. Goethe hat weder ständig einen anderen Plan gemacht noch den ganzen »Faust« nach einer Konzeption ausgearbeitet, die von Beginn an ein für allemal feststand.[114]

Der junge Goethe beginnt in den frühen siebziger Jahren die Arbeit an einem »Faust«-Drama, wahrscheinlich analog zur Planung des frühen »Götz«, in der Absicht, das Volksbuch vom Doktor Faust zu dramatisieren. Er fühlt sich betroffen vom Schicksal des Magiers, der an einem engen Leben im Sinne der Kirche kein Genüge mehr findet und es mit Hilfe des Teufels hinter sich läßt, weil er selbst in einem Konflikt lebt zwischen dem »unthätigen Leben zu Hause«[115] in Frankfurt, dem »engen und langsam bewegten bürgerlichen Kreyse«[116] und dem Drang, in der großen Welt als »herrliches handelndes Wesen«[117] eine wichtige Rolle zu spielen. Der Faust-Stoff erscheint geeignet, eigene Nöte und Wünsche zu bezeugen und vorzuführen.

Freilich nicht als realistische Kopie, sondern nur der Tendenz nach: Goethe wird 1775 nach Weimar gehen in der Hoffnung, als einflußreicher Berater eines Landesherren seinen Drang nach wirkungsvoller Tätigkeit befriedigen zu können. Sein »Faust« geht in dem Anspruch auf schöpferische Entfaltung ungleich weiter. Goethe konzipiert einen Faust, der mit einem gewaltigen Sprung sich aus einem kümmerlichen Gelehrtenleben zu einem gottgleichen Schöpfertum hinaufzuschwingen sucht. Der Konflikt, in dem im Prinzip auch der junge Goethe steht, wird mit dem Anspruch, wie die natura naturans selbst zu wirken, so zugespitzt, daß er Faust überfordert. Faust muß scheitern.

Goethe steht vor einem konzeptionellen Problem, von dessen Lösung entscheidend die Fortführung des Dramas abhängt. Faust braucht für seinen Lebensanspruch einen neuen Ansatz. Da eine Gleichsetzung mit dem Erdgeist ausscheidet, müßte der Anspruch und damit auch der Konflikt so verändert werden, daß er Faust nicht über die Natur, die er eben erst als einziges Betätigungsfeld gewonnen hat, hinaustreibt. Die Göchhausensche Abschrift läßt das Problem ungelöst auf sich beruhen. Faust scheitert an seinem Anspruch auf Gottgleichheit, um ihn dann gleichsam zu vergessen.

Die sog. Gretchentragödie und die Szene »Auerbachs Keller« setzen ohne Vermittlung mit der Eingangsszene »Nacht« einen Faust voraus, der zwar auch hart auf Widerstände prallt, aber keinesfalls mehr gottgleicher freier Schöpfer sein will. Den Faust der Gretchen-Szenen beherrscht ein neuer, gleichfalls lebensentscheidender Konflikt, ohne daß die geniale Anmaßung des Lebensentwurfs der Eingangsszene wirklich bewältigt ist. Der sog. Urfaust besteht so, wenn man von der Anlage der wesentlichen Konflikte ausgeht, aus zwei Teilen (»Gelehrtentragödie« und »Gretchentragödie«), zwischen denen es hinsichtlich der Konzeption der Hauptgestalt noch keine Verbindung gibt.

Das »Fragment« bringt in den Versen 249 bis 346 (»Und was der ganzen Menschheit zugeteilt ist« bis »Er müßte doch zugrunde gehn!«) ein neues Moment ins Spiel, das nach· dem Scheitern Fausts die Handlung wieder in Gang setzt. Faust, auf die Ausgangssituation der Szene »Nacht« zurückgefallen, beklagt erneut die völlige Sinnlosigkeit seines bisherigen Gelehrtendaseins. Erneut begehrt er mit energischer, alles – auch den Untergang – wagender Entschlossenheit, was die Möglichkeiten des einzelnen Menschen übersteigt. Doch überspringt er jetzt nicht mehr den Lebensraum der »Menschheit«, d. h. des Menschseins. Faust geht auf die Welt los, um sie als Mensch zu »genießen«. Freilich nicht in den Schranken des einzelnen. Er begehrt die Erweiterung des Ichs zum All-Menschen, der als einzelner das »Ganze« (»Fragment«, 259) menschlicher Lebensmöglichkeiten voll durchleben kann.

Charakteristisch für den Neuansatz im »Fragment« ist Fausts Drang »in die Welt hinein« (»Fragment«, 308), der schon im sog. Urfaust existierte, wo er aber durch die Beschwörungsversuche überlagert worden war. Jetzt bestimmt er Fausts Streben. Diesem Drang entspricht eine Geringschätzung des »Menschengeists« (»Fragment«, 290). Das einstige Vertrauen auf die Fähigkeit des Geists zu gottgleichem Schöpfertum, das sich in dem Gewaltakt, sich dem Erdgeist gleichzustellen, ausspracht, ist in dem Drang, zu »greifen«, zu »genießen« (»Fragment«, 250 f.), gleichsam untergegangen.

Der Konflikt Fausts zwischen seinem welt- und sinnlosen Gelehrtenleben und dem Drang nach sinnlicher Aneignung der irdischen Welt bietet auch einen verständlichen Ansatz für die Verbindung mit Mephisto, die im sog. Urfaust ohne jede Erklärung einfach nur vorausgesetzt war. Mephisto, der philosophische Konturen gewinnt, gedenkt Fausts Drang »in die Welt hinein« aufzugreifen, um ihn auf das nie zu sättigende kreatürlich-biologische Bedürfnis abzuleiten. Er plant, Faust dadurch als Menschen zugrunde zu richten, daß er das angestrebte Genießen der Welt auf das Genießen sinnlicher Lust einschränkt. Noch erfahren wir freilich nichts über die Entstehungsgeschichte und die Bedingungen der Verbindung. Faust gibt zu erkennen, daß er gegen Mephistos Dienste nichts einzuwenden hat.

Das »Fragment« akzentuiert im Interesse der Lebensfähigkeit Fausts die Einschränkung auf das Irdische. Indem es dem »Menschengeist« bloß nutzloses »Spekulieren« (309) zuschreibt, schwächt es jedoch gleichzeitig Fausts Position. Der Gewinn an Wirklichkeitsnähe geht auf Kosten der Wertschätzung von »Vernunft und Wissenschaft, / Des Menschen allerhöchste(r) Kraft« (330 f.). Goethe bewältigt dieses Problem erst, als er in den neunziger Jahren nach den Erfahrungen seiner naturwissenschaftlichen Arbeit, der Kenntnisnahme Kants und der Zusammenarbeit mit Schiller auch in seinen theoretischen Überlegungen sich neu auf die Bedeutung des »Menschengeistes« besonnen und in der Fähigkeit zu geistiger Tätigkeit das wesentliche Merkmal »des« Menschen erkannt hat.

Der Faust der dritten Arbeitsperiode, der erstmals in den »Studierzimmer«-Szenen vorgestellt wird, geht von seiner Einschränkung auf die »Erde« (784) aus. Er hat sie am Ende der Szene »Nacht« angenommen. Gleichzeitig birgt er in seinem Innern einen »Trieb« (1085), der ins Unendliche wirkt. Dem endlichen Menschen Faust ist ein unendliches »Streben« »eingeboren« (1092), eine unversiegbare geistige Kraft, die ständig entwirft und ständig über das Erreichte hinauswill. Faust ist so endliches und unendliches Wesen zugleich. Er kann kein »Gott« sein, doch wohnt ihm ein »Gott« »im Busen« (1566). In »Wilhelm Meisters Lehrjahren« läßt Goethe den Oheim sagen: »Es muß also in dem Begriff des Menschen kein Widerspruch mit dem Begriff der Gottheit liegen; und wenn wir auch oft eine gewisse Unähnlichkeit und Entfernung von ihr empfinden, so ist es doch um desto mehr unsere Schuldigkeit, nicht immer wie der Advokat des bösen Geistes nur auf die Blößen und Schwächen unserer Natur zu sehen, sondern eher alle Vollkommenheiten aufzusuchen, wodurch wir die Ansprüche unserer Gottähnlichkeit bestätigen können ... Des Menschen größtes Verdienst bleibt wohl, wenn er die Umstände soviel als möglich bestimmt und sich sowenig als möglich von ihnen bestimmen läßt. Das ganze Weltwesen liegt vor uns wie ein großer Steinbruch vor dem Baumeister, der nur dann den Namen verdient, wenn er aus diesen zufälligen Naturmassen ein in seinem Geiste entsprungenes Urbild mit der größten Ökonomie, Zweckmäßigkeit und Festigkeit zusammenstellt. Alles außer uns ist nur Element, ja ich darf wohl sagen, auch alles an uns; aber tief in uns liegt diese schöpferische Kraft, die das zu erschaffen vermag, was sein soll, und uns nicht ruhen und rasten läßt, bis wir es außer oder an uns, auf eine oder die andere Weise, dargestellt haben.«[118]

Der Konflikt, der den Faust der »Studierzimmer«-Szenen beherrscht, besteht nun darin, daß sich die gewaltige auf Schöpfertum ausgehende geistige Kraft in seinem Innern bisher nicht an der Außenwelt bewährt und verwirklicht hat. Der »Geist« giert nach äußerer Verwirklichung. Doch meint Faust nach seinen bisherigen Erfahrungen urteilen zu müssen, daß sie ihm grundsätzlich verwehrt ist: »Der Gott, der mir im Busen wohnt, / Kann tief mein Innerstes erregen; / Der über allen meinen Kräften thront, / Er kann nach außen nichts bewegen; / Und so ist mir das Dasein eine Last, / Der Tod erwünscht, das Leben mir verhaßt« (1566–71). Goethe hat an diesem Konflikt gleichsam den archimedischen Punkt, von dem aus er das bisher Entstandene als Elemente in ein Ganzes einarbeiten und das zentrale Problem, Faust und Mephisto auf der Grundlage seiner Weltanschauung zu verbinden, lösen kann.

Mephisto erhält die Aufgabe, den schon resignierenden Faust in die wirkliche Aneignung der Außenwelt hineinzutreiben und sie durch seine Hilfe über das dem einzelnen Menschen mögliche Maß hinaus auszuweiten. Faust kann sich auf eine Verbindung mit Mephisto jetzt einlassen, weil er in sie das unendliche »hohe Streben« (1676) seines Geistes einbringt. Gerade diese Unendlichkeit des »Strebens« eines endlichen Menschen steht bei der Wette in Frage. Faust sieht in ihr sein Wesen. Mephisto will den Beweis erbringen, daß sich das »Streben« durch »Genuß« zum Stillstand bringen läßt.

Durch die Wette aufgereizt, beginnt Faust zum erstenmal, seine geistige Tatkraft gezielt und von Mephisto gefördert an die Welt zu wenden. Am Anfang dieser Entwicklung stehen – nun in einen größeren Zusammenhang aufgehoben – die Erfahrungen und Erlebnisse Fausts mit den Studenten, in der Hexenküche und vor allem mit Gretchen. Sie markieren nach der stichwortartigen Formulierung des Plp. 5 (1800) eine Entwicklungsstufe, auf der Faust »in der Dumpfheit Leidenschaft« »Lebensgenuß der Person von außen«[119] sucht.

Die Szene »Nacht« des sog. Urfaust nutzt Goethe, um eine Vorgeschichte des zentralen Wettkonflikts aufzubauen. Faust visiert zwar schon am Beginn des Stücks die »lebendige Natur« als Gegenstand seines neuen Lebensdranges an. Das Vorhaben, sich dem Erdgeist gleichzustellen, führt ihn jedoch in Wirklichkeit über die Natur hinaus. Faust muß sich erst zu der Erkenntnis vorarbeiten, daß ihm das »Überirdische« prinzipiell verschlossen ist und daß sich sein Schöpfertum – wenn überhaupt – nur in dieser irdischen Welt entfalten kann. Goethe erweitert zunächst die Szene »Nacht«, indem er Fausts Vorhaben aufgreift und es bis zur äußersten Konsequenz treibt. Faust kommt erst wieder – bildlich gesprochen – auf der Erde an, nachdem er sie um ein Haar verlassen hätte. In der folgenden Szene »Vor dem Tor« genießt Faust zunächst seine »Auferstehung« für die Erde. Einmal mit der Widersprüchlichkeit des Lebens in Berührung gekommen, schrickt er vor ihm gleich wieder zurück. Faust weiß um seine Bindung an diese Welt; er fühlt sich auch von ihr angezogen. Gleichzeitig jedoch hält er es – aus Erfahrung, wie er meint – für vergeblich und sinnlos, sich mit ihr einzulassen, so daß eine Sehnsucht zum »Überirdischen« immer wieder durchschlägt. Diesen Widerspruch spitzt Mephisto in der Szene »Studierzimmer« (I) durch das »Zauberspiel« (1441) aufs Äußerste zu, bis Faust schließlich wirklich entschlossen auf die Welt losgeht.

Der Wettkonflikt schließt den ersten wie den zweiten Teil des »Faust« im Innern auf der Ebene des Menschen zu einer Einheit des Ganzen zusammen. Eine Einheit höherer Ordnung, die diese als Moment in sich aufhebt, schafft Goethe mit dem »Prolog im Himmel«. Der »Prolog« bezieht die historisch bestimmte (freilich nicht in den Grenzen eines normalen Menschenlebens) Faust-Gestalt zusammen mit den anderen Gestalten auf ein überhistorisches menschliches Gattungswesen, wie er überhaupt das ganze historisch bestimmte Sein des »Faust« einem überhistorischen Unbedingten unterstellt, in dem es seinen Grund hat. Die Lebensäußerungen im »Faust« sind nicht nur Moment endlicher Entwicklungen. Sie haben darüber hinaus noch darin ihre Einheit, daß sie alle gemeinsam historische Manifestationen eines überhistorischen menschlichen Wesens sind. Goethe will dem Geschehen im »Faust« einen Sinn und inneren Zusammenhang geben, der nicht allein vom begrenzten Meinen des Menschen, sondern von einer ihn umgreifenden Ordnung abhängt. Die Dichtung beginnt deshalb in einem übermenschlichen Raum. Sie steigt erst dann in die wirkliche Geschichte hinab, nachdem deren inneres Wesen, ihren Grund in einem Übergeschichtlichen zu haben, klargestellt ist.

Als Goethe in der dritten Arbeitsperiode an die Vollendung von Faust I geht, hat er auch endgültig über dessen dramaturgische Gestalt zu entscheiden. Wie soll er sich zum dramatischen Stil des sog. Urfaust jetzt, zwanzig Jahre später, verhalten?

Der Stil des sog. Urfaust erklärt sich aus einer bestimmten Darstellungsabsicht. Der junge Goethe will näher an die Wirklichkeit herankommen; er will Welt, Natur so in das Kunstwerk hineinnehmen, wie sie sich dem Erleben darbieten, in ihrer Vielheit und Widersprüchlichkeit. Damit gerät er in Widerspruch zur Tradition der tragédie classique, aber auch zum bürgerlichen Trauerspiel Lessings, in dem bei aller Veränderung der Inhalte die Tendenz der Verinnerlichung fortlebt. Die tragédie classique spielt in einer höfisch-aristokratischen Welt, die von der empirischen Wirklichkeit abgehoben ist. Probleme, die mit dem materiellen Leben der Standespersonen zusammenhängen, haben hier kein Gewicht. Vorgeführt werden geistige Vorgänge. Das Empirisch-Faktische liefert für sie nur Ausgangspunkt und Anlaß und wird deshalb so weit wie möglich aus dem Kunstwerk herausgehalten. Insgesamt dient die Inszenierung des dramatischen Vorgangs dem Zweck, die Wohleingerichtetheit und Superiorität der höfisch-aristokratischen Welt – auch durch den häufig tragischen Untergang des Protagonisten – zu bestätigen. In der Gestalt des Dramas selbst soll diese Harmonie und Ordnung ihren Spiegel haben.

Die tragédie classique beschränkt sich, gerade weil sie den Eindruck von Ganzheit und Geschlossenheit vermitteln will, in der Darstellung auf einen repräsentativen Ausschnitt. Sie baut die Handlung von einer Idee her als einen logisch-schlüssigen, zeitlich und räumlich eng begrenzten Ablauf auf. Die einzelne Szene ist als funktionales Glied dem Ganzen untergeordnet und erhält aus diesem Zusammenhang ihre Bedeutung. Erst der Akt besitzt eine relative Selbständigkeit. Das dramatische Geschehen lebt, da eine eigenständige »Welt« nicht vorkommt, aus dem Gegensatz umweltenthobener Personen. Es führt Spiel und Gegenspiel zielstrebig und ohne Möglichkeit der Umkehr zum Höhepunkt, um es durch Versöhnung oder Katastrophe in ein deutlich markiertes Ende einmünden zu lassen. Die Personen sprechen in Versen die Sprache des hohen Stils. Die Komposition der Handlung im einzelnen geht auf Proportion und Symmetrie aus.

Der junge Goethe durchbricht die Einschränkung auf den geistigen Innenraum, auf Konflikte im Bereich der Moralität, die, hat sich auch der Klasseninhalt geändert, noch im bürgerlichen Trauerspiel anzutreffen ist, um Welt, wie sie der einzelne Mensch erlebt, bis ins Detail (vgl. Schüler-Szene) in das Werk hineinzunehmen und sie dem Ich als *Eigenwert* gegenüberzustellen. »Dem Dichter liegt daran«, wie Eckermann einmal in einem Gespräch zum »Faust« sagt, »eine mannigfaltige Welt auszusprechen.«[120] Das führt ihn auf eine Dramaturgie in der Nachfolge Shakespeares. In der Rede »Zum Schäkespears Tag« von 1771 heißt es: »Seine Plane sind, nach dem gemeinen Stil zu reden, keine Plane, aber seine Stücke drehen sich alle um den geheimen Punkt ... in dem das Eigentümliche unseres Ichs, die prätendierte Freiheit unseres Wollens, mit dem notwendigen Gang des Ganzen zusammenstößt.«[121] Der sog. Urfaust dreht sich um eben diesen »Punkt«. Faust wird konfrontiert mit einer Reihe von Wirklichkeitsbereichen, zu denen er Stellung nehmen und an denen er sich bewähren muß. Sein Gegenspieler ist die Welt in ihrer Vielheit und Widersprüchlichkeit, nicht mehr nur *eine* einzelne Person. Damit kann sich der dramatische Vorgang zwangsläufig nicht mehr als ein handlungsmäßig und zeitlich engverfugtes Kontinuum vollziehen. Um den Helden gruppiert, baut er sich vielmehr aus einer Folge relativ selbständiger Geschehnisteile mit einer jeweils charakteristischen Räumlichkeit und Zeitlichkeit auf, wobei wie in der sog. »Gretchen-Tragödie« Szenen zu einer Szenengruppe zusammentreten können. Die einzelne Szene, an Stelle des Aktes jetzt die Gliederungseinheit, realisiert *für sich* einen besonderen unverwechselbaren Aspekt der Dialektik von Ich und Welt. »Nacht«, Schüler-Szene, »Auerbachs Keller in Leipzig« und – in sich wieder gegliedert – die Gretchen-Szenen exponieren jeweils »eine für sich bestehende kleine Welt«, die »nur durch einen leisen Bezug zu dem Vorhergehenden und Folgendem sich dem Ganzen anschließt«[122]. Wie das Streben nach empirischer Totalität die Einheit von Raum, Zeit und Handlung aufhebt, so auch die Einheit des hohen Stils. Sprache und Gestus einer Szene variieren bis ins Extrem nach Darstellungsgegenstand und -absicht. Der Vielfalt der Welt entspricht die Vielfalt formaler Mittel.[123]

Der junge Goethe öffnet – wie Lenz, Klinger, Wagner – das Drama inhaltlich und formal der Individualität und Vielfalt des Lebens. Verfolgen wir jetzt die Arbeit an den Ende der siebziger und Anfang der achtziger Jahre begonnenen Dramen »Egmont«, »Iphigenie auf Tauris« und »Torquato Tasso«, so erkennen wir eine Entwicklung, die vom Dramentypus des sog. Urfaust wegführt. Die Ursachen dafür können hier nur angedeutet werden.

Der junge Goethe vertraut auf die Evidenz seiner »unmittelbaren Erfahrung«[124]. Er meint, in der Welt werde sich schon etwas ausrichten lassen, wenn man von ihr genug »Erfahrung in die Breite«[125] hat. Die Erfahrungen des ersten Weimarer Jahrzehnts belehren ihn jedoch, daß zu wirklicher Erkenntnis, zu Erkenntnis, die in der Praxis bestehen kann, erforderlich ist, sich von der Oberfläche einer Sache zu lösen und zu ihrem Wesen vorzudringen. Goethe verweist deshalb nach seiner Italienreise auch die Kunst auf das »Gesetzliche in der Natur«[126]. Sie soll Einblicke in das »Gesetzliche« der menschlichen Natur und der Geschichte der Menschheit vermitteln, um die Menschen langfristig auf die vernünftige Gestaltung ihres gesellschaftlichen Lebens in der Praxis vorzubereiten. Die Nähe zur erfahrbaren Wirklichkeit, die Vielfalt der Weltaspekte, das realistische Detail verbürgen Goethe nicht mehr das wahre und sinnvolle Kunstwerk. Vielmehr birgt für ihn der Vorsatz, der »empirischen Weltbreite«[127] im Kunstwerk nahezukommen, in sich die Gefahr, bloß Zufälliges und Nebensächliches aufzuhäufen und das »reine Menschliche«[128], das alles menschliche Denken und Handeln fundiert und auf das es deshalb ankommt, zu überdecken. Er sieht diese Gefahr gerade für das Drama gegeben, weil es »die Begebenheit« »als *vollkommen gegenwärtig* darstellt«[129] und am meisten dem »Streben der Zuschauer und Zuhörer« ausgesetzt ist, »alles völlig wahr zu finden«[130]. Goethe orientiert sich deshalb in der »Iphigenie«, im »Tasso« und später in der »Natürlichen Tochter« an den Bau- und Stilprinzipien des einst abgelehnten »regelmäßigen Theaters«[131], die ihm erlauben, das »historisch-politisch-barbarisch Temporäre«[132] auszuschalten und allein etwas »rein Menschliches« darzustellen.

Als Goethe 1797 die Arbeit am »Faust« wieder aufnimmt, findet er also eine Dramenform vor, die nicht zu seinen jetzigen Vorstellungen über die Funktion dramatischer Dichtung paßt. Dem Dichter liegt, um das erwähnte Eckermann-Wort zu variieren, nicht mehr daran, eine mannigfaltige Welt auszusprechen. Goethe muß feststellen, daß das dramatische Prinzip des sog. Urfaust, den Helden mit mehreren »charakteristischen« Wirklichkeitsbereichen zu konfrontieren, zu seinem jetzigen Programm eigentlich im Widerspruch steht. In diesem Sinne spricht er von einer »barbarischen Komposition«[133], einer »barbarischen Produktion«[134]. In Briefen, die das neue Vorhaben melden, heißt es: ». . . ich werde wohl zunächst an meinen Faust gehen, teils um diesen Trageláphen los zu werden, teils um mich zu einer höhern und reinern Stimmung, vielleicht zum Tell, vorzubereiten.«[135] ». . . ich bin für den Moment himmelweit von solchen reinen und edlen Gegenständen (Laokoon-Gruppe – H. H.) entfernt, indem ich meinen ,Faust' zu endigen, mich aber auch zugleich von aller nordischen Barbarei loszusagen wünsche.«[136] »Vor die schöne Homerische Welt ist gleichfalls ein Vorhang gezogen, und die nordischen Gestalten, Faust und Companie, haben sich eingeschlichen.«[137]

Goethe sieht den Gegensatz. Dennoch geht er an die Arbeit der Vollendung, allerdings wohl wissend, daß er bei der vorgegebenen Anlage des sog. Urfaust die »höchsten Forderungen«, die er jetzt an ein Drama stellt, wird mehr nur »berühren« und nicht »erfüllen«[138] können. Offenbar stößt er sich nicht mehr an der Vielheit und Konkretheit von Welt im »Faust«. Er akzeptiert, was einmal gegeben ist. Seine Sorge scheint nur, daß in der Anlage des Ganzen eine ästhetische Vermittlung des Stoffes gesichert wird. Diese Sorge wird hinfällig durch die Überlegungen über den Unterschied von epischer und dramatischer Dichtung, die er 1797 zusammen mit Schiller anstellt[139]. In ihrem Lichte wird auch die Bauart des dramatischen Vorgangs im sog. Urfaust als ein wesentliches Medium ästhetischer Vermittlung erkannt.

Um von den gattungspoetischen Konzeptionen nur so viel mitzuteilen, daß dieser Vorgang verständlich wird: Nach Goethe und Schiller beruht der »große wesentliche Unterschied« zwischen epischer und dramatischer Dichtung darin, »daß der Epiker die Begebenheit als *vollkommen vergangen* vorträgt und der Dramatiker sie als *vollkommen gegenwärtig* darstellt«.[140] Die epische Dichtung schafft eine entsinnlichende Distanz zum Gegenstand, während die dramatische dahin tendiert, alle ästhetische Vermittlung abzubauen und den Bereich der Fiktion zu verlassen. Beide laufen so auf ihre Weise Gefahr, mit Grundgesetzen der Kunst in Konflikt zu kommen. In der Antwort auf den Brief, in dem Goethe den die Diskussion abschließenden kurzen Aufsatz »Über epische und dramatische Dichtung« mitschickt, setzt Schiller diesen Zusammenhang gut auseinander: »Daß der Epiker seine Begebenheit als vollkommen vergangen, der Tragiker die seinige als vollkommen gegenwärtig zu behandeln habe, leuchtet mir sehr ein. Ich setze noch hinzu. Es entsteht daraus ein reizender Widerstreit der Dichtung als Genus mit der Spezies derselben, der in der Natur wie in der Kunst immer sehr geistreich ist. Die Dichtkunst, als solche, macht alles sinnlich gegenwärtig, und so nötigt sie auch den epischen Dichter, das Geschehene zu vergegenwärtigen, nur daß der Charakter des Vergangenseins nicht verwischt werden darf. Die Dichtkunst, als solche, macht alles Gegenwärtige vergangen und entfernt alles Nahe (durch Idealität), und so nötigt sie den Dramatiker, die individuell auf uns eindringende Wirklichkeit von uns entfernt zu halten und dem Gemüt eine poetische Freiheit gegen den Stoff zu verschaffen. Die Tragödie in ihrem höchsten Begriffe wird also immer zu dem epischen Charakter *hinauf*streben und wird nur dadurch zur Dichtung. Das epische Gedicht wird ebenso zu dem Drama *herunter*streben und wird nur dadurch den poetischen Gattungsbegriff ganz erfüllen; just das, was beide zu poetischen Werken macht, bringt beide einander nahe. Das Merkmal, wodurch sie spezifiziert und einander entgegen gesetzt werden, bringt immer einen von beiden Bestandteilen des poetischen Gattungsbegriffs ins Gedränge, bei der Epopee die *Sinnlichkeit*, bei der Tragödie die *Freiheit*, und es ist also natürlich, daß das *Contrepoids* gegen diesen Mangel immer eine Eigenschaft sein wird, welche das spezifische Merkmal der entgegengesetzten Dichtart ausmacht. Jede wird also der andern den Dienst erweisen, daß sie die *Gattung* gegen die *Art* in Schutz nimmt.«[141] Goethe ist sich mit Schiller darin einig, daß die Gattung Kunst in erster Linie vor der Art Drama in Schutz zu nehmen ist; denn sie konstatieren gerade hier eine Entwicklung, die sie im Interesse der Kunst mißbilligen: »So sieht man auch im Gang der Poesie, daß alles zum Drama, zur Darstellung des *vollkommen Gegenwärtigen* sich hindrängt ... so soll alles sinnlich wahr, vollkommen gegenwärtig, dramatisch sein, und das Dramatische selbst soll sich dem wirklich Wahren völlig an die Seite stellen.«[142]

Hilfe braucht also das Drama. So auch der sog. Urfaust. Als Contrepoids (Gegengewicht) gegen die »gemeine Naturnachahmung«[143] in diesem besonderen Fall versteht Goethe die Eigenschaft des epischen Gedichts, die Handlung aus relativ selbständigen Geschehnisteilen aufzubauen. Schiller führt zu dieser Eigenschaft mit voller Zustimmung Goethes aus: »Es wird mir aus allem, was Sie sagen, immer klarer, daß die Selbständigkeit seiner Teile einen Hauptcharakter des epischen Gedichts ausmacht. Die bloße, aus dem Innersten herausgeholte *Wahrheit* ist der Zweck des epischen Dichters; er schildert uns bloß das ruhige Dasein und Wirken der Dinge nach ihren Naturen, sein Zweck liegt schon in jedem Punkt seiner Bewegung; darum eilen wir nicht ungeduldig zu einem Ziele, sondern verweilen uns mit Liebe bei jedem Schritte. Er erhält uns die höchste Freiheit des Gemüts ... Ganz im Gegenteil raubt uns der tragische Dichter unsre Gemütsfreiheit, und indem er unsre Tätigkeit nach einer einzigen Seite richtet und konzentriert, so vereinfacht er sich sein Geschäft um vieles und setzt sich in Vorteil, indem er uns in Nachteil setzt.«[144] »Ich glaube, daß man dem dramatischen Dichter hierin weit mehr nachsehen muß; eben weil er seinen Zweck in die Folge und an das Ende setzt, so darf man ihm erlauben, den Anfang mehr als Mittel zu behandeln. Er steht unter der Kategorie der Kausalität, der Epiker unter der [der] Substantialität; dort kann und darf etwas als Ursache von was anderm da sein, hier muß alles sich selbst um seiner selbst willen geltend machen.«[145]

Der sog. Urfaust stellt mehrere individuell bestimmte Wirklichkeitsbereiche als vollkommen gegenwärtig dar. Indem er notwendig den Handlungszusammenhang aufbricht und die Wirklichkeitsbereiche als »für sich bestehende kleine Welten« vorzeigt, bedient er sich gleichzeitig – nach den Überlegungen von 1797 – eines Mittels epischer Dichtung, das dem »Naturalismus«[146] entgegenwirkt. Abgesehen davon, daß es, soll das Drama abgeschlossen werden, keine Alternative gibt: Goethe sieht sich legitimiert, das »Fragment« nach dem Bauprinzip zu vollenden, für das er sich einst entschieden hatte. Wir verstehen jetzt den Sinn, wenn er an Schiller schreibt: »Ich werde sorgen, daß die Teile anmutig und unterhaltend sind und etwas denken lassen; bei dem Ganzen, das immer ein Fragment bleiben wird, mag mir die neue Theorie des epischen Gedichts zu statten kommen.«[147]

Der dramatische Stil des sog. Urfaust übersteht die Prüfung durch ein Literaturkonzept, dem eigentlich das Homerische Epos als die ideale »reine Form«[148] vorschwebt. In der Arbeit mit ihm realisiert Goethe, was er später so formuliert: »Wohl findet sich bei den Griechen, so wie bei manchen Römern eine sehr geschmackvolle Sonderung und Läuterung der verschiedenen Dichtarten, aber uns Nordländer kann man auf jene Muster nicht ausschließlich hinweisen. Wir haben uns andrer Voreltern zu rühmen und haben manch anderes Vorbild im Auge. Wäre nicht durch die romantische Wendung ungebildeter Jahrhunderte das Ungeheure mit dem Abgeschmackten in Berührung gekommen, woher hätten wir einen Hamlet, einen Lear, eine Anbetung des Kreuzes, einen standhaften Prinzen? Uns auf der Höhe dieser barbarischen Avantagen, da wir die antiken Vortheile wohl niemals erreichen werden, mit Muth zu erhalten ist unsre Pflicht . . .«[149]

Goethe vollendet den ersten Teil des »Faust« im Stil des sog. Urfaust, seine Möglichkeiten ausschöpfend, indem er noch neue Wirklichkeitsbereiche hinzufügt.

Es stellt sich schließlich noch die Frage, was an Neuem hinzukommt, was es überhaupt bedeutet, wenn Goethe 1808 dem »Faust« die Gattungsbezeichnung »Tragödie« mitgibt. Goethe will natürlich nicht – das ist vorauszuschicken – den »Faust« nachträglich zu etwas erklären, was er nicht ist: zu einer Tragödie der griechischen oder französischen Klassik. Der einheitliche Stil dieses Tragödientyps ist nicht beabsichtigt. Komödische und satirische Teile als Fremdkörper zu betrachten, besteht kein Anlaß. Der Begriff »Tragödie« kann deshalb nur darauf aufmerksam machen, daß in der Welt, die im »Faust« dargestellt wird, eine bestimmte Art von Konflikten eine entscheidende Rolle spielt. Und zwar derjenige Konflikt, der aus dem Zusammenstoß zwischen dem Ich mit »der prätendierten Freiheit (seines) Wollens« und dem »notwendigen Gang des Ganzen«[150], zwischen »Wollen und Vollbringen«[151] hervorgegangen ist und für das betroffene Individuum »keine Auflösung«[152] zuläßt. In einem solchen Konflikt steht Gretchen. Auch Fausts Konflikt mit dem Erdgeist könnte man im sog. Urfaust insofern als tragisch werten, als er hier noch »unaufgelöst«[153] bleibt.

Goethe benennt einmal mit dem Tragödien-Begriff die schon vorher gegebenen tragischen Konflikte des ersten Teils. Wenn er 1808 anzeigt, daß der »Faust« als »Tragödie« nicht mit der Gretchen-Tragödie endet, erhellt sich uns gleichzeitig indirekt der weltanschauliche Charakter seines Tragikverständnisses. Goethe verschließt sich nicht vor der Härte des tragischen Konflikts. Der Konflikt, der »einen echten Naturgrund hinter sich hat und nur ein echt tragischer ist«[154], vernichtet das betroffene Individuum. Doch hebt er – das ist für Goethe die andere

Seite – nicht die »Vernünftigkeit« des Ganzen auf. Auch wenn der Einzelne untergeht, bleibt das Ganze sinnvoll. Goethe läßt den tragischen Untergang des Einzelnen nicht als Beweis *gegen* die Welt gelten. Gleichzeitig übersieht er nicht, daß es den tragischen Konflikt immer wieder geben wird. Der »Faust« schließt nicht mit Gretchens Untergang. Die »Tragödie« geht weiter. Am Ende des Stücks wird Tragik auch am Helden nicht vorübergehen.

»FAUST.
DER TRAGÖDIE ZWEITER TEIL«

Zur Textgeschichte des »Zweiten Teils«

Als Goethe im Frühjahr 1800 im sog. Schema zur gesamten Dichtung (Plp. 5) erstmals die Zweiteilung des »Faust« fixiert, besitzt er schon eine Konzeption, nach der er den zweiten Teil schreiben will. Diese Konzeption setzt die entscheidende Leistung, die Faust im zweiten Teil zu vollbringen hat, in die Aneignung der Kultur der Antike und entspricht damit einer der wesentlichen Forderungen des Kunstprogramms der neunziger Jahre. Fausts Verbindung mit der »Schönheit« Helena soll das geistige Zentrum des zweiten Teils sein, sein »Gipfel«, von dem aus »sich erst die rechte Aussicht über das Ganze zeigen wird«[155]. Das Vorhaben kommentiert Schiller: »Gelingt Ihnen diese Synthese des Edeln mit dem Barbarischen, wie ich nicht zweifle, so wird auch der Schlüssel zu dem übrigen Teil des Ganzen gefunden sein, und es wird Ihnen alsdann nicht schwer sein, gleichsam analytisch von diesem Punkt aus den Sinn und Geist der übrigen Partien zu bestimmen und zu verteilen. Denn dieser Gipfel ... muß von allen Punkten des Ganzen gesehen werden und nach allen hinsehen.«[156]

Goethe arbeitet an der »Helena« im September 1800 und schreibt insgesamt 265 Verse. Das Ganze (Plp. 4) betitelt er: »Helena im Mittelalter. Satyr-Drama. Episode zu Faust. Conzept«. Horst Rüdiger hat zur Erklärung der Gattungsbezeichnung »Satyr-Drama« vorgeschlagen: »Die ‚Helena‘ sollte wie eine griechische Tragödie beginnen und im nordischen Zauberspuk enden; anders schien die Verbindung zwischen der klassischen Hetäre und dem mittelalterlichen Ritter nicht möglich. So wäre das mittelalterlich-nordische Stilelement dem Satyrspiel nach der griechischen Tragödie vergleichbar gewesen.«[157]

Die sog. Helena-Dichtung vom Herbst 1800 bleibt Fragment. Helena exponiert sich, ohne mit Faust zusammenzutreffen. Damit kommt die Arbeit an Faust II für lange Zeit zum Stillstand. Ein neues Zeugnis zum Faust II erhalten wir erst, als Goethe im Zusammenhang der Arbeit an »Dichtung und Wahrheit« auf die frühen Anfänge des »Faust« geführt wird. Weil er nicht mehr an eine Vollendung des »Faust« glaubt, möchte er dem Leser wenigstens mitteilen, wie er sich den ausstehenden zweiten Teil vorgestellt hat. Er diktiert am 16. Dezember 1816 eine Handlungsskizze, um sie ins 18. Buch von »Dichtung und Wahrheit« aufzunehmen, nimmt jedoch später Abstand davon. Die Inhaltsskizze ist nach dem sehr kurzen Intermezzo vom Herbst 1800 das einzige Dokument, das uns einen Einblick in die Geschichte der Konzeptionsbildung erlaubt. Es besitzt deshalb einen besonderen Wert. Nur durch seine Existenz eröffnet sich auch dem zweiten Teil, der in einer relativ kontinuierlichen Arbeitsperiode entsteht, eine historische Dimension.

»Zu Beginn des Zweiten Teils findet man Faust schlafend.« Nachdem er, den »Geist, gereinigt und frisch, nach dem Höchsten strebend«, erwacht ist, begibt er sich zu Kaiser Maximilian, der in Augsburg Reichstag hält, um ihn »auf höhere Forderungen und höhere Mittel« hinzuweisen, d. h., um als sein Mentor zu wirken. Doch der »Kaiser versteht ihn nicht«, wünscht nur »Zauberei« zur Beseitigung »irdische(r) Hindernisse« und »Erscheinungen«. Sie werden am Abend geliefert. Mephisto in Fausts Gestalt beschwört auf einem »magischen Theater« die Gestalten der Helena und des Paris. Nach einer Weile verschwinden »Theater und Phantome« wieder. »Der wirkliche Faust ... liegt im Hintergrunde ohnmächtig ...« Wieder erwachend, verlangt er leidenschaftlich nach Helena. »Unendliche Sehnsucht Fausts nach der einmal erkannten höchsten Schönheit.« Mephisto holt mit Hilfe eines »magischen Ringes«, der Körperlichkeit wiederzugeben vermag, Helena aus dem »Orkus« und führt sie auf ein »altes Schloß«, wo sich Faust an der Stelle des rechtmäßigen Besitzers, der in »Palästina Krieg führt«, als »deutscher Ritter« niedergelassen hat. Die »antike Heldengestalt«, die »soeben von Troja zu kommen und in

Sparta einzutreffen« glaubt, findet den Ritter Faust zunächst abscheulich. ». . . allein da er zu schmeicheln weiß, so findet sie sich nach und nach in ihn . . . Ein Sohn entspringt aus dieser Verbindung, der, sobald er auf die Welt kommt, tanzt, singt und mit Fechterstreichen die Luft teilt.« Der »immer zunehmende Knabe« übertritt jedoch das Verbot, die »Zaubergrenze« des Schloßbezirks zu überschreiten, verwickelt sich in Händel mit Landleuten und Soldaten und wird zuletzt erschlagen. Mit dem Sohn verliert Faust auch die Mutter. Mephisto versucht, Faust zu »trösten und ihm Lust zum Besitz einzuflößen«. Die Inhaltsskizze endet damit, daß Faust in einem Krieg gegen »Mönche«, die sich des Schlosses bemächtigen wollen, »große Güter« gewinnt.[158]

Über Jahre tritt der »Faust« wieder aus Goethes Gesichtskreis. Erst im Februar 1825 kommt es zu dem Entschluß, ernsthaft an die Vollendung des zweiten Teils zu gehen. Mehrere Gründe mögen ihn veranlaßt haben: die Planung einer »Vollständigen Ausgabe letzter Hand« bei Cotta, die Nachricht vom Tode Byrons vor Missolunghi am 19. April 1824, die Beschäftigung mit den »Aesthetischen Vorlesungen über Goethe's Faust . . .« (Halle 1825) von H. F. W. Hinrichs. Für den 25. Februar 1825 verzeichnet das Tagebuch: »Für mich Betrachtungen über das Jahr 1775, besonders ‚Faust'.«[159] Und für den nächsten Tag: »An ‚Faust' einiges gedacht und geschrieben.«[160] Von nun an wird die Arbeit an Faust II mit einer bewundernswerten Konsequenz bis zu ihrem Ende geführt.

Goethe setzt aus einem aktuellen Anlaß dort wieder an, wo er im September 1800 begonnen hatte: bei der »Helena«. Noch immer sieht er »Klassiker« und »Romantiker« in einem heftigen Streit über den Wert und Un-Wert von Dichtungsformen liegen, wo doch Formen – das hat er, den eigenen Formendogmatismus der endneunziger Jahre überwindend, einsehen gelernt – für sich genommen nicht eine bestimmte Bedeutung eingeprägt ist und sie durchaus zu unterschiedlichen Zwecken genutzt werden können. Gerade die »Helena«, in der antike und mittelalterlich-romantische Kultur zusammentreffen, bietet nun die Möglichkeit, praktisch vorzuführen, daß »klassische« und »romantische« Formen nicht notwendig einen unversöhnlichen weltanschaulichen

Gegensatz einschließen, daß auch der »vernünftige« Dichter sich »romantischer« Formen bedienen kann. Weil die »Helena« somit unmittelbar in die neueste Literatur eingreifen und dazu beitragen will, daß »der leidenschaftliche Zwiespalt zwischen Classikern und Romantikern sich endlich versöhne«[161], soll sie nach Fertigstellung als »Zwischenspiel zu ,Faust'« sofort separat in den Druck gehen. Am 10. Juni 1826 entwirft Goethe einen Text, der dem Leser einen kurzen Hinweis zur Geschichte der Arbeit am »Zwischenspiel« und zu den Voraussetzungen für das Auftreten Helenas gibt. Der Text (Plp. 72) wird nicht veröffentlicht. Offenbar wieder einmal an der Vollendung des zweiten Teils verzweifelnd, schreibt Goethe am 17. Dezember 1826 als neue Ankündigung des »Zwischenspiels« diesmal eine ausführliche Inhaltsangabe (Plp. 73) nieder, die die »große Kluft zwischen dem bekannten jammervollen Abschluß des Ersten Teiles und dem Eintritt einer griechischen Heldenfrau«[162] regelrecht überbrückt. In ihrem ersten kürzeren Teil, der »bei einem Feste an des deutschen Kaisers Hof«[163] spielt, knüpft sie an die Inhaltsangabe von 1816 an. Als Neues enthält sie die Rückkehr in Fausts Studierstube, wo Wagner soeben »ein chemisch Menschlein«[164] zustandegebracht hat, und eine sehr detaillierte Schilderung des »Festes der klassischen Walpurgisnacht«[165]. W. von Humboldt und Eckermann können Goethe bewegen, doch noch die ausführliche Darstellung der »Antezedentien«[166] des »Zwischenspiels« zurückzuhalten. Inzwischen ist die »Helena« fertiggestellt. Das Manuskript geht im Januar 1827 an Cotta, um kurz darauf im 4. Band der »Vollständigen Ausgabe letzter Hand« als »Helena. Klassisch romantische Phantasmagorie. Zwischenspiel zu Faust« zu erscheinen. Zum erstenmal tritt ein Text aus dem zweiten Teil an die Öffentlichkeit.[167] Die Ankündigung, die Goethe nun tatsächlich im Mai 1827 publiziert, ähnelt dem ersten Entwurf vom Juni 1826 und greift in keiner Weise der dichterischen Gestaltung weiterer Teile vor.

In den Jahren 1825 und 1826 arbeitet Goethe also hauptsächlich am späteren 3. Akt. Daneben konzipiert er ausführlich die spätere »Klassische Walpurgisnacht«. Wahrscheinlich hat er auch über die zweite Hälfte des 5. Akts nachgedacht.

1827 wendet sich Goethe der Ausarbeitung des 1. Akts zu.

Nachdem ihn noch in den vorangegangenen zwei Jahren bisweilen Zweifel über die Vollendung des zweiten Teils überkamen, deklariert er sie jetzt ausdrücklich zu seinem »Hauptgeschäft«[168]. Im Januar 1828 liegt der 1. Akt bis zum Vers 6036 vor. In dieser Gestalt erscheint er Ostern 1828 im 12. Band der »Vollständigen Ausgabe letzter Hand«. Es ist der letzte Komplex aus dem zweiten Teil, den Goethe zu seinen Lebzeiten in Druck gibt. Die Arbeit stockt danach, wird aber im Winter 1829 wieder aufgenommen. Anfang 1830 schließt Goethe den 1. Akt ab. Danach arbeitet er bis Juni 1830 die »Klassische Walpurgisnacht« aus. Jetzt fehlen nur noch der 4. und der Anfang des 5. Aktes. Goethe schließt diese Lücke in einer letzten großen Arbeitsperiode, die vom Dezember 1830 bis zum Juli 1831 reicht. In dieser Periode gewinnt auch Fausts Schlußmonolog seine letzte Gestalt. Am 22. Juli 1831 vermerkt das Tagebuch: »Das Hauptgeschäft zu Stande gebracht. Letztes Mundum. Alles rein Geschriebene eingeheftet.«[169] Goethe läßt die Reinschrift verschnüren und versiegeln, um nicht in Versuchung zu kommen, doch noch gelegentlich in ihr Verbesserungen vorzunehmen. Im Januar 1832 kann er der Versuchung nicht mehr widerstehen. Er feilt an einzelnen Partien. Am 24. Januar 1832 heißt es im Tagebuch sogar: »Neue Aufregung zu ‚Faust‘ in Rücksicht größerer Ausführung der Hauptmotive, die ich, um fertig zu werden, allzu lakonisch behandelt hatte.«[170] Bald darauf setzt der Tod ein Ende.

Gemäß der Verfügung des Dichters erscheint die erste vollständige Ausgabe des zweiten Teils nach seinem Tode 1832 im 41. Band der »Vollständigen Ausgabe letzter Hand«.

Goethes Bild der bürgerlichen Gesellschaft

Goethe kann in der gewaltsamen Beseitigung der Monarchie in Frankreich zunächst nur das Werk eines sich hemmungslos entfaltenden Egoismus sehen. Was an neuer produktiver Kraft durch diesen revolutionären Akt freigesetzt wird, vermag er erst dann zu würdigen, als sich mit Napoleon ein neuer Herrscher an die Spitze setzt und eine neue »Ordnung« konstituiert.

Napoleon öffnet Goethe den Blick auf die Errungenschaften und die weltgeschichtliche Bedeutung der Französischen Revolution. »Was hat er«, fragt Goethe in einem Gespräch mit Riemer am 8. März 1826, »wie jener Prometheus den Menschen gebracht? . . . Er hat die Unzulänglichkeit der übrigen Regenten aufgedeckt. Er hat einen Jeden aufmerksam auf sich gemacht . . . Er hat dem Volk gezeigt, was das Volk kann, denn er hat sich ja an die Spitze desselben gestellt.«[171]

Das Frankreich unter Napoleon ist für Goethe der Staat, der erstmals seine Vorstellungen von einem vernünftigen Gemeinwesen verwirklicht. Seine Überlegenheit auf dem Kontinent bestätigt sich ihm glänzend in der militärischen Auseinandersetzung mit Preußen. Aus Preußens Niederlage gewinnt er die Überzeugung, daß keine Macht der Welt Frankreich widerstehen kann. Ohne Napoleons Ausbeutungspolitik zu übersehen, wertet er die Besetzung Deutschlands in erster Linie als eine Aufforderung an die deutschen »Fürsten« wie an das ganze Volk, dem französischen Vorbild nachzueifern. Vor unüberlegter Empörung gegen die Fremdherrschaft warnt er.

Die historische Entwicklung entspricht nicht Goethes Erwartungen. Die im Kampf gegen Napoleon einigen deutschen Staaten erringen den Sieg, ohne vorher Anschluß an das historische Entwicklungsniveau Frankreichs gefunden zu haben. In der allgemeinen Freude über die Befreiung muß Goethe deshalb darauf hinweisen, daß das Wesentliche, eine »neue Gestaltung der Dinge«,[172] noch zu leisten sei. Am Ende sieht er sich in seinen Erwartungen getäuscht und in seiner Skepsis bestätigt. Die deutschen »Fürsten« erfüllen nicht das Gebot der Stunde, eine »neue Tatkraft«[173] in Landwirtschaft, Handel und Gewerbe sowie in Kunst und Wissenschaft einzuleiten, sondern feilschen auf dem Wiener Kongreß um Macht und Interessen. Auf der anderen Seite findet Goethe Kräfte am Werk, die das Volk zu unproduktiver Unzufriedenheit mit den »Regierungen« aufhetzen und deren Autorität untergraben. Die Forderungen des aufkommenden Liberalismus nach Pressefreiheit und Beteiligung an der politischen Macht wertet er als unzulässige Versuche des einzelnen, die unverzichtbare zentrale politische Gewalt zu umgehen und selbst den Herrn zu spielen.

Goethe befindet sich damit während der Restaurationszeit in einer zutiefst widersprüchlichen Lage. Er begrüßt den wirtschaftlichen Aufstieg der bürgerlichen Klasse, mag er auch von neuen Mißständen begleitet sein, und hält es für ein Gebot des gesellschaftlichen Fortschritts, daß sich die bürgerlich-kapitalistische Wirtschaftspraxis in ihrer überlegenen Produktivität ungehindert entfalten kann. Politische Macht, die das optimal garantieren würde, möchte er jedoch der bürgerlichen Klasse nicht zugestehen. Aus Furcht vor gewaltsamen Aufständen der unteren Klassen lehnt er es strikt ab, das bestehende System des Feudalabsolutismus im geringsten anzutasten. Obwohl immer wieder enttäuscht, hält er an seiner politischen Grundüberzeugung fest, daß die deutschen Fürsten bürgerliche Produktivität befördern und eine Revolution überflüssig machen werden. Am Ende seines Lebens muß er die schmerzliche Erfahrung machen, wie die Julirevolution in Frankreich und die sich anschließenden Aufstände in den deutschen Staaten dieser seiner Grundüberzeugung den Bankrott erklären. Goethe empfindet das erneute Scheitern seines evolutionären Konzepts als eine schwere Niederlage. Die abschließende Arbeit am »Faust« nach der Julirevolution reflektiert eine schwere Krise, macht gleichzeitig aber auch deutlich, daß Goethe nicht in Verzweiflung und Ratlosigkeit verharren mag.

Weil Goethe trotz gewisser Vorbehalte der Praxis der sich im Schoße des Feudalabsolutismus entwickelnden bürgerlichen Gesellschaft sein Einverständnis gibt und bis an sein Lebensende nicht wieder aufkündigt, besteht im Bereich der philosophischen Theorie für ihn kein Grund, die im Kampf gegen den Theismus erarbeitete Ansicht der Welt als eines vernünftig geordneten einheitlichen Ganzen zu korrigieren. Der alte Goethe rettet nicht einfach eine »vorrevolutionäre Grundhaltung«[174] in eine Zeit nach der Revolution. Er nimmt neu zu einer veränderten historischen Situation Stellung und bejaht sie, im Unterschied zu Fr. Schlegel und Schelling, die ihre illusionären Erwartungen an die Französische Revolution bitter enttäuscht sehen und die neue bürgerliche Praxis als widervernünftig denunzieren. Aus diesem Grund kann er an das in seiner Jugend im Anschluß an Spinoza gewonnene Gesamtverständnis der Welt anknüpfen.

Der Unterschied zum philosophischen Denken der Jugend besteht allein darin, daß Goethe jetzt den Idealismus, der mit der Annahme eines Bewirkungsverhältnisses innerhalb des Wirklichen schon damals gegeben war, offen vorzeigt. Die Welt hat ihren »Grund« in einer sich selbst entwickelnden objektiven »Idee«. Die Welt ist vernünftig, weil sie die Erscheinung eines »Göttlichen«, »Wahren«, einer »Idee« ist.

Die philosophische Theorie des alten Goethe zielt damit wie die Hegels in ihrem Wesen auf eine Beschreibung des »Gegenwärtigen« als des »Vernünftigen« ab. Sie folgt Denkweisen eines objektiven Idealismus, weil dieser ihm ermöglicht, die Wirklichkeit im ganzen, den Organismus, den Menschen als Einheit zu begreifen. Sie kündigt dem Idealismus jedoch die Gefolgschaft, wenn logische Konsequenzen seines Denkens die sachliche Analyse der Wirklichkeit beeinträchtigen. Goethe unterscheidet sich von Hegel vor allem dadurch, daß er die Dinge der Wirklichkeit nicht nach ihrer »Geistigkeit« beurteilt und eine aufsteigende Hierarchie von der minder wertvollen unbewußten Natur bis zum Philosophen konstruiert. Die »Idee« erhält in seiner philosophischen Theorie nicht die Macht, in der Wirklichkeit Wertunterschiede zu setzen. Eine bürgerlich materialistische Theorie wird sie freilich deswegen nicht.

Wie für das weltanschaulich-philosophische Denken besteht auch hinsichtlich der Kunsttheorie nach 1800 keine Veranlassung zu grundsätzlicher Korrektur. Die Wirklichkeit der sich entwickelnden bürgerlichen Gesellschaft bleibt ein »vernünftiger« Eigenwert, den der Künstler zu entfalten und in sein Kunstwerk einzubringen hat. Das in den neunziger Jahren entwickelte Konzept einer Kunst, die das »Charakteristische der Gegenstände zu ergreifen und faßlich auszudrücken sucht«[175], behält seine Gültigkeit. Goethe dringt nach wie vor auf die Darstellung des »Gesetzlichen«, des »rein Menschlichen«. Nur orientiert er sich nach 1805 in der künstlerischen Praxis nicht mehr einseitig an antiken Formen (Homerisches Epos), sondern bedient sich souverän aller Formen, die ihm für seine Darstellungsabsicht geeignet erscheinen.

Das zentrale gestalterische Problem dieser Literatur, die jetzt das Konzept der neunziger Jahre experimentierfreudig zu realisieren sucht, besteht in einer großen Spannung zwischen der konkreten Sprachgestalt des literarischen Kunstwerks und dessen Aussageabsicht. Goethe will das Wesen komplexer und weitgespannter gesellschaftlicher Vorgänge durch seine Dichtung einsichtig machen, ohne die Darstellung extensiv auszuweiten und empirische Breite vorzuführen, wie das z. B. in den Romanen von Balzac geschieht, aber auch ohne in die reine Begrifflichkeit auszuweichen. Einer eng begrenzten sinnlichen Kunstwelt erwächst damit die schwere Aufgabe, ein hohes Maß an abstrakter Erkenntnis zu ermöglichen. Goethe muß mit begrenztem sprachlichen Material eine solche Kunstwelt organisieren, die – in einen engen Raum des sinnlich Konkreten eingeschränkt – gleichwohl auf die angestrebten weitreichenden Einsichten hinführt. Es liegt auf der Hand, daß eine Dichtung, die derart intensiv Bedeutung in sich verschlüsselt, vom Rezipienten ebenfalls nur durch eine intensive geistige Anstrengung zu erschließen ist.

Erster Akt (4613–6565)

Der 1. Akt besteht aus einer vorgelagerten Szene, die der Überleitung vom ersten zum zweiten Teil des »Faust« dient, und aus einem Komplex von sechs Szenen, die an der »Kaiserlichen Pfalz« spielen.

»Anmutige Gegend« (4613–4727)

In der Inhaltsangabe von 1816 beginnt der Zweite Teil noch ohne eine Beziehung zum Ende des vorhergehenden: »Zu Beginn des Zweiten Teiles findet man Faust schlafend. Er ist umgeben von Geisterchören, die ihm in sichtlichen Symbolen und anmutigen Gesängen die Freuden der Ehre, des Ruhms, der Macht und Herrschaft vorspiegeln. Sie verhüllen in schmeichelnde Worte und Melodien ihre eigentlich ironischen Anträge. Er wacht auf, fühlt sich gestärkt, verschwunden alle vorhergehende Abhängigkeit von Sinnlichkeit und Leidenschaft.«[176] In der endgültigen Ausführung ist die Beziehung hergestellt.

Man sieht – nach Anweisung des Szenars – Faust in der Dämmerung auf einer Wiese liegen, »ermüdet, unruhig, schlafsuchend« (vor 4613). In dieser Situation extremer Belastung, wo Faust nicht mehr weiter weiß, nimmt sich seiner in Gestalt »edler Elfen« (4622) die Natur an: »Ob er heilig, ob er böse, / Jammert sie der Unglücksmann« (4619 f.). Persönliche Schuld spielt für sie keine Rolle. Geleitet durch Ariel, ihren Chorführer, versenken sie Faust in einen Heilschlaf des Vergessens, der die lastende Erinnerung an den »erlebten Graus« (4625) tilgen und ihm dadurch die Fähigkeit zu neuem Tätigsein zurückgeben soll.

Goethe setzt also eine alle Tatkraft paralysierende Erschütterung Fausts über Gretchens schreckliches Ende voraus, um sie jedoch sogleich wieder ohne Gegenleistung kraft unbewußtnatürlicher Erneuerung von ihm wegzunehmen. Eckermann überliefert dazu Goethes Aussage: »Wenn man bedenkt, welche Gräuel beim Schluß des zweiten Acts auf Gretchen einstürmten und rückwirkend Fausts ganze Seele erschüttern mußten, so konnt' ich mir nicht anders helfen, als den Helden, wie ich's gethan, völlig zu paralysieren und als vernichtet zu betrachten, und aus solchem scheinbaren Tode ein neues Leben anzuzünden. Ich mußte hierbei eine Zuflucht zu wohltätigen mächtigen Geistern nehmen, wie sie uns in der Gestalt und im Wesen von Elfen überliefert sind.«[177]

Fausts Wiedergeburt vollzieht sich in Abhängigkeit und Parallelität zur Erneuerung der Natur vom Hereinbrechen der Nacht bis zu Beginn eines neuen Tages. Goethe bleibt bei seiner alten Methode, innere geistige Prozesse in äußeren Naturvorgängen zu spiegeln.

Als Faust in der Morgendämmerung erwacht, erregt der Anblick der Erde, die »auch diese Nacht beständig« (4683) war, in ihm sofort »ein kräftiges Beschließen, / Zum höchsten Dasein immerfort zu streben« (4686 f.). Unter den Strahlen des Lichts, das sich stufenweise von den Gipfeln der Berge in die Täler senkt, ersteht ihm die Welt aufs neue, von keiner lastenden Erinnerung mehr verstellt. Von der Erde wendet Faust seinen Blick dorthin, woher das Licht kommt. Da tritt die Sonne in ihrem vollen Glanz hervor. Faust sieht in das gleißende Licht und muß sich sofort, »leider schon geblendet«, (4702) »vom Augenschmerz durchdrungen« (4703), abwenden. »Wieder nach der Erde« (4713) sich kehrend, schaut er jetzt »mit wachsendem Entzücken« (4717) auf einen »Wassersturz« (4716), über den sich, hervorgegangen aus der Brechung des Lichts in dem »Schaum« (4720) der Wassertropfen, ein Regenbogen wölbt. Die Szene schließt mit der Aufforderung Fausts an sich selbst, dieses Naturschauspiel als Gleichnis zu betrachten und zu erkennen: »Am farbigen Abglanz haben wir das Leben« (4727).

In der Tat vermittelt sich in dem Vorgang von Fausts Erwachen bis zum Anblick des Regenbogens symbolisch eine ganze Erkenntnistheorie, ja darüber hinaus eine ganze Weltanschauung.

Faust erwacht zu neuem Leben. Die »Erde« (4681) ist der kräfteweckende und -spendende Raum seines Daseins. Faust bekennt sich uneingeschränkt zu ihr als seinem »Paradies« (4694). Erst danach schaut Faust nach oben über die Erde hinaus. Das geschieht aus der Überzeugung heraus, daß die Erde als etwas Endliches und Begrenztes nicht aus sich heraus besteht, daß es »über« ihr ein Absolutes gibt, von dem ihr eigener Glanz (vgl. 4727) herkommt. Faust schätzt die Erde und denkt nicht daran, sie zugunsten eines besseren Jenseits aufzugeben. Trotzdem lebt gleichzeitig in ihm der »höchste Wunsch« (4705), jenen »ewigen Gründen« (4707), jenem Absoluten auf die Spur zu kommen. Faust wagt den Blick in das »ewige Licht« (4697) der Sonne und wird auf die Erde zurückverwiesen. Anders als bei dem Versuch, sich dem Erdgeist gleichzustellen, verfällt er jedoch nicht der Verzweiflung. Ohne große Überwindung vermag er auf seinen Wunsch, der von vornherein mehr ein »sehnend Hoffen« (4704) und kein herrisches Verlangen war, zu verzichten. Er wendet sich zur Erde zurück, nicht nur weil er muß, sondern weil er es am Ende selber will. Und beim Anblick des Regenbogens geht ihm jetzt ein Wissen auf, das im Verhalten beim Erwachen eigentlich schon unausgesprochen vorhanden war: Daß das Leben auf der Erde, mag es auch begrenzt sein, schon in sich einen Bezug zum »Höheren« hat, da das »ewige Licht« der Sonne, auch wenn es nicht in seiner Reinheit anschaubar ist, dennoch ohne jede Werteinbuße auf der Erde gegenwärtig ist. Daß die Erde, mag sie mit ihren Farben nur ein »Abglanz« (4727) des »ewigen Lichts« sein, diesem an Wert nicht nachsteht.

1805 schreibt Goethe gegen den spätantiken Philosophen Plotin und damit gegen alle idealistischen Dualisten eine Maxime, die die eigentümliche Dialektik von »Abglanz« auf den Begriff bringt: »Man kann den Idealisten alter und neuer Zeit nicht verargen, wenn sie so lebhaft auf Beherzigung des einen dringen, woher alles entspringt und woraus alles wieder zurückzuführen wäre. Denn freilich ist das belebende und ordnende Prinzip in der Erscheinung dergestalt bedrängt, daß es sich kaum zu retten weiß. Allein wir verkürzen uns an der andern Seite wieder, wenn wir das Formende und die höhere Form selbst in eine vor unserm äußern und innern Sinn verschwindende Einheit zurückdrängen... Eine geistige Form wird aber keineswegs verkürzt, wenn sie in der Erscheinung hervortritt, vorausgesetzt, daß ihr Hervortreten eine wahre Zeugung, eine wahre Fortpflanzung sei. Das Gezeugte ist nicht geringer als das Zeugende, ja es ist der Vorteil lebendiger Zeugung, daß das Gezeugte vortrefflicher sein kann als das Zeugende.«[178]

Symbol für die dialektische Einheit, die das »ewige Licht«, ohne sich zu verkürzen, mit der begrenzten Gegenständlichkeit der Erde eingeht, ist der Regenbogen. In dem Gedicht »Regen und Regenbogen« entgegnet Frau Iris einem Philister auf die Schmähung, entbehrlicher »bunter Trug« und »leerer Schein« zu sein: »Doch bin ich hier ins All gestellt / Als Zeugnis einer bessern Welt, / Für Augen, die vom Erdenlauf / Getrost sich wenden zum Himmel auf / Und in der Dünste trübem Netz / Erkennen Gott und sein Gesetz«.[179] Der Versuch, in die Sonne zu blicken, und das anschließende Betrachten des Regenbogens vermitteln so Faust die Erkenntnis, daß das gesuchte »ewige Licht« auf der Erde selbst, und nur hier, seine volle Wirklichkeit hat. Er akzeptiert die Erde nicht mehr nur spontan wie beim Erwachen, sondern jetzt in voller Bewußtheit ihres Wertes.

Der erste Schauplatz in der »großen Welt« des zweiten Teils ist ein Kaiserhof, das Machtzentrum einer feudalen Gesellschaft. Sein historisches Kolorit ist mittelalterlich, repräsentiert also jene politische Ordnung, in welcher der historische Faust existierte. Eine Form feudaler Herrschaft ist aber die entscheidende politische Bezugsgröße auch noch für den alten Goethe; denn trotz wesentlicher Unterschiede zum Mittelalter besitzt 1825 in den deutschen Staaten der hohe Adel immer noch die fast uneingeschränkte politische Macht. Wohl um den Bezug auf die eigene Zeit offenzuhalten, hat Goethe eine ausdrückliche historische Fixierung des Kaiserhofes, wie sie in der Inhaltsangabe von 1816 mit der Benennung des Kaisers als Maximilian I. (1459–1519) vorliegt, in der endgültigen Ausführung weggelassen.

Faust muß, wenn er eine gesellschaftlich bedeutsame Rolle spielen will, der Existenz einer »Kaiserlichen Pfalz« Rechnung tragen. Seine erste Aufgabe wird sein, zu der gegebenen politischen Ordnung Stellung zu nehmen.

Der Inhaltsangabe von 1816 verdanken wir die Einsicht, daß Goethe für die endgültige Ausführung 1827 den Ansatz dieser Stellungnahme in bemerkenswerter Weise geändert hat: Schon 1816 macht sich Goethe über den Zustand der Hofgesellschaft keine Illusion mehr. Doch hält er den Versuch, von bürgerlicher Seite einen positiven Einfluß auf den Kaiser auszuüben, noch nicht von vornherein für aussichtslos. Faust geht an den Kaiserhof, um den Kaiser auf »höhere Forderungen und höhere Mittel«[180] hinzulenken. In der Ausführung von 1827 unterbleibt eine solche Anstrengung, da sie offenbar von vornherein für sinnlos angesehen wird. Der politischen Führung des Kaiserreichs wird die Diagnose einer irreparablen Unfähigkeit gestellt. Faust läßt, die Rolle des Redners Mephisto überlassend, den Kaiser gleichsam links liegen und tritt erst unter der Maske des Plutus im Gewühl der Mummenschanz auf. Zwar befindet er sich an der »Kaiserlichen Pfalz«, zwar verfügt der Kaiser über ihn, doch was er tut, tut er für sich selbst und nicht für die Hofgesellschaft. Er verwirklicht letztlich nur seine eigenen

Vorstellungen, ohne die Hofgesellschaft, die ihn umgibt, zur Kenntnis zu nehmen. Wenn sein Tun dennoch nicht ohne Wirkung auf sie bleibt – sie ist ja sein Forum –, bringt es nur ans Licht, wie sehr seine unausgesprochene Mißachtung gerechtfertigt ist.

Die »Kaiserliche Pfalz« als Machtzentrum einer feudalen Gesellschaft ist abgetan. Sie wird allein deshalb vorgestellt, um als historisch überlebt entlarvt zu werden. Faust beginnt eine Gegenwelt aufzubauen, die mit der Welt, aus der sie hervorgeht, nichts gemein hat. Vernichtender hätte Goethes Urteil über die feudale Gesellschaftsordnung nicht ausfallen können.

»Saal des Thrones« (4728–5064)

Der »Staatsrat« hat sich im Thronsaal zu einer Sitzung versammelt. Man erwartet den Kaiser, der die Sitzung leiten soll. Der Kaiser erscheint, auf dem Thron Platz nehmend. Was ist seine erste Sorge? Er vermißt den alten Hofnarren. Seine erste Handlung besteht darin, einen neuen zu bestimmen – es ist Mephisto. Und was bewegt den Kaiser dann? Obgleich ihm seine Minister die Dringlichkeit der Sitzung mit Nachdruck bedeutet haben, stellt er erneut die Frage, ob denn in diesen Tagen des Karneval die Sitzung wirklich nötig sei, zumal nach Aussage des Astrologen, der zu seiner Rechten sitzt, dem Reich in den Sternen »Glück und Heil geschrieben« (4764) stehe. Nachdem sich der Kaiser so eingeführt hat, kann, was in der nun folgenden Sitzung von den Mitgliedern des Staatsrates zum Zustand des Reiches gesagt wird, kaum noch wundernehmen. Aus den Berichten von »Kanzler«, »Heermeister«, »Schatzmeister« und »Marschalk« entsteht das »schwarze« (4807) Bild totalen staatlichen Zerfalls. Das Reich hat seinen inneren Zusammenhalt verloren; es steckt in einer schweren allgemeinen Krise. Niemand verrichtet mehr sein Tagewerk, in der Arbeit für sich zugleich dem Wohl des Ganzen dienend. Jeder Untertan folgt hemmungslos dem eigenen Interesse und der privaten Befriedigung seines Genusses. Es gibt kein Gesetz mehr, sondern nur noch den Kampf aller gegen alle.

Wer ein Übel wirksam bekämpfen will, muß vorher dessen Wurzel erkannt haben. Doch gerade dazu ist die politische Führung des Reichs nicht fähig; denn sie sucht die Wurzel des Übels nur bei den andern. Zwar weiß der Kanzler um die Aufgabe des Kaisers, mit weisem Verstand von seinem »hohen Raum« (4782) aus das Land zu regieren und streng, aber gerecht den natürlichen Egoismus des einzelnen zum Wohle des Ganzen einzuschränken: »Die höchste Tugend, wie ein Heiligenschein, / Umgibt des Kaisers Haupt, nur er allein / Vermag sie gültig auszuüben: / Gerechtigkeit! – Was alle Menschen lieben, / Was alle fordern, wünschen, schwer entbehren, / Es liegt an ihm, dem Volk es zu gewähren« (4772–77). Doch kommt er gar nicht auf den Gedanken, daß der Kaiser eben diese hohe Aufgabe nicht erfüllt und dadurch das Chaos im Reich verursacht hat.

Der Narr Mephisto weiß Rat. Er weist den Weg, der das Reich aus der Misere führen kann, weil er dessen Ursache kennt. Man kann Mephisto nicht vorwerfen, daß er dem Kaiser einen Rat gibt, der die Krise notwendig noch verschlimmerte oder daß er den Ausweg aus der Krise verschwiege. Doch er formuliert seinen Ratschlag so zweideutig – das ist das Teuflische –, daß nur derjenige ihn in einem konstruktiven Sinne verstehen kann, der seine Lehre schon begriffen hat. Wer dieses Verständnis nicht mitbringt, den führt er nur in die Irre. Der Rat bietet zwei Möglichkeiten des Verstehens. Der Kaiser und die Hofgesellschaft nutzen die Möglichkeit, die ihrer Wesensart gemäß ist.

Mephisto verspricht dem Kaiser Abhilfe des allgemeinen Geldmangels von einem »Schatz« (4992), der im Boden seines Reiches verborgen liege. Er fordert ihn auf, ihn heben zu lassen (4893–96 und 4985–92).

Wäre der Kaiser seinem Amt gewachsen, er würde unter dem »Schatz« die Schätze der Natur verstehen, die sich der Mensch durch Arbeit aneignen kann. Er würde Maßnahmen ergreifen, um vor allem der Landwirtschaft aufzuhelfen. Mephisto spricht hier einmal unverhüllt didaktisch: »Nimm Hack und Spaten, grabe selber, / Die Bauernarbeit macht dich groß, / Und eine Herde goldner Kälber, / Sie reißen sich vom Boden los« (5039 bis 5042). Da jedoch der Kaiser selbst nicht arbeitet – seine Arbeit wär das Regieren –, sondern »die Zeit in Fröhlichkeit«

(5057) vertut, kommt ihm gar nicht in den Sinn, daß man Reichtum durch Arbeit erwirtschaften muß. »Schatz« ist ihm ein in der Erde vergrabener Gold- und Silberschatz, der ohne Vorleistung von Arbeit einfach nur aufzusammeln ist. Die blinde Bereitschaft, sein müßiges Leben weiterzuführen und auf Schein-Reichtümer zu bauen, läßt erwarten, daß er das Reich noch tiefer in den Zerfall hineinführen wird. Am liebsten möchte der Kaiser sofort auf Schatzsuche gehen, gehorcht indes der Mahnung des Astrologen, sein »dringendes Begehren« (5048) zunächst zu mäßigen und erst das »bunte Freudenspiel« (5049) des Karnevals, das heute abend gefeiert werden soll, vorübergehen zu lassen.

> »Weitläufiger Saal mit Nebengemächern,
> verziert und aufgeputzt
> zur Mummenschanz« (5065–5986)

Nach allem, was sich im Staatsrat abgespielt hat, erwarten wir eine Manifestation höfischer Leere und Nichtigkeit. Erstaunlicherweise öffnet sich jedoch die höfisch begrenzte Szene zu einem »heitren Fest« (5067) nach dem Vorbild des Römischen Karneval, das – wie Goethe in seinem Bericht »Das Römische Carneval« von 1789 schreibt – »mitten unter dem Unsinne auf die wichtigsten Szenen unsers Lebens aufmerksam«[181] macht. Zwar entlarven sich Hofgesellschaft und Kaiser auch im Maskenspiel als ihrer Aufgabe nicht gewachsen. Gleichzeitig führt dagegen die Mummenschanz Bilder gesellschaftlichen Lebens vor, das bei allen störenden und hemmenden Bedingungen, die einer ungehemmten Entfaltung der Produktivität entgegenwirken, im Zeichen der schöpferischen Tat, der »Tätigkeit« (4882) steht. »Mit der Lizenz des Karnevals spielt der Hof, was nach ihm kommen wird.«[182] Um zu erklären, wie sich am Kaiserhof eine solche Gegen-Welt der »Tätigkeit« entfalten kann, nimmt Wilhelm Emrich an, daß Faust, der selbst im Maskenzug als Plutus auftritt, »geheimer Inszenator und Leiter des Ganzen ist«.[183]

Die einzelnen Maskengestalten – teils stellen sie sich selber vor, teils werden sie von einem »Herold« beschrieben – entfalten, das repräsentativ Allgemeine ihrer jeweiligen Rolle hervorkehrend, das Grundmuster einer bürgerlich-tätigen Gesellschaft.

Den Zug eröffnen unter Gesang Florentiner »Gärtnerinnen« und »Gärtner« mit ihren Produkten (5088–5157). Ihr Beispiel zeigt, wie die Lust, sich mit natürlichen und künstlichen Blumen zu schmücken und »von allerreifsten Früchten ... zu speisen« (5167), den Menschen zur Tätigkeit aufreizt. Gleichsam die natürliche Grundlage des Tätigseins ist der Fortbestand der Menschheit, garantiert durch die unverlierbare Zuneigung, die Mann und Frau füreinander empfinden: Das stellen »Mutter«, »Tochter« und »Gespielinnen« auf der einen Seite, »Fischer und Vogelsteller mit Netzen, Angeln und Leimruten« auf der anderen in »wechselseitigen Versuchen, zu gewinnen, zu fangen, zu entgehen und festzuhalten« (nach 5198) dar. Danach treten »Holzhauer« ein und bringen »ungestüm und ungeschlacht« (vor 5199) zur Geltung, daß ihre harte manuelle Arbeit die Grundlage für die Existenz der »Feinen« im Lande bildet: »Zu unserm Lobe / Bringt dies in reine; / Denn wirkten Grobe / Nicht auch im Lande, / Wie kämen Feine / Für sich zustande, / Sosehr sie witzten? / Des seid belehret! / Denn ihr erfröret, / Wenn wir nicht schwitzten« (5205–5214). Der »Pulcinelle«, eine Gestalt der Commedia dell'arte, hält sich, die Holzhauer als »Toren« (5215) verspottend, viel auf seine Klugheit zugute, »immer müßig« (5223) zu sein und dennoch durchs Leben zu kommen. Die »Parasiten« loben dagegen die Holzhauer, um selbst schmarotzend von deren Arbeitsleistung mit zu leben. Ein »Trunkner« beansprucht das Recht, heute am besonderen Tag der Fastnacht einmal alle vernünftige Rücksicht auf die Norm zu vergessen und sich bis zur Bewußtlosigkeit zu betrinken.

Der Herold kündigt »verschiedene Poeten« an, »Naturdichter, Hof- und Rittersänger, zärtliche sowie Enthusiasten« (nach 5294) und »Nacht- und Grabdichter« (nach 5298). Bis auf einen, den »Satiriker«, ziehen sie jedoch wortlos vorüber, weil sie sich gegenseitig am Vortrag hindern oder mit »wichtigeren« Dingen beschäftigt sind. Die ausführlichen Szenarien legen den Schluß nahe, daß Goethe hier ursprünglich die Auseinandersetzung mit literarischen Zeiterscheinungen wieder aufnehmen wollte.

Gestalten der griechischen Mythologie, die der Herold jetzt

aufruft, nehmen das Thema der Tätigkeit wieder auf. Die »Grazien« bringen »Anmut ins Leben« (5299). Die natürliche Begrenztheit menschlichen Lebens und Tätigseins machen unerbittlich die »Parzen« bewußt. Offen als »Stadt- und Landesplage« (5356) bekennen sich die »Furien«. Sie hemmen und stören die menschliche Tätigkeit, indem sie die engsten zwischenmenschlichen Beziehungen durch üble Nachrede hinterhältig vergiften, »das schönste Glück durch Grille ... vergällen« (5371) und sogar die Menschen zu gegenseitiger Vernichtung aufstacheln.

Der erste Teil des Maskenzuges kulminiert in der Gruppe um den Elefanten. Zur Seite des Elefanten gehen »gekettet« zwei »edle Frauen« (5403). Die eine, »Furcht«, lähmt Tatkraft durch ungerechtfertigte Furcht vor eingebildeten »Widersachern« (5413). Die andere, »Hoffnung«, zieht die Menschen von aktivem Verhalten ab, indem sie ihnen in Aussicht stellt, daß sich auch ohne Zutun alle ihre höchsten (unerfüllbaren) Wünsche bald erfüllen werden. Es ist die »Klugheit«, die »Furcht« und »Hoffnung« als »zwei der größten Menschenfeinde« (5441) in Ketten gelegt hat. Sie sitzt, eine »zierlich-zarte Frau« (5399), auf dem Nacken des Elefanten und lenkt ihn »mit feinem Stäbchen ... genau« (5400). Oben auf dem Elefanten thront »Viktorie« (5455). Als »Göttin aller Tätigkeiten« (5456) vereinigt sie auf sich die körperliche Leistungsfähigkeit des Elefanten mit der überlegenen geistig führenden Arbeit der »Klugheit«. Das Wesen dieser Verkörperung der Arbeit in ihrer allgemeinsten Gestalt besteht darin, »allerseits« (5452) »Gewinn« (5451) zu bringen. Aus der antiken Göttin des militärischen Sieges ist mit dem Übergang von der feudalen zur bürgerlichen Gesellschaft eine Allegorie sieghafter Produktivität geworden.

Tätigkeit erbringt Reichtum und ermöglicht Herrschaft. Im nun folgenden Aufzug, den der Herold nicht mehr zu deuten weiß, stellt sich der Ertrag gesellschaftlicher Arbeit selbst vor. Auf einem »prächtigen Wagen« (5512), der von vier geflügelten Rossen (5521) gezogen mächtig heranbraust, sitzt »als Prachtgebilde« (5552) »Plutus, des Reichtums Gott« (5569). »Er scheint ein König reich und milde« (5554). Seine Erscheinung strahlt Würde (5562), »ein reich Behagen« (5566) und Souveränität aus.

Gelenkt wird der Wagen des Plutus von einem schönen »halbwüchsigen Knaben« (5537), dem »Knaben Lenker« (ursprünglich »Euphorion«). Er erklärt sich selbst als eine Allegorie der »Poesie«: »Bin die Verschwendung, bin die Poesie; / Bin der Poet, der sich vollendet, / Wenn er sein eigenst Gut verschwendet, / Auch ich bin unermeßlich / Und schätze mich dem Plutus gleich« (5573–77). Plutus und Knabe Lenker bekennen einander enge Verwandtschaft und liebevolle Zuneigung. Der Knabe Lenker schätzt sich glücklich, im »Dienst« (5626) des Plutus zu stehen. Plutus wiederum erweist sich als so großzügig, den Knaben Lenker aus seinem »Dienst« zu entlassen und ihm eine eigene »Sphäre« (5690) in der »Einsamkeit« (5696) einzuräumen, nachdem dessen Versuch, die Hofgesellschaft mit geistigen »Gabe(n)« (5597) zu beschenken, kläglich gescheitert ist.

Daß ökonomischer Reichtum und Poesie sich derart gut miteinander vertragen, weckt auf den ersten Blick Verwunderung und Befremden, denkt doch jeder sogleich an die schlechten Erfahrungen, die Dichter mit feudalem wie später mit bürgerlichem Reichtum zu machen hatten. Um Kritik an gegebenen schlechten Zuständen geht es hier aber nicht. Im Modell einer bürgerlichtätigen Gesellschaft, das die Mummenschanz konstruiert, soll sich das Verhältnis zwischen Reichtum und Poesie so darstellen, wie es der Möglichkeit nach sein könnte. Ein Reichtum, der durch Arbeit erwirtschaftet und damit legitimiert ist, darf das Recht beanspruchen, die Poesie in seinen Dienst zu nehmen, zumal er sich so verständig zeigt, ihr dabei einen großen Freiraum der Autonomie zu gewähren. Von der Poesie darf erwartet werden, daß sie bei berechtigtem Stolz auf die eigene unverwechselbare geistige Leistung die Abhängigkeit vom Reichtum nicht als lästige Fessel, sondern als notwendige Voraussetzung für ihr Wirken begreift.

Nachdem der Knabe Lenker in seine »Sphäre« abgegangen ist, steigt Plutus aus dem Wagen, läßt eine Kiste mit Gold sowie den »Geiz« herunterstellen und trifft alle Vorbereitungen, sich als »Herrscher« (5568) an der Hofgesellschaft zu bewähren, wobei er von vornherein weiß, daß sich dabei »ein Greulichstes eräugnen« (5917) wird. Der Reichtum des Plutus verbirgt sich in der Kiste. Vom Stab des Herolds getroffen, tut sie sich auf und öffnet den

Blick auf flüssiges Gold, das sich in Gestalt von Kronen, Ketten und Ringen wallend auf- und niederbewegt. Plutus zieht um die Goldkiste »ein unsichtbares Band« (5762), um die Menge ein für allemal aus deren Wirkungskreis auszuschließen. Einlaß in ihn findet nur noch die Gruppe von Masken, die sich, den Zug abschließend, jetzt mit lautem »Getümmel und Gesang« (nach 5800) anzeigt. Es ist allein der »Herr« (5911) dieser Gruppe, an dem die Goldkiste ihre Macht entfalten wird.

Das »wilde Heer« (5801) von »Faunen«, »Satyrn«, »Gnomen«, »Riesen« und »Nymphen«, das mit »Brüllgesang« (5956) tobend in den Kreis um die Goldkiste strömt, führt in seiner Mitte den »großen Pan«: »Das All der Welt / Wird vorgestellt / Im großen Pan« (5873–75). Eine »Deputation der Gnomen« (nach 5897) fordert den großen Pan auf, den Schatz der Goldkiste in Besitz zu nehmen. Der große Pan steht damit vor derselben Aufgabe, die dem Kaiser in der vorangegangenen Szene schon einmal gestellt war. Er tritt an die »Feuerquelle« (5921) aus flüssigem Gold heran, »freut sich des wundersamen Dings« (5927), »bückt sich tief hineinzuschauen« (5930) und demaskiert sich – einzigartiger Vorgang im Maskenzug – im eigentlichen wie im übertragenen Sinn als der Kaiser. »Der Bart«, der in die Goldkiste gefallen ist, »entflammt und fliegt zurück, / Entzündet Kranz und Haupt und Brust« (5935 f.) des Kaisers. Und schon beginnt die ganze Schar, ja sogar die ganze Szene in Flammen aufzugehen. Es »droht ein allgemeiner Brand« (5965). Es ist Plutus, der dem »Spiel« (5984) der Flammen mit »heil'gen Stabs Gewalt« (5972) ein Ende setzt.

»Lustgarten« (5987–6172)

Licht in das Geschehen um die Goldkiste, das die Mummenschanz gewaltsam beendete, bringt am nächsten Morgen der Kaiser selbst. Er berichtet Faust, der um Verzeihung für das »Flammengaukelspiel« (5987) bittet und sich damit seinerseits als Träger der Plutus-Maske zu erkennen gibt, heiter und gut gelaunt, daß er sich beim Blick in die Goldkiste als Herrscher eines unterirdischen feurig-flammenden Felsenreiches gesehen habe. »... der Völker lange Zeilen« (5998) hätten sich um ihn

172

gedrängt und ihm gehuldigt, »wie sie es stets getan« (6000). Der Kaiser sah sich also im Bild des Feuer-Fürsten als Herrscher, der seinem Namen gerecht wird. Wie wir aus den katastrophalen Folgen wissen, kann das beglückende Gefühl, Herrscher zu sein, nur einen kurzen Augenblick gedauert haben. Denn kaum hatte der Pan-Kaiser in die Goldkiste hineingeblickt, bot er schon das Bild eines Kaisers, den das feurige Element zu vernichten drohte. Der Kaiser sah sich also nur deshalb für einen Moment als Feuer-Fürsten, um sich auf der Stelle in seinem wirklichen Wesen zu entlarven: als ein Herrscher, der eben nicht die »Elemente« beherrscht, sondern ihnen verfällt. Diese schmähliche Erfahrung kommt jedoch in der morgendlichen Erzählung überhaupt nicht vor. Der Kaiser beendet seine Schilderung des Geschehens bei dem grandiosen Gefühl, das Feuer beherrscht zu haben. Er bemerkt nicht die beißende Ironie Mephistos, der so tut, als wäre dieses Herrschertum immer noch unbeschädigt gegeben. Der Kaiser: »Ich schien ein Fürst von tausend Salamandern.« Mephisto: »Das bist du, Herr! weil jedes Element / Die Majestät als unbedingt erkennt« (6002 f.). Der Kaiser meldet auch keinen Widerspruch an, als Mephisto ihm einzureden versucht, daß ihm nicht nur das Feuer, sondern auch die übrigen drei Elemente gehorchen würden.

Die Goldkiste des Plutus hält dem Kaiser das fiktive Bild eines Kaisers vor, wie er sein soll. Der Kaiser nimmt das Bild jedoch nur als Unterhaltung und erkennt nicht Ernst und tiefere Bedeutung.

Inzwischen sind aus der blinden Bereitschaft des Kaisers und seines Hofes, das müßige Leben weiterzuführen und auf Schein-Reichtümer zu bauen, auf Mephistos Initiative, aber doch nur im Sinne des Hofes, die praktischen Konsequenzen gezogen worden.

Der Schatz, den der Kaiser noch vor den Mummenschanz sofort ausgraben wollte, ist schon gehoben: Es ist das Papiergeld. Das Papiergeld, das als allgemeines Äquivalent schon seit dem 12. Jahrhundert bekannt ist, beginnt seinen Siegeszug als Mittel des kapitalistischen Kredits mit John Law zu Beginn des 18. Jahrhunderts.[184] Die Bedeutung des Kredits für die Ankurbelung der kapitalistischen Wirtschaft und damit den positiven Zusammenhang zwischen Papiergeld und sich entwickelndem Kapitalismus wird Goethe kaum durchschaut haben. Er sieht in der Zeit der Französischen Revolution nur die viel auffälligeren Gefahren des Kreditsystems (Inflation, Spekulation), nicht auch dessen belebende ökonomische Wirkung, und begreift deshalb – gemäß seinen Erfahrungen – das Papiergeld in erster Linie als Mittel des Parasitentums. In diesem Verständnis geht es in den »Faust« ein. Wenn Mephisto das Papiergeld erfindet, so führt er nicht etwas am Kaiserhof Fremdes ein, sondern gibt ihm ein Mittel zum parasitären Genuß an die Hand, das seinem Wesen gemäß ist. Das Papiergeld bescheinigt hier einen Wert, der nicht erarbeitet, also gar nicht vorhanden ist. Es verlängert das müßige Leben des Kaiserhofs, ohne daß jemals die Aussicht bestünde, dem Vorschuß tatsächliche Arbeit folgen zu lassen.

In der Fastnacht hat der Kaiser – so erfahren wir jetzt – als großer Pan im Vertrauen darauf, daß im Boden seines Reiches Schätze verborgen liegen, die man nur auszugraben braucht, durch seine Unterschrift den Wert dieser Schätze auf ein Blatt Papier übertragen und damit »alles Weh in Wohl verwandelt« (6056). Das schicksalschwere Blatt« (6055) wurde noch in der Nacht »durch Tausendkünstler schnell vertausendfacht« (6072) und zur Begleichung ausstehender Zahlungen unter die Leute gebracht. Und schon herrscht, wie die Minister freudig meinen, überall im Lande eine neue Prosperität.

Der Kaiser, den man bezeichnenderweise erst an seine in der Fastnacht vorgenommene Amtshandlung erinnern muß, wittert zunächst »Frevel, ungeheuren Trug« (6063). Als man ihn belehrt, daß die Leute das Papier »für gutes Gold« (6083) nehmen, findet er sich sehr schnell bereit, seinen Verdacht aufzugeben. Niemand der Führenden des Reichs, auch der einst mißtrauische Kanzler nicht, hält es schließlich für bedenklich, daß sich das neue Wohl des Reiches allein auf »wenig Federzüge« (6070) gründet und nicht auf neue Arbeit. Niemand kommt auf den Gedanken, daß dieses Schein-Wohl mit Notwendigkeit bald in sich zusammenbrechen wird. Allein der Kaiser meldet in dem allgemeinen Taumel des Genießens am Hof seine Bedenken an. »Ich hoffte Lust und Mut zu neuen

174

Taten; / Doch wer euch kennt, der wird euch leicht erraten. /
Ich merk es wohl, bei aller Schätze Flor, / Wie ihr gewesen,
bleibt ihr nach wie vor« (6151–54). Aus dieser Einsicht zieht er
jedoch keine Schlußfolgerungen. Und vor allem kommt ihm
nicht in den Sinn, daß sein einsichtiges Urteil auch ihn selbst
betrifft.

»Finstere Galerie« (6173–6306);
»Hell erleuchtete Säle« (6307–6376)
»Rittersaal, Dämmernde Beleuchtung« (6377–6565)

Faust hat Mephisto aus dem »dichten, bunten Hofgedränge«
(6175) in »düstere Gänge« (6174) gezogen, weil er seine Hilfe
braucht. »Der Kaiser will, es muß sogleich geschehn, / Will
Helena und Paris vor sich sehn; / Das Musterbild der Männer so
der Frauen / in deutlichen Gestalten will er schauen« (6183–86).
Mephisto weiß ein »Mittel« (6211): Faust soll mit einem »Schlüssel« (6259) aus dem »tiefsten, allertiefsten Grund« (6284) des
Reiches der »Mütter« einen »glühnden Dreifuß« (6283) hervor-
holen, mit dessen Hilfe er die gewünschten Gestalten beschwören
kann.

Während Faust »verschlossen still« bei den Müttern »labo-
riert«, kuriert Mephisto als quacksalbernder Wundarzt in der
Szene »Hell erleuchtete Säle« Damen und Herren des Hofes.
Der Plan dieser satirischen Szene geht auf die Inhaltsangabe
von 1816 zurück. Mephisto zeigt seine Scharlatanerie offen vor.
Doch die Wundergläubigkeit der Hofgesellschaft erweist sich
als so eingefleischt, daß sie selbst an abstrusen Rezepten keinen
Anstoß nimmt. Im Gegenteil, Mephisto kann sich am Ende der
Bittsteller nicht mehr erwehren. Fast möchte er in die »Wahrheit« (6364) flüchten, was allerdings – das sieht er schnell ein –
bei der Hofgesellschaft »der schlechteste Behelf« (6365) wäre.

Das Reich der Mütter ist ein symbolischer Ort, in dem »Gestaltung, Umgestaltung, / Des ewigen Sinnes ewige Unterhaltung« (6287 f.) ihren Grund haben. Goethe isoliert wie schon
im Himmel des »Prologs« innerhalb der Wirklichkeit einen besonderen Bereich der unbedingt schaffenden Natur. Nur sehen
wir im Unterschied zum Himmel den Herrn als Verkörperung

der natura naturans gleichsam schon in die einzelnen Bilder des Lebens »hineinindividualisiert«. Die Bilder des Lebens stellen die Kraftzentren dar, aus denen heraus jeweils die konkreten Dinge der Wirklichkeit leben: Sie sind deren Grundbedingungen. Obwohl Kraftzentren der Dinge, haben die Bilder bei den Müttern, wo sie *für sich* bestehen, noch keine reale Existenz. Sie erlangen sie erst, wenn sie sich in die endlichen Dinge der Wirklichkeit, die sie bewirken, hinaussetzen, wenn sie »des Lebens holder Lauf« (6435) faßt. Goethe legt deshalb großen Wert darauf, den Bereich der Mütter gleichzeitig als einen Ort der Einsamkeit und Leere zu kennzeichnen. Mephisto, der in der Szene »Finstere Galerie« ihr Reich beschreibt, warnt mehrmals: »Göttinnen thronen hehr in Einsamkeit, / Um sie kein Ort, noch weniger eine Zeit« (6213 f.). »Nicht Schlösser sind, nicht Riegel wegzuschieben, / Von Einsamkeiten wirst umhergetrieben. / Hast du Begriff von Öd' und Einsamkeit?« (6225 bis 6227). Faust selbst spricht in dem Gebet an die Mütter kurz vor der Beschwörung die Dialektik prägnant aus: »In eurem Namen, Mütter, die ihr thront / im Grenzenlosen, ewig einsam wohnt, / Und doch gesellig. Euer Haupt umschweben / Des Lebens Bilder, regsam, ohne Leben« (6427–30). Angesichts dieser Dialektik verbieten sich Deutungen, die die Symbolik der Mütter auf einen idealistischen *Dualismus* in der Art Platons oder Plotins festlegen wollen. Auf eine andere Art abwegig deutet Gerhard Scholz Fausts Gang zu den Müttern als Zurückverfolgung des »Lebens der Menschheit zurück bis an jenen frühen Punkt, an dem sie aus der mutterrechtlichen Urgesellschaft heraustrat«[185].

Hinter Fausts Gang zu den Müttern steht das Bemühen, die dichterische Schöpfung auf das »Gesetzliche der Natur« zu gründen. Der Gang selbst verfällt jedoch im Zusammenhang des Ganzen der Kritik, weil Faust zu den Bildern des Lebens *direkt* vordringt und nicht *über* deren konkrete Realisierungen. Das körperliche Erfassen des glühenden Dreifußes, in dem sich die schöpferische Macht der Mütter symbolisiert, verstößt gegen die Lehre, die Faust zu Beginn des zweiten Teils aus dem Erlebnis des Sonnenaufgangs gezogen hat. Faust vergißt, daß der Mensch die Bilder des Lebens niemals direkt, sondern immer nur deren

konkrete Realisierungen in den Dingen der Wirklichkeit haben
kann. In seiner Begeisterung will er die Erfahrungswirklichkeit
der Menschen, in der sich die Urbilder vermitteln und die deshalb zu studieren wäre, einfach überspringen, um *direkt* und
unmittelbar zum Bereich der Mütter und zu »der Schönheit
Quelle« (6488) vorzustoßen. Worauf dieses Vorhaben, das die
Kräfte des Menschen überfordert und sich aus diesem Grund
wieder als Magie darstellt, in der Prosa eines Dichterlebens
hinausläuft, verrät der nüchterne Mephisto, als er dem zur Eile
drängenden Hof auf die Frage, wie das Werk gedeihe, die Auskunft gibt: »Er (Faust – H. H.) weiß schon, wie es anzufangen, /
und laboriert verschlossen still« (6312 f.). Wir sehen darin einen
Hinweis, daß der Gang zu den Müttern, wenn er nicht der Weg
durch das Leben und die erfahrbare Wirklichkeit ist, letztlich
nichts anderes ist als die Versenkung Fausts ins eigene Ich.

Von den Müttern zurückgekehrt, verfügt Faust in einer bestimmten Richtung über alle Voraussetzungen, das Schöne zu
bilden und theatralisch vorzuführen (Szene »Rittersaal, Dämmernde Beleuchtung«). Kaiser und Hof haben sich versammelt:
»Die Mauer spaltet sich, sie kehrt sich um, / Ein tief Theater
scheint sich aufzustellen« (6395 f.). Faust, »im Priesterkleid, be-
kränzt, ein Wundermann« (6421), betritt die Bühne, um sein
»Geister-Meisterstück« (6443) zu präsentieren. Zuerst tritt Paris
aus dem klingenden »dunstigen Nebel« (6440). Danach erscheint
Helena, »die Schöne« (6483), selbst. Zwischen beiden entspinnt
sich vor den Kulissen eines »alten Tempelbaus« (6404) ein klei-
nes pantomimisches »Drama« (6391) im Stile eines Schäferspiels.
Vorlage des »Schauspiels« (6470) ist die Geschichte von Endymion und Luna. Die Hofdame hat es beim Anblick Helenas
richtig bemerkt. Der »Poet« bestätigt es (6510). Wie der Schäfer
Endymion, der von Luna mit ewigem Schlaf beschenkt wurde,
damit sie den Schlafenden allnächtlich in einer Höhle antreffen
und küssen könne, präsentiert sich Paris zu Beginn der Vorstellung schlafend. Helena nähert sich ihm, neigt sich über ihn, wie
Luna ihn mit »ihrer Schönheit« anstrahlend (6508), und küßt
ihn. Paris erwacht. »Er staunt! Ein Wunder ist's, was ihm geschieht« (6518). Und auf einmal verwandelt sich der »Knabe«
in einen »kühnen Heldenmann« (6541), der nur noch das eine

Ziel hat: Helena zu entführen und in seinen Besitz zu nehmen. Paris umarmt Helena, offenbar in der Absicht, sie wegzuführen.

Faust, der wie die Hofgesellschaft bisher seinem Spiel zugesehen hat, reagiert darauf mit äußerster Betroffenheit, weil er die Wirkung von »Schönheit«, die sein Spiel im Medium der Kunst vorführt, eigentlich als reale Macht im eigenen Leben erfahren möchte, weil sein Spiel letztlich nichts anderes als die dichterisch-scheinreale Objektivierung einer inneren Sehnsucht nach »Schönheit« im wirklichen Leben ist. Weil Paris eine Spiegelung des eigenen Ichs ist, hält Faust auf einmal die sinnliche Gewißheit seines Spiels für reale Wirklichkeit. Sich seiner Schlüsselgewalt bedienend, die ihm die Herrschaft über die Gebilde gab, macht er Anstalten, sich an des Paris Stelle zu setzen und in das Spiel als in eine reale Wirklichkeit einzutreten: »Hier faß ich Fuß! Hier sind es Wirklichkeiten, / Von hier aus darf der Geist mit Geistern streiten, / Das Doppelreich, das große, sich bereiten. / So fern sie war, wie kann sie näher sein! / Ich rette sie, und sie ist doppelt mein« (6553–57). Der Versuch, sich Helena als eine reale Menschengestalt anzueignen, endet mit der vernichtenden Katastrophe.

Der Faust, der scheitert, scheitert als Voluntarist, weil er allein von den eigenen Wünschen und Vorstellungen ausgeht, weil er glaubt, als Künstler die Welt kommandieren zu können. Als Künstler, der sich als Teil der allumfassenden Natur weiß, kann Faust die »Schönheit« im Kunstwerk zur Erscheinung bringen. Zwar spiegelt sein Werk vor allem das eigene Ich, zwar fehlt dem »Stück« und der »Schönheit« Helena noch jede historische Konkretheit. Doch stellt es zweifellos schon einen objektiven geistigen Wert dar. Faust fühlt sich als Schöpfer. Und im Hochgefühl des Schöpfertums, gleichzeitig real sehr bedürftig, hält er sich auf einmal für fähig, auch *reale* Wirklichkeit zu schöpfen, die »schön« ist. Er muß die schmerzliche Erfahrung machen, daß auch das leidenschaftlichste Verlangen Kunst nicht in reale Wirklichkeit überführen kann.

Faust betätigt sich, wenn er aus dem Weihrauchnebel Paris und Helena bildet – eine Lesart von 6435 sagt es ausdrücklich[186] –, aus innerem Antrieb als Künstler. Weil er sein Verlangen nach dem »Schönen« (6315), nach »Schönheit« (6484) in der Welt, die ihn umgibt, nicht stillen kann, setzt er Kraft und Phantasie in Bewegung, Schönheit selbst, und zwar durch Kunst hervorzubringen. Als »Sinnbild«[187] für Schönheit steht Helena. Der Name weist in die Antike zurück, doch meint er hier im 1. Akt keine bestimmte, historische, sondern noch Schönheit im allgemeinen.

Goethe versteht unter dem »Schönen« etwas Vollkommenes, das in sich das Wirken der Natur auf eine vollendete Weise zum Ausdruck bringt. In diesem Sinne heißt es in der »Kampagne in Frankreich«: ». . . das Schöne sei, wenn wir das gesetzmäßig Lebendige in seiner Tätigkeit und Vollkommenheit schauen, wodurch wir, zur Reproduktion gereizt, uns gleichfalls lebendig und in höchste Tätigkeit versetzt fühlen.«[188] Und in einer Maxime: »Das Schöne ist eine Manifestation geheimer Naturgesetze, die uns ohne dessen Erscheinung ewig wären verborgen geblieben.«[189] Schönheit meint also zunächst etwas Vollkommenes in der Natur, unabhängig vom Menschen. Gleichzeitig erachtet Goethe jedoch den Menschen, und zwar den Künstler, für fähig, kraft seines Geistes selbst Schönheit hervorzubringen, wenn er wie die Griechen »nach ebenden Gesetzen (verfährt), nach welchen die Natur verfährt«[190]. An Wert kann dieses Kunstschöne bisweilen das Naturschöne sogar übersteigen. Um 1800 räumt Goethe aus diesem Grund der Produktion des Kunstwerks unter allen menschlichen Tätigkeiten den ersten Platz ein. Im Winckelmann-Aufsatz von 1804 heißt es: ». . . das letzte Product der sich immer steigernden Natur ist der schöne Mensch. Zwar kann sie ihn nur selten hervorbringen, weil ihren Ideen gar viele Bedingungen widerstreben, und selbst ihrer Allmacht ist es unmöglich, lange im Vollkommenen zu verweilen und dem hervorgebrachten Schönen eine Dauer zu geben. Denn genau genommen kann man sagen, es sei nur ein Augenblick, in welchem der schöne Mensch schön sei. Dagegen tritt nun die Kunst ein, denn indem der Mensch auf den Gipfel der Natur gestellt ist, so sieht er sich wieder als eine ganze Natur an, die in sich abermals einen Gipfel hervorzubringen hat. Dazu steigert er sich, indem er sich mit allen Vollkommenheiten und Tugenden durchdringt, Wahl, Ordnung, Harmonie und Bedeutung aufruft, und sich endlich bis zur Production des

Kunstwerkes erhebt, das neben seinen übrigen Thaten und Werken einen glänzenden Platz einnimmt.«[191]

Der Künstler kann das Schöne in seinem Werk nur hervorbringen, wenn er vorher das »Gesetzliche in der Natur«[192] erkannt hat. Er muß – wie es der Aufsatz »Einfache Nachahmung der Natur, Manier, Stil« von 1789 fordert – seine dichterische Tätigkeit »auf den tiefsten Grundfesten der Erkenntnis, auf dem Wesen der Dinge«[193] aufruhen lassen. Diese Vorleistung erbringt Faust, indem er zu den Müttern hinabsteigt.

Als Faust erstmals ohne Maske in der »Kaiserlichen Pfalz« auftritt, hat er schon nichts mehr mit dieser »nichtigen« Welt gemein. Um sich eine neue, sinnerfüllte Welt zu bauen, will er »den Schatz, das Schöne heben« (6315), wobei er von der richtigen Voraussetzung ausgeht, daß er das Schöne als einen höchsten Ausdruck von Natur wiederum nur nach ihren Gesetzen hervorbringen kann. Der unvermittelte Gang zu den Müttern läuft jedoch darauf hinaus, Ich und Natur gleichzusetzen. Faust tut, als hätte er die Natur ganz in sich. Dieser Voluntarismus der »entschieden gebietenden Attitüde« (nach 6293) – man beachte auch, daß Faust, um zu den Müttern zu gelangen, mit dem Fuß »stampft« (nach 6304) – zeigt sich in dem »Schönen«, das Faust in der Szene »Rittersaal« hervorbringt, seinen Auswirkungen wie auch in der Haltung des Dichter-Magiers gegenüber seinem Werk.

Fausts künstlerische Tätigkeit am Kaiserhof erwächst aus dem spontanen Anspruch, die Nichtigkeit der Hofgesellschaft hinter sich zu lassen und sich ein neues sinnerfülltes Leben aufzubauen. Wenn Faust am Ende meint, sein künstlerisches Wollen könne dieses neue »schöne« Leben nicht nur im theatralischen Spiel entwerfen, sondern auch als reale Wirklichkeit selbst hervorbringen, mutet er der Kunst etwas zu, was sie nicht leisten kann. Er überfordert sein Werk und löst es damit in ein Nichts auf. Faust am Kaiserhof ist der Künstler, der sich noch nicht mit der ihn bedingenden gesellschaftlichen Umwelt vermittelt hat.

Zweiter Akt (6566–8487)

Die Verbindung des Künstlers mit dem gegenwärtigen Leben und dem geistigen Erbe der Menschheit als Voraussetzung seiner gesellschaftlichen Wirksamkeit: Das könnte man das Thema des 2. Akts nennen. Der 2. Akt bahnt den Zugang zu einer gesellschaftlich-produktiven Kunst. Anders als im Gang zu den Müttern bereitet sich der »Geist« (6554) den Boden für produktive künstlerische Tätigkeit, indem er sich, aus seiner Icheingesperrtheit ausbrechend, in das gesellschaftliche Leben und in den Entwicklungszusammenhang der geistigen Geschichte der Menschheit einordnet. Vorgeführt wird dieser schwierige Lernprozeß an der neueingeführten Gestalt des Homunculus, die dadurch Faust funktional eng zugeordnet ist. Das modellhafte Entstehn des Homunculus, das immer wieder als biologisch-organischer Prozeß der Menschenentstehung gedeutet worden ist, meint den Ausgang des icheingesperrten Geistes in das gesellschaftliche Leben und gehört damit gegen den äußeren Schein zum Thema der Voraussetzungen produktiver Kunst, was nicht ausschließt, daß Auffassungen Goethes zur Biologie das Entstehn mit aufbauen helfen.[194] An Faust selbst klärt sich das Verhältnis des Geistes zur Kultur und Kunst der Vergangenheit. Mephisto leistet einen Beitrag zur Klärung der Traditionsbeziehungen, indem er deren historischen Inhalt verdeutlicht.

Der geistige Ort, wo sich diese produktive Auseinandersetzung mit gegenwärtigem Leben und geistig-kultureller Geschichte abspielt, ist die »klassische Walpurgisnacht«: ein von griechisch-antiken Dichtern erbautes »Fabelreich« (7055), bevölkert von »fabelhaften Gebilden« (7030) der »hellenischen Sage« (7028).[195]

>»Hochgewölbtes enges gotisches Zimmer,
>ehemals Faustens, unverändert« (6566–6818)

Nach dem gescheiterten Versuch, Kunst als Wirklichkeit zu behandeln, finden wir Faust bezeichnenderweise zurückversetzt in sein altes Studierzimmer. In der Heimstatt seiner frühen metaphysischen Spekulationen liegt er, von »Helena paralysiert« (6568), »hingestreckt auf einem altväterischen Bette« (vor 6566). Hier ist es »allunverändert«, »unversehrt« (6571), mag auch an Wagners Stelle ein neuer Famulus getreten und der Schüler von einst nun Baccalaureus geworden sein. Nur die »Grillen« (6615), die Mephisto einst ausgesät hat, haben sich tausendfach vermehrt.

Mephisto wirft sich wie vordem in Fausts Pelz, um als »Dozent« (6588) an den »Leuten« (6619), denen er hier begegnet, das »Gotische Zimmer« noch einmal als Ort des spekulativen Geistes herauszustellen. Dabei ist der Famulus so wenig wie der Baccalaureus am Ende der Aufgeklärte.

Mephisto, wie »ein Riese / in Faustens altem Vliese« (6628 f.) dastehend, »zieht die Glocke, die einen gellenden, durchdringenden Ton erschallen läßt« (nach 6619) und den Famulus herbeiläutet. Dieser heißt Nikodemus (6634) und erinnert mit seinem Namen an jenen neutestamentlichen Nikodemus, der, ein Pharisäer, durch Jesu Wunder bekehrt wurde. In der Studierstube lebt er wie ein Gläubiger. »Bescheidenheit« (6659) und fragloses Anerkennen des Überlieferten kennzeichnen sein Denken. Während er geht, seinem Herrn, dem Doktor Wagner, den Besuch anzumelden, stürmt der Baccalaureus herein. Der unsichere Schüler des ersten Teils kehrt wieder als Rebell gegen die »Lehrer« (6750), gegen das »Alter« (6785) und gegen die begrenzende Macht der Außenwelt überhaupt. »Im Schwedenkopf« (6734), der Haarmode der Jugend der Befreiungskriege, bekennt er sich zur radikalen Freiheitsphilosophie Fichtes, die den Menschen aus *jeder* Bindung an ein Objekt emanzipiert und seine Ich-Vernunft zum alleinigen Träger der Objektivität und Vernünftigkeit des Seins erhoben hat: »Dies ist der Jugend edelster Beruf! / Die Welt, sie war nicht, eh ich sie erschuf« (6793 f.). »Erfahrungswesen! Schaum und Dust! / Und mit dem Geist nicht ebenbürtig« (6758 f.).

Famulus und Baccalaureus bilden in ihren Denkweisen einen scharfen Gegensatz: Jener ist an das theologische Dogma gebunden; dieser setzt sein Ich autonom. Goethe führt beide Gestalten im Gotischen Zimmer zusammen, weil er in beider Denkweisen – auf je unterschiedliche Weise – bloß ein subjektives Setzen am Werke sieht.

»Laboratorium im Sinne des Mittelalters,
weitläufige unbehülfliche Apparate,
zu phantastischen Zwecken« (6819–7004)

Während das Gotische Zimmer in Stagnation verharrt, wirkt
nebenan im Laboratorium ein Gelehrter, der nicht nur wie der
Baccalaureus die Macht des menschlichen Geistes proklamiert,
sondern einen kühnen geistigen Entwurf beharrlich experimen-
tell an der Natur erprobt und dadurch eine außergewöhnliche
Erfindung zustande bringt.

Wagner hat sich, seiner Verwegenheit wohl bewußt, das
»tolle« (6867) Ziel gestellt, der Natur das »Geheimnis« (6876)
der Zeugung menschlichen Lebens abzuringen und selbst
auf synthetischem Wege (6850) einen »Menschen« (6835) zu
machen: »Der zarte Punkt, aus dem das Leben sprang, / Die
holde Kraft, die aus dem Innern drang / Und nahm und gab,
bestimmt, sich selbst zu zeichnen, / Erst Nächstes, dann sich
Fremdes anzueignen, / Die ist von ihrer Würde nun entsetzt; /
Wenn sich das Tier noch weiter dran ergetzt, / So muß der
Mensch mit seinen großen Gaben / Doch künftig höhern, höhern
Ursprung haben« (6840–47).

Zu Beginn der Szene ist Wagner mit einem Experiment beschäftigt. Mit dem Eintritt Mephistos – er hatte sich als »Mann«
anmelden lassen, der »das »Glück ... zu beschleunen« (6684)
weiß – erreicht es seine entscheidende Phase. »Das Glas erklingt
von lieblicher Gewalt, / Es trübt, es klärt sich; also muß es
werden! / Ich seh in zierlicher Gestalt / Ein artig Männlein sich
gebärden« (6871–74). Wagners »großer Vorsatz« (6867) ist endlich von Erfolg gekrönt, jedoch – wie sich sogleich herausstellt –
nur von einem halben.

Als »künstliches Kind« eines »Denkers« (6870) kann das
Männlein Homunculus nämlich nur im »geschlossenen Raum«
des Experimentierglases leben: »Das ist die Eigenschaft der
Dinge: Natürlichem genügt das Weltall kaum, / Was künstlich
ist, verlangt geschloßnen Raum« (6882–84). Homunculus ist,
wie ihn später Thales trefflich charakterisieren wird, »gar wun-
dersam nur halb zur Welt gekommen. / Ihm fehlt es nicht
an geistigen Eigenschaften, / Doch gar zu sehr am greiflich

Tüchtighaften, / Bis jetzt gibt ihm das Glas allein Gewicht«
(8248–51). Nach der bekannten Nachlaßnotiz Riemers vom
30. März 1833 hat sich Goethe auch außerhalb des Stückes in
diesem Sinne über Homunculus geäußert: »Auf meine Frage,
was Goethe unter dem Homunculus gedacht, erwidert mir
Eckermann, Goethe habe damit die reine Entelechie darstellen
wollen ... den Geist des Menschen, wie er vor aller Erfahrung
ins Leben tritt«.[196]

Homunculus steht als »Kind« Wagners vor einem Leben als
eingesperrter Geist, zeigt aber sogleich nach seiner Geburt
wenig Neigung dazu: Er löst sich von seinem Erzeuger; er
findet seinen Geburtsort »widrig« (6928) und kaum zum Aus-
halten (6935); und vor allem will er – wie sich später herausstellt – »entstehn« (7831; 7858; 8133; 8153; 8246). Das meint
keine biologische Entwicklung, keine Erlangung von Körperlichkeit. Homunculus will aus der »abgeschnittenen Eigenheit«[197]
seines Phiolendaseins, wo er sich nur auf sich selbst beziehen
kann, ausbrechen, um durch tätige »Beziehung auf ein Anderes«[198] aus einem Menschlein erst wirklich ein Mensch, d. h.
ein gesellschaftliches Wesen zu werden. Zunächst äußert sich
seine Unzufriedenheit mit dem ererbten Status der Einsperrung
in einem heftigen Drang zum Tätigsein: »Dieweil ich bin, muß
ich auch tätig sein; / Ich möchte mich sogleich zur Arbeit schür-
zen« (6888 f.). Mephisto verschafft ihm dazu eine erste Gelegenheit, indem er ihn an den im Nebengelaß liegenden Faust
weist. »Die Phiole entschlüpft aus Wagners Händen, schwebt
über Faust und beleuchtet ihn« (nach 6903). Homunculus vermag die Traumbilder des schlafenden Faust zu sehen. Faust
träumt: Ein klares Gewässer und ein umschließender dichter
Hain. Anmutige Frauen entkleiden sich, um zu baden. »Doch
eine läßt sich glänzend unterscheiden, / Aus höchstem Helden-,
wohl aus Götterstamme« (6906 f.). Da wühlen Schwäne das
Wasser auf. Die Frauen fliehen. »... doch allein / Die Königin,
sie blickt gelassen drein / Und sieht, mit stolzem, weiblichem
Vergnügen, / Der Schwäne Fürsten ihrem Knie sich schmiegen«
(6913–16). Ehe es zur Vereinigung zwischen Königin und dem
Schwanenfürsten kommt, steigt jedoch ein »Dunst« (6918) empor, und der Traum löst sich auf.

Faust träumt die Szene der Vereinigung Ledas mit dem Schwan, der bekanntlich Helena entstammt. Homunculus weiß jedoch nicht nur zu beobachten, sondern auch zu deuten. Sofort erkennt er, daß der Traum, indem er Fausts noch unterbewußte Sehnsucht enthüllt, den Weg zu seiner Heilung eröffnet. »Verbräunt Gestein, bemodert, widrig, / Spitzbögig, schnörkelhaftest, niedrig! / Erwacht uns dieser, gibt es neue Not, / Er bleibt gleich auf der Stelle tot. / ... / Wie wollt er sich hierher gewöhnen! / Ich, der Bequemste, duld es kaum / Nun fort mit ihm!« (6928–36) Faust will an die Stätte seines Traumes, um die Vereinigung, die sein Traum noch verhüllt, selbst zu vollziehen. Er will »in der Schönheit Land« (7978), an die »edle Quelle« (7461) unvergleichlich hoher kultureller Leistung. Er sucht die Begegnung mit Kultur und Kunst der griechischen Antike. Homunculus weiß schon, wie Fausts Sehnsucht zu befriedigen ist: »Jetzt eben, wie ich schnell bedacht, / Ist klassische Walpurgisnacht; / Das Beste, was begegnen könnte, / Bringt ihn zu seinem Elemente« (6940–43). Homunculus, als Führer voranleuchtend, und in den Zaubermantel gehüllt Mephisto, den erst die Aussicht auf »thessalische Hexen« (6977) in die Reise einwilligen läßt, sowie der schlafende Faust, der hier schon »Ritter« (6984) genannt wird, werden sich nach Thessalien auf den Weg machen.

»Klassische Walpurgisnacht« (7005–8487)

Die »Klassische Walpurgisnacht«, als mythologisches Ereignis von Goethe erfunden, als dichterisches Bild aus dem ersten Teil übernommen, besteht aus der Prologszene »Pharsalische Felder« und den vier Szenen »Am obern Peneios«, »Am untern Peneios«, »Am obern Peneios wie zuvor« und »Felsbuchten des Ägäischen Meeres«. Die drei »Luftfahrer« (nach 7039) landen gemeinsam in der nordgriechisch-thessalischen Peneios-Landschaft, dem Schauplatz des Geschehens, um dann die Nacht hindurch jeder »sein eigen Abenteuer« zu »versuchen« (7065). Offenbar ging Goethe bei der Gliederung des verzweigten Geschehens von diesen drei »Abenteuern« aus. Wir erkennen nämlich eine Aufteilung der Nacht in zwei sich genau entsprechende Hälften, wobei ihre Abfolge nicht zeitlich zu verstehen ist: In der ersten Hälfte steht Fausts Abenteuer im Zentrum, in der zweiten Hälfte das des Homunculus. Mephisto kommt in beiden Hälften vor. Durch Szenenwechsel zerfällt jedes Abenteuer in zwei gleiche Teile. In der Szene »Am obern Peneios« wechselt das Geschehen von Mephisto zu Faust und wieder zu Mephisto, während die Szene »Am untern Peneios« allein auf Fausts Weg zu Helena bezogen ist. Die zweite Hälfte beginnt wieder mit einer Szene »Am obern Peneios«. Wieder wechseln die Begegnungen von Mephisto zu Homunculus und zurück zu Mephisto, während die letzte Szene »Felsbuchten des Ägäischen Meeres« allein Homunculus und seinem Eingehen ins »Element« vorbehalten ist.

»Pharsalische Felder« (7005–7079)

Die Walpurgisnacht wird von Erichtho, der aus Lukians »Pharsalia« bekannten thessalischen Hexe, eröffnet. Erichtho vermittelt gleichsam die Antike als reale historische, freilich vergangene Epoche. »Wie öfter schon« (7005) sieht sie in der »Finsternis« (vor 7005) als »Nachgesicht« (7011) die Szenerie der Nacht vor der Pharsalischen Schlacht zwischen Pompeius Magnus und Cäsar (9. 8. 48 v. u. Z.), in der sie einst nach Lukian den Geist eines gefallenen römischen Kriegers wieder heraufrief, um dem Sohn des Pompeius am Vorabend der Schlacht deren Ausgang voraussagen zu können: »Überbleicht erscheint mir schon / Von grauer Zelten Woge weit das Tal dahin, / Als Nachgesicht der sorg- und grauenvollsten Nacht« (7009–11). Erichthos »Nachgesicht« erschöpft sich jedoch nicht in der gespenstischen Vergegenwärtigung eines vergangenen unwiederholbaren Faktums der antiken Geschichte. Um »grauer Zelten Woge« und rote »Wachfeuer« (7025) versammelt sich etwas, das von ganz anderer Qualität als die Scheinbilder einstigen realen Seins ist: »Und angelockt von seltnem Wunderglanz der Nacht, / Versammelt sich hellenischer Sage Legion. / Um alle Feuer schwankt unsicher oder sitzt / Behaglich alter Tage fabelhaft Gebild ...« (7027–30). Diese mythologischen Gestalten, von Menschen einst in der Antike auf griechischem Boden gemacht, sind es, um die es in der Klassischen Walpurgisnacht gehen wird. Es sind geistige Produkte der griechischen Antike – und nicht etwa Vergegenwärtigungen einstigen realen griechisch-antiken Lebens –, die diese Nacht bevölkern werden.

Als der Mond aufgeht und die Felder beleuchtet, muß das gespenstisch vergegenwärtigte historische »Nachgesicht« als »Trug« (7033) verschwinden. Als sie über sich einen »körperlichen Ball« (7035) sieht und »Leben« (7036) wittert, tritt auch Erichthô ab, um »Lebendigem« (7037) nicht zu schaden. Sie überläßt das Feld den Gestalten des Mythos. Die drei Luftfahrer landen also nicht in der realen griechischen Antike, sondern im Fabelreich der hellenischen Sage.

Faust erwacht, »den Boden berührend« (nach 7055), zu neuem Leben und fragt sofort nach Helena. Mephisto schlägt vor: »Jeder möge durch die Feuer / Versuchen sich sein eigen Abenteuer« (7064 f.).

»Am obern Peneios« (7080–7248)

Als erster auftretend, begegnet Mephisto in der steinigen Landschaft des oberen Flußlaufes zunächst einigen mischgestalteten Ungeheuern aus der vorheroischen Zeit des Mythos: Greifen (Löwenadler), Sphinxen (Löwenjungfrauen), Sirenen (Vogeljungfrauen), Stymphaliden (Vogelungeheuer), der Lernäischen Schlange. Goethe hat, wenn er diese archaischen Ungeheuer vorführt, nicht die Absicht, etwa wie Görres oder Creuzer ehrfürchtig und tiefsinnig eine mythische Urzeit heraufzubeschwören. Das zeigt schon die leicht hingeworfene Sprache, in der sich die Fabelwesen vorstellen. Sie sind für ihn vielmehr Gestalten einer »wichtigen Vorwelt«, die noch nicht an das »gebildete Zeitalter«[199] der Helena heranreicht. Die Sphinxe sagen selbst zu Faust: »Wir reichen nicht hinauf zu ihren (Helenas – H. H.) Tagen, / Die letztesten hat Herkules erschlagen« (7197 f.).

In der Begegnung mit den archaischen Mischgestalten profiliert sich Mephisto zum Repräsentanten einer vom Christentum geprägten Weltanschauung. Er demaskiert sich als der amoralisch-moralische christliche Teufel, dem die unreflektierte Natürlichkeit und Vitalität der Antike fremd und ein Greuel

187

sind: »Und wie ich diese Feuerchen durchschweife, / So find
ich mich doch ganz und gar entfremdet, / Fast alles nackt, nur
hie und da behemdet; / Die Sphinxe schamlos, unverschämt die
Greife, / ... / Zwar sind auch wir von Herzen unanständig, /
Doch das Antike find ich zu lebendig; / Das müßte man mit
neustem Sinn bemeistern / Und mannigfaltig modisch über-
kleistern ...« (7080–83; 7086–89).

Von einer Sphinx aufgefordert, seinen Namen zu nennen
(7116), verrätselt sich Mephisto schließlich in dem Bild der
»Old Iniquity« (7123), der »Alten Sünde« aus den englischen
mittelalterlichen Moralitätenspielen. Die Sphinx enträtselt ihn
daraufhin, den Rätselton fortsetzend, als Erfindung des christlichen Zeitalters, die in der »natürlichen« Weltordnung keine
Berechtigung hat: »Versuch einmal, dich innigst aufzulösen: /
,Dem frommen Manne nötig wie dem bösen, / Dem ein Plastron,
asketisch zu rapieren, / Kumpan dem andern, Tolles zu voll-
führen, / Und beides nur, um Zeus zu amüsieren'« (7133–37).
Mephisto ist als Fremdkörper erkannt. Die Greifen sprechen
es aus: »Der Garstige gehöret nicht hierher!« (7139).

Während Mephisto die tierischen und halbtierischen Fabelwesen schlechtweg »widrig« (7090) findet, erkennt Faust, der
auf seiner Suche nach Helena auch zuerst den Sinnbildern aus
der Zeit vor dem Heros Herakles begegnet, »im Widerwärtigen
große, tüchtige Züge« (7182). Er erkennt im frühesten Mythos
schon das Element, in dem er Helena finden wird. Deshalb
fühlt er eine belebende Wirkung von ihm ausgehen, gleichwohl
bleibt eine Distanz: »Vom frischen Geiste fühl ich mich durchdrungen; / Gestalten groß, groß die Erinnerungen« (7189 f.).
Die Sphinxe und Sirenen weisen auf den heroischen Mythos
voraus, wenn sie Faust an Ödipus (7185) und Ulyß (7186)
gemahnen; doch können sie ihn selbst nicht erreichen. Faust
erhält den »guten Rat« (7211), den »hohen Chiron« (7112) zu
finden.

Faust erreicht hier die Landschaft seiner »unterbrochnen
Träume« (7253). Was er im Gotischen Zimmer geträumt hat,
begegnet ihm nun körperhaft in Wirklichkeit: das anmutige
Gewässer, badende Frauen, eine Schar von Schwänen und unter
ihnen der Schwanenfürst. Allein Leda, die »hohe Königin«
(7294), verbirgt noch das »reiche Laub« (7293). Die Nymphen
laden Faust ein, sich bei diesem Bild zu begnügen. Doch Faust:
»Mein Auge sollte hier genießen, / Doch immer weiter strebt
mein Sinn« (7290 f.). Da trabt als »Reuter« (7325) der Kentaur
Chiron heran. Als Arzt und »edler Pädagog« (7337) hat er
mit allen Halbgöttern (Heroen), »die des Dichters Welt er-
bauten« (7340), Umgang gehabt. Faust darf bei dem nie
Rastenden aufsitzen. Wie einst Helena trägt er ihn durch den
Fluß und erzählt ihm dabei von seinen Schützlingen, den »heroischen Gestalten« (7363), vor allem von ihrem Inbegriff:
Herakles.

Faust äußert unverhohlene Bewunderung. Doch in seinen
gelegentlichen Einwürfen verrät sich, daß er immer noch an die
mythischen Gestalten von einer gelehrten Überlieferung her
herangeht, zu ihrem dichterischen Wesen noch nicht wirklich
Zugang gefunden hat. Auch als auf seine Initiative das Gespräch auf Helena, die »schönste Frau« (7398), kommt – er
bekennt sich jetzt zu ihr als seinem »einzigen Begehren« (7412)
– und als Chiron in zärtlichem Erinnern berichtet, wie er einst
auf demselben Rücken Helena getragen hat, verhält er sich,
von Helenas fast körperlicher Nähe schon ganz ergriffen, immer
noch wie ein »Philolog« (7426). Chiron nimmt dieses Fehl-
verhalten zum Anlaß, Faust ein für allemal darüber aufzu-
klären, was es mit dem Wesen Helenas als einer »mythologischen Frau« auf sich hat: »Ganz eigen ist's mit mythologischer
Frau; / Der Dichter bringt sie, wie er's braucht, zur Schau; /
... / Wird jung entführt, im Alter noch umfreit; / Gnug, den
Poeten bindet keine Zeit« (7428–30; 7432 f.).

Von Chiron belehrt, erkennt Faust endgültig, daß er sich
Helena nur als Dichter »gewinnen« (7485) kann. Er beschließt,
es den Poeten gleichzutun: »So sei auch sie (Helena – H. H.)

durch keine Zeit gebunden! / ... / Und sollt *ich* nicht, sehn-
süchtigster Gewalt, / Ins Leben ziehn die einzigste Gestalt? /
... / Nun ist mein Sinn, mein Wesen streng umfangen; / Ich
lebe nicht, kann ich sie nicht erlangen« (7434; 7438 f.; 7444 f.).
Faust umfängt jetzt der heilige Wahnsinn (7447; 7484) des
Künstlers. Einen solchen Mann kann Chiron zur Sybille Manto
tragen, damit sie sich seiner heilend annehme. Manto vermittelt Faust wie einst den Sänger Orpheus (7493) an den
Schoß der griechischen Erde, wo die heroischen Bilder aufbe-
wahrt werden. Sie nimmt ihn in ihren »Tempel« (7470), gelegen
zwischen »Peneios« und »Olymp« (7466) am Ort der Schlacht
von Pydna, und führt ihn einen »dunklen Gang« (7490) hin-
unter »zu Persephoneien. / In des Olympus hohlem Fuß«
(7490 f.). (Die Bezeichnung Hades vermeidet Goethe.) Ursprünglich wollte Goethe als letzte Station des Weges zu
Helena noch vorführen, wie Faust mit Manto unter mancherlei
Gefahren zu Proserpina vordringt und von ihr Helena los-
bittet (Plpp. 89 und 91). Weniges ist von dem Vorhaben ausgeführt (Plpp. 180–183). Wohl um den Eindruck zu vermeiden,
Helena werde aus dem Hades in ein reales Leben zurückgeholt,
hat Goethe die Losbittung am Ende weggelassen.

»Am obern Peneios wie zuvor« (7495–8033)

Wie Faust verfolgt auch Homunculus ein klares Ziel: »Voll
Ungeduld, (s)ein Glas entzweizuschlagen« (7832), möchte er
gern »entstehn«, und zwar »im besten Sinn« (7831). Bevor er
das Glas verläßt, stellt sich ihm also die lebenswichtige Frage,
wohin er sich im »irdischen Wesen« (7839) »am allerklügsten«
(7841) wenden, welcher Art gesellschaftlichen Lebens er sich
anvertrauen soll. Die Fabelwelt der klassischen Walpurgisnacht
als Ort kollektiver geschichtlicher Weisheit ermöglicht die
Lösung dieses Problems, indem sie den unerfahrenen Homunculus in die Lage versetzt, zwei Arten gesellschaftlicher Wirklichkeit kennenzulernen und sich schließlich für eine der Wirklichkeiten zu entscheiden.

Die eine Art gesellschaftlichen Lebens hat er soeben am
obern Peneios von Beginn der Szene an mit eigenen Augen ver-

folgen können. In kürzester Zeit hat sich eine geologische Umwälzung größten Ausmaßes abgespielt: »Seismos«, bisher »in der Tiefe« (nach 7518) zu Hause, dringt »mit ungeheurem Streben« »aus dem Abgrund ... herauf« (7570 f.) und bildet in dem bisher ruhigen Tal einen neuen Berg: »Einmal noch mit Kraft geschoben, / Mit den Schultern brav gehoben! / So gelangen wir nach oben, / Wo uns alles weichen muß« (7519 bis 7522). Mit »Seismos« kommt eine Reihe von Geschöpfen »nach oben«, die ebenfalls bisher »in der Tiefe« gelebt haben: »Schnell quillt der Berg von Myrmidonen, / Die Felsenspalten zu bewohnen; / Pygmäen, Imsen, Däumerlinge / und andre tätig kleine Dinge« (7873–76). Auf der Spitze des Berges etablieren sich die »musterhaft« (7615) organisierten Pygmäen. Weiter unten stürzen sich indessen die Ameisen voller Besitzgier auf das Gold, das durch die Bergentstehung freigelegt worden ist. Sie können sich jedoch ihres von Greifen bewachten Goldschatzes nicht lange in Freiheit erfreuen. Das stärkere Pygmäenvolk samt den Daktylen unterjocht sie und zwingt sie zur Dienstleistung. Mit den in erzwungener Arbeit geschaffenen Waffen fallen daraufhin die Pygmäen über die »hochmütig brüstenden« (7649) Reiher her, morden sie und rauben ihnen die »edle Zierde« (7667) ihres Federschmucks. Das »Mordgeschrei und Sterbeklagen« (7660) der Reiher ruft die »nahverwandten« (7894) Kraniche auf den Plan. Sie dringen ihrerseits »mit scharfen Schnäbeln« (7887) auf die Pygmäen ein, stechen sie nieder und bringen deren Heer zum Wanken. Da fällt von oben ein »Fels« (7939) auf den Berg und macht dem blutigen Krieg durch die Vernichtung beider Parteien ein Ende.

Die Bilder dieser Umwälzung verweisen auf die Französische Revolution und ihre Entwicklung bis zur Machtergreifung Napoleons. Schon in dem Fragment gebliebenen Roman »Die Reise der Söhne Megaprazons« von 1792 symbolisiert Goethe mit einem geologischen Vorgang die Französische Revolution, indem er einen plötzlich auftauchenden Vulkan eine Insel in drei sozial und landschaftlich geschiedene Teile zerspalten läßt. Wir finden darin auch den Krieg zwischen Pygmäen und Kranichen, der den sozialen Antagonismus zwischen den Emporkömmlingen aus dem Dritten Stand und den Parteigängern der

Monarchie symbolisieren soll. Im Meteorsturz von oben kommt die geschichtliche Erfahrung hinzu, die Goethe mit Napoleon als dem Stifter einer neuen Ordnung gemacht hat.

Homunculus verfolgt die Umwälzung zunächst als nicht betroffener Zuschauer. Im Gespräch der beiden Naturphilosophen Anaxagoras und Thales wird sie direkt auf ihn bezogen. Anaxagoras, der Sprecher des Seismos, macht Homunculus das Angebot, auf dem von Seismos neugeschaffenen und von den Pygmäen beherrschten Berg mit einem Schlag König zu werden: »Nie hast du Großem nachgestrebt, / Einsiedlerisch-beschränkt gelebt; / Kannst du zur Herrschaft dich gewöhnen, / So laß ich dich als König krönen« (7877–80). Die spätere Entwicklung zeigt, daß Homunculus, hätte er das Angebot angenommen, auch mit einem Schlag zugrunde gegangen wäre. Im Gegensatz zum blind-bornierten Thales, der einfach die Seismos-Revolte nicht wahrhaben will, kann Homunculus der rasanten revolutionären Entwicklung seine Anerkennung nicht versagen: »Doch muß ich solche Künste loben, / Die schöpferisch in *einer* Nacht, / Zugleich von unten und von oben, / Dies Berggebäu zustand gebracht« (7942–45). *Für sich selbst* nimmt Homunculus jedoch die Welt des Seismos *nicht* an: »Hinein da möcht ich mich nicht wagen« (7834).

In dieser Haltung erkennen wir Goethes späte Stellung zur Französischen Revolution wieder, wie sie auch im Gespräch mit Eckermann vom 4. 1. 1824 zum Ausdruck kommt. Goethe bewertet die politische Revolution jetzt als ein für Frankreich notwendiges und uneingeschränkt sinnvolles gesellschaftliches Ereignis, lehnt sie jedoch für Deutschland als möglichen Weg gesellschaftlicher Veränderung nach wie vor strikt ab.

In der gewaltsam veränderten Landschaft am Oberlauf des Peneios begegnen wir auch wieder Mephisto. Nachdem er bisher als ein Fremder »wie verschüchtert« (nach 7224) und »verdrießlich« (nach 7213) durch die Klassische Walpurgisnacht geirrt ist, gelingt es ihm endlich, in ihr – freilich nur teilweise – heimisch zu werden. Zunächst foppen ihn noch die Lamien. Sie bieten sich dem »alten Sünder« (7701) Mephisto als »lustfeine Dirnen« (7235) an, um sich, als er zugreift, in Gestalten zu verwandeln, bei deren Anblick ihm jede Lust vergeht.

192

Schon immer neugierig, womit die Griechen »Höllenqual und -flamme schüren« (7956), spürt Mephisto schließlich die Phorkyaden auf. Die Phorkyaden, ein »Dreigetüm« (7975) von grandioser Häßlichkeit, leben »versenkt in Einsamkeit und stillste Nacht« (8000), »der Welt entrückt« (8002), wo sie niemand sehen kann. Von der alles christliche Maß übersteigenden Häßlichkeit überwältigt, erkennt Mephisto, daß zwischen ihm und dieser antiken Häßlichkeit eine weitläufige Verwandtschaft (7987) besteht und daß er sich mit Hilfe der Phorkyaden antik verwandeln kann, ohne seine Eigenart aufzugeben. Mit dem Hinweis auf sein eigenes hohes Alter bittet er die Phorkyaden um ihr »drittes Bildnis«. Sie lassen sich erweichen, obwohl gesehen zu werden ihrem Wesen widerspricht. Die Phorkyasmaskierung gibt Mephisto die Möglichkeit, als »des Chaos vielgeliebter Sohn« (8027) in den antiken Kunsttempel einzutreten und dennoch – wie ein »Hermaphrodit« (8029) – sein modern christliches Wesen zu bewahren.

»Felsbuchten des Ägäischen Meers« (8034–8487)

Nach der Absage an die Welt des Seismos hat sich Homunculus mit Thales, dem Sprecher der gewaltlosen Evolution, in die Küstenlandschaft »Felsbuchten des Ägäischen Meeres« begeben, um als »Wundergast« an dem »heitern Meeresfeste« (7949 f.) teilzunehmen, das einmal im Jahr anläßlich des nur Augenblicke währenden Wiedersehens zwischen dem Meergreis Nereus und der schönsten seiner Töchter, Galatea, gefeiert wird. Die Art von Wirklichkeit, die er hier kennenlernen kann, bietet ein der ersten vollkommen entgegengesetztes Bild: dort Brummen, Poltern, ein »ängstlich Erdebeben« (7516); hier »holder Sang« (8049) von Sirenen. Dort Gewalt, Krieg und Vernichtung; hier ein »friedliches Fest« (8179), vom »Schönen und Wahren durchdrungen« (8434). Im Gegensatz zur Welt des Seismos, wo es »sich wechselnd wegt und regt, / sich vertreibt und totschlägt, / Saaten und Städte niederlegt« (8374–76), wird das »seeisch heitre Fest« (7510) beherrscht von Schönheit und Liebe.

Auf dem Meer in Ufernähe entfaltet sich ein Festzug. Nereiden und Tritonen führen ihn an. Sie bringen aus Samothrake die Kabiren; »denn wo sie heilig walten, / Neptun wird freundlich schalten« (8180). Die kunstfertigen Telchinen aus Rhodos, die »Göttergewalt aufstellten in würdiger Menschengestalt« (8301 f.), tragen ebenfalls zum Frieden des Festes bei: Sie bewahren heute den sonst von Neptun geschwungenen Dreizack. Der Festzug gipfelt in der Erscheinung Galateas, die, »seit sich Kypris von uns abgekehrt« (8146), selbst als »Göttin« (8147) verehrt wird. Auf dem von Psyllen und Marsen gezogenen »Muschelwagen« (8144) der Venus, der von »liebentzündeten Tauben« (8341) und »zärtlichen Doriden« (8385) begleitet wird, naht von Zypern die »Schönste« (8145), um im Nu vorüberzuziehen. Schönheit und Liebe herrschen demnach nicht auf Dauer. Die Widersprüchlichkeit des Lebens zwingt auch hier zur Entsagung. Die Doriden dürfen die von ihnen geretteten Jünglinge nicht für immer besitzen: »Wir haben ewige Treue begehrt, / die Götter wollen's nicht leiden« (8418 f.). »Die Welle, die euch wogt und schaukelt, / Läßt auch der Liebe nicht Bestand« (8412 f.). Nereus selbst muß auf den dauernden Anblick seiner Tochter Galatea verzichten. Diese Widersprüche werden jedoch nicht endlos beklagt, sondern als unaufhebbare Bedingung des Lebens angenommen: »Ach! Nähmen sie mich mit hinüber! / Doch ein einziger Blick ergetzt, / Daß er das ganze Jahr ersetzt« (8429–31).

Im »freibewegten Leben« (7515) des Meeresfestes kann Homunculus nicht mit einem Schlage »König« werden. Er soll sich zunächst an eine breite Wirklichkeit verlieren. Proteus rät: »Komm geistig mit in feuchte Weite, / Da lebst du gleich in Läng und Breite / Beliebig regest du dich hier« (8327–29). Hier muß man »von vorn« (8322) anfangen, sich nach und nach entwickeln, um schließlich vielleicht »ein wackrer Mann zu seiner Zeit« (8334) zu werden.

Homunculus ist bereit, die Mühseligkeiten eines solchen langwierigen widersprüchlichen Entwicklungsprozesses auf sich zu nehmen, weil er alles, was er bei diesem Meeresfest sieht, für »reizend schön« (8460) hält. »Von Pulsen der Liebe gerührt« (8468), gibt Homunculus seinem »herrischen Sehnen« (8470) nach »Entstehn« nach und wagt das »seltne Abenteuer« (8483): Er läßt sich von Proteus-Delphin (nach 8326) auf das Meer hinaus tragen und zerschlägt sein Glas an »Galateas Muschel-thron« (8450), sich aus dem »geschlossenen Raum« in die »feuchte Weite« »ergießend« (8473).

Vergleicht man die beiden Arten gesellschaftlichen Lebens, die sich Homunculus zum Entstehn anbieten, so fällt auf, daß sich im Gegensatz zum ersten »Angebot« von der Symbolwelt des Meeresfestes keinerlei Bezug zu einer historisch konkreten Wirklichkeit herstellen läßt.

Dritter Akt (8488–10 038)

Aus der Vermittlung des Künstlers zwischen dem gegenwärtigen Leben und dem geistigen Erbe der Menschheit erwächst die neue Kunstschöpfung. Anders jedoch als in der Szene »Ritter-saal« des 1. Aktes wird sie in ihrem Verlauf nicht vorgeführt und nicht als Fausts Leistung bezeichnet. Sie erscheint in der Faustdichtung ohne weitere Erklärung in ihrem Ergebnis: Es ist der ganze 3. Akt, im Einzeldruck von 1827 durch den Titel »Helena, klassisch-romantische Phantasmagorie. *Zwischenspiel* zu ,Faust'« (Hervorhebung – H. H.) noch ausdrücklich als rela-tiv selbständiges Kunstwerk mit immanent eigener Thematik gekennzeichnet. Man vergleiche die Bezeichnung des auf einem Theater aufgeführten »Stückes« (4215) »Walpurgisnachtstraum oder Oberons und Titanias Goldene Hochzeit« im Faust I als »Intermezzo«.

Der ganze 3. Akt ist also in gleicher Weise wie der »Raub der Helena« im 1. Akt innerhalb der Faustdichtung ein Spiel im Spiele, ein *Kunst*wirklichkeit vorstellendes »Stück«, was jedoch seine Verbindlichkeit und seinen Wahrheitsgehalt keineswegs einschränkt. Das »Stück« endet mit der Regieanweisung: »Der Vorhang fällt. Phorkyas im Proszenium richtet sich riesenhaft auf, tritt aber von den Kothurnen herunter, lehnt Maske und Schleier zurück und zeigt sich als Mephistopheles, um, insofern es nötig wäre, im Epilog das Stück zu kommentieren« (nach 10 038). Entsprechend den veränderten Voraussetzungen besitzt das im 3. Akt vorliegende »Stück« eine über den »Raub der Helena« weit hinausgehende neuartige inhaltliche und formale

Qualität. Denn zur Diskussion steht nichts Geringeres als die Rolle der Kunst bei der Errichtung einer neuen »produktiven« Gesellschaft. Das »Stück« zeigt die Entstehungsgeschichte einer für die bürgerliche Umgestaltung produktiven Kunst, die spezifische Leistung dieser Kunst und schließlich deren Grenzen, womit es schon über das Thema Kunst hinausweist.

Faust, »Herrscher« über ein deutsches feudales Gemeinwesen auf dem Boden Griechenlands, nimmt Helena, Symbolgestalt der ihrer realen Lebensgrundlage beraubten antiken Kultur, bei sich auf und erwirbt damit die Fähigkeit, eine neue klassische Kunst, vorgestellt in der Idealwelt »Arkadien«, hervorzubringen. Durchaus vom eigenen Werk als Gipfel ausgehend, reduziert hier Goethe eine weiträumige und komplexe kultur- und kunstgeschichtliche Entwicklung in Europa auf die in seiner Sicht für das Ergebnis entscheidenden Momente. Als solche begreift er die Kultur der Antike und die Kultur eines »nordisch«-deutschen, die Neuzeit einleitenden höfischen Mittelalters. Im Sinne der typisierenden Betrachtungsweise der Diskussion des 18. Jahrhunderts um die Differenz von »Antike« und »Moderne«[200] gilt ihm dabei das »Antike« als das »Natürliche«, »Naive«, »Sinnliche« und das »nordische« »Moderne« als das »Sentimentale«, »Rührende«, »innerlich Würdige«[201]. Aus der Synthese beider Kulturen erwächst für ihn schließlich als dritte, höhere, die Kultur der bürgerlichen Neuzeit. Das »ritterliche«, »galante« und doch »tüchtige« Mittelalter eignet sich die Kultur der Antike an und zeugt: die deutsche Klassik, die sich bewußt als Kunst des idealen, in die Zukunft weisenden Entwurfs versteht. Ein Mensch wird entworfen, der naiv-sinnliche Natürlichkeit und verinnerlichte Geistigkeit in sich vereinigt und in vollendeter Harmonie mit seiner natürlichen und gesellschaftlichen Umwelt lebt. Goethe trägt der realen geschichtlichen und kulturgeschichtlichen Entwicklung im ersten Drittel des 19. Jahrhunderts Rechnung, wenn er am Ende des »Stücks« das hohe »arkadische« Kunst- und Menschenideal am Bemühen, sich in das reale Leben einzuführen, zerschellen läßt.

Die ungeheure Weiträumigkeit und Vielschichtigkeit des historischen Vorgangs zieht Goethe im »Stück« zu einer einzigen überschaubaren »Handlung« zusammen. Mehrfach betont er, daß er das »Stück«, das seinem Gegenstand nach eigentlich eine Vielheit historischer, örtlicher und handlungsmäßiger Vorgänge erforderte, mit vollem Bewußtsein gemäß den »drei Einheiten« komponiert hat: »Das Merkwürdigste bey diesem Stück ist daß es ohne den Ort zu verändern gerade drey Tausendjahre spielt, die Einheit der Handlung und des Orts aufs genaueste beobachtet, die dritte jedoch phantasmagorisch ablaufen läßt.«[202] Im Einsatz der formalen Mittel folgt das »Stück« dem kulturgeschichtlichen Prozeß, den es jeweils darstellt, wodurch es die unterschiedlichen Dichtungselemente gleichsam selbst zum Gegenstand der Handlung erhebt. Solche Elemente sind: die griechische Tragödie, der deutsche Minnesang, die persische Liebesdichtung, die europäische Pastorale und schließlich die Oper.[203] Entsprechend der Kunstgeschichte variiert auch die Szenerie. Der 3. Akt wird durch dieses Verfahren stilistisch zum variabelsten Teil des Faust II.

»Vor dem Palaste des Menelas zu Sparta« (8488–9126)

Der 3. Akt beginnt im Stil einer antiken Tragödie bei jener Wurzel der modernen bürgerlichen Kunstschöpfung »Arkadien«, die am weitesten in die Geschichte hinabreicht: bei Helena.

Helena steht, umgeben von einem Chor gefangener Trojanerinnen, vor dem Palaste des Menelas in dem Bewußtsein, nach einer langen, durch die Entführung und den trojanischen Krieg bedingten Abwesenheit als wirklich lebender Mensch an die heimischen Gestade Spartas zurückgekehrt zu sein. Sie glaubt sich von ihrem Gatten, der noch am Ufer des Eurotas sein Heer musterte, vorausgeschickt, um alles für seine Ankunft im Palast vorzubereiten. Als sie jedoch den Palast, den ihre Vorfahren gebaut haben, in dem sie aufgewachsen ist und in dem sie als Königin geherrscht und gelebt hat, wieder betritt, findet sie seltsamerweise nicht mehr die Ihrigen vor, sondern nur noch ein totes Gehäuse: »Als ich des Königshauses ernsten Binnenraum, / Der nächsten Pflicht gedenkend, feierlich betrat, / Erstaunt ich ob der öden Gänge Schweigsamkeit. / Nicht Schall der emsig Wandelnden begegnete / Dem Ohr, nicht raschgeschäftiges Eiligtun dem Blick, / Und keine Magd erschien mir, keine

Schaffnerin, / Die jeden Fremden freundlich sonst begrüßenden«
(8667–73). Als einziges Lebewesen trifft sie ein »verhülltes großes Weib« (8676) an, »in hagrer Größe, hohlen, blutig-trüben
Blicks, / Seltsamer Bildung« (8689 f.), das ihr den Weg vertritt
und sie »gebieterisch« (8688) »von Herd und Halle« (8683) hin-
wegweist. Die Macht dazu scheint ihr zunächst allein die Häßlichkeit zu geben, die, als Gegengewalt zur Schönheit, Helena
erschreckt und aus dem Palast vertreibt. Und so schmäht auch
der Chor sie als »Scheusal« (8736), das leider neben der Schönheit in der irdischen Welt Bestand hat. Doch bald stellt sich
heraus, daß ihr jene Macht zuwächst, weil sie allein die wirklichen Zusammenhänge kennt. Phorkyas allein weiß nämlich als
»Ur-Urälteste« (8950), daß Helena deshalb nicht in ihr Vater-
haus zurückkehren kann, weil es einer toten Vergangenheit an-
gehört, und daß Helena selbst kein wirklicher Mensch des griechischen Altertums, sondern eine theatralische Gestalt ist.

Helena erscheint mit dem unerschütterlichen Bewußtsein ihrer
realen Identität. Dieses falsche Bewußtsein wird Phorkyas jetzt
nach und nach zerstören. Der erste Angriff gilt über den Chor
Helenas Schönheit. Phorkyas macht sich zum Anwalt der
»Scham« (8755), um die schönen Mädchen in ihrer amoralischen
Sinnlichkeit zu entlarven. Noch kann Helena die Vorwürfe
gegen ihre Untergebenen als Herrin zurückweisen. In einem
zweiten Angriff, der sich wieder zugleich gegen den Chor und
gegen Helena richtet, zielt Phorkyas nicht mehr nur auf die
Schönheit der Mädchen, sondern auf ihre antike Wirklichkeit.
Sie rückt den Chor in verwandtschaftliche Beziehungen zur Herrin des Totenreiches. Sie verweist ihn in den »Orkus«, die Wohnung seiner »Sippschaft« (8815). Indem sie die Mädchen schließlich auf ihre »Vampirenzähne« (8823) anspricht, stellt sie sie als
Tote hin, deren sinnliche Lebensgier sie zu Vampiren macht.
Durch das Gezänk, in dem sich Phorkyas und der Chor gegenseitig der Abkunft vom »Orkus« bezichtigen, beginnt für Helena
der feste Boden ihrer antiken Gegenwärtigkeit zu wanken:
». . . Ihr habt in sittelosem Zorn / Unsel'ger Bilder Schreckgestal-
ten hergebannt, / Die mich umdrängen, daß ich selbst zum
Orkus mich / Gerissen fühle, vaterländ'scher Flur zum Trutz«
(8834–37). Ein Vorgefühl ihrer gespenstischen Existenz kommt

sie an. Sie bittet Phorkyas, sie durch Aufklärung über ihren wahren Zustand von diesem »Traum- und Schreckbild« (8840) zu befreien. Phorkyas nutzt die Bitte, um zum Generalangriff überzugehen. Sie entwirft ein Bild von Helenas bisherigem Leben, wobei sie jedoch – das wird Helena die Augen öffnen – nicht wie erwartet mit derer Rückkehr nach Sparta schließt. Indem sie nämlich als letztes von Helenas Liebesabenteuern das Abenteuer mit Achill anführt, geht sie über das menschliche Leben Helenas hinaus und bezieht sich auf Helena als Gestalt des Mythos: »Dann sagen sie: aus hohlem Schattenreich herauf / Gesellte sich inbrünstig noch Achill zu dir!« (8876 f.). Sich selbst auf die Worte ihrer Sage berufend, erkennt sich Helena als dichterisch-mythisches Bild: »Ich als Idol ihm dem Idol verband ich mich« (8879). Sie verliert das falsche Bewußtsein, antiker Mensch zu sein, und fällt dem Chor ohnmächtig in die Arme: »Ich schwinde hin und werde selbst mir ein Idol« (8881).

Helena erwacht aus der Ohnmacht im Bewußtsein ihres Kunstcharakters. Damit erst sind die Voraussetzungen gegeben, daß sie in ihrer eigentlichen »Großheit« erstehen und ihre eigentliche Macht als herausragende Kunstleistung der Antike entfalten kann. Phorkyas begrüßt sie huldigend in ihrem neuen »Leben«: »Tritt hervor aus flüchtigen Wolken, hohe Sonne dieses Tags, / Die verschleiert schon entzückte, blendend nun im Glanze herrscht. / ... / Stehst du nun in deiner Großheit, deiner Schöne vor uns da, / Sagt dein Blick, daß du befiehlest ...« (8909 f.; 8916 f.).

Helena, eben erst als Kunstgestalt wiedergeboren, muß von Phorkyas erfahren, daß Menelaos sie vernichten will, weil er sie nicht mehr besitzt: »Unteilbar ist die Schönheit; der sie ganz besaß, / Zerstört sie lieber, fluchend jedem Teilbesitz. / Wie scharf der Trompete Schmettern Ohr und Eingeweid / Zerreißend anfaßt, also krallt sich Eifersucht / Im Busen fest des Mannes, der das nie vergißt, / Was einst er besaß und nun verlor, nicht mehr besitzt« (9061–66). Der Sinn dieser seltsamen Begründung von Menelaos' Rachegelüsten enthüllt sich erst, als Phorkyas Helena über die geschichtlichen Veränderungen aufklärt, die in Sparta vorgegangen sind. Menelaos besitzt Helena nicht mehr, weil seit dem Fall von Troja Jahrhunderte vergangen sind, weil die Gesellschaft der antiken Griechen längst zerfallen ist und andere sich die Herrschaft in Griechenland angeeignet haben: »Wer aber seiner Schwelle heilige Richte leicht / Mit flüchtigen Sohlen überschreitet freventlich, / Der findet wiederkehrend wohl den alten Platz, / Doch umgeändert alles, wo nicht gar zerstört« (8978–81). Wenn Goethe Helena durch einen Menelaos bedrohen läßt, so meint er über den Gatten der Helena hinaus die antiken Griechen und ihre byzantinischen Nachfolger, die die Herrschaft in Griechenland verloren haben. Helena droht die Vernichtung durch sie, weil sie ihr keine Heimstatt mehr bieten können.

Der Untergang der antiken Kunstschönheit Helena scheint »unvermeidlich« (8926). Da eröffnet Phorkyas auf das Flehen des Chores die Möglichkeit einer »Rettung« (8953). Sie gründet sich auf ein aus dem Norden kommendes »kühnes Geschlecht«, das, während Menelaos vor Troja lag, dessen ehemaliges Reich in Besitz genommen hat[204]: »Dort hinten still im Gebirgtal hat ein kühn Geschlecht / Sich angesiedelt, dringend aus cimmerischer Nacht, / Und unersteiglich feste Burg sich aufgetürmt, / Von da sie Land und Leute placken, wie's behagt« (8999–9002). Nur dann kann Helena »sich selbst ... erhalten« (8955), wenn sie in die Burg hinüberwechselt und sich von dem kühnen Geschlecht aufnehmen läßt. Um sie zu diesem Entschluß zu bewegen, hebt Phorkyas mit allen Mitteln die Überlegenheit dieses Geschlechts hervor. Im Gegensatz zum »raubschiffenden« (8985) Menelaos seien die neuen cimmerischen Herren »nicht Räuber« (9006). Gegen die »menschenfresserische« (9015) Grausamkeit manches Griechenhelden stellt Phorkyas die humane »Großheit« (9016) ihres »Herrn« (9006). Und vor allem rühmt sie gegen das »plumpe Mauerwerk« antiker Befestigungen (9018) dessen Burg: »... dort hingegen, dort / Ist alles senk- und waagerecht und regelhaft. / Von außen schaut sie! himmelan sie strebt empor, / ... / Und innen großer Höfe Raumgelasse, rings / Mit Baulichkeit umgeben, aller Art und Zweck / Da seht ihr Säulen, Säulchen, Bogen, Bögelchen, / Altane, Galerien ...« (9021–23; 9026–29).

Das von Faust geführte Geschlecht in der Nähe von Sparta stellt sich als ein deutsches feudales Gemeinwesen des Hochmittelalters heraus. Goethe hat sich hier durchaus an die Geschichte gehalten. Nach der Eroberung Konstantinopels im Jahre 1204 im Verlauf des vierten Kreuzzuges gründeten fränkische und deutsche Kreuzritter auf dem Peloponnes kleine Feudalstaaten. Das Gebiet des antiken Lakonien kam dabei unter die Herschaft des Herzogtums Achaia, das 1207 von Guillaume de Villehardouin geschaffen worden war. Sitz der Dynastie war die in der Nähe Spartas erbaute Burg Mistra.

Helena zögert zunächst mit ihrer Einwilligung, denn sie weiß sehr wohl um die dialektische Einheit von Vernichtung und Bewahrung, die eine »Rettung« durch Aufnahme in das mittelalterliche Geschlecht bedeutet. Ihre angestammte Eigenart wird sie in dem neuen Lebensbereich nicht vollständig bewahren können. Erst unter dem Eindruck unmittelbarer Bedrohung folgt sie Phorkyas in die Burg, ohne jedoch das geforderte »Ja« (9049) auszusprechen.

»Innerer Burghof« (9127–9573)

In der Burg fühlt sich Helena allein und sich selbst überlassen. Doch nur für kurze Zeit. Helena wird eingeladen, als »erhabene Herrscherin« (9198) auf einem schnell errichteten »Thron« (9168) im Burghof Platz zu nehmen. Als Herr der Burg erscheint am Ende eines langen festlichen Zuges Faust »in ritterlicher Hofkleidung des Mittelalters« (nach 9181), um die »fürstliche Hochbegrüßung« Helenas (9147), die zum rechten Moment versäumt ward, nachzuholen. Mit sich führt er gefesselt den Turmwächter Lynkeus, der das »Versäumnis« (9206) verschuldet hat. Er fordert Helena auf, »Richterin« (9214) des Beschuldigten zu sein: ». . . doch nur du allein / Bestrafst, begnadigst, wie dir's wohlgefällt« (9211 f.).

Den Vorfall schildernd, offenbart Lynkeus stellvertretend für seinen Herrn die Wirkung, die Helena auf die mittelalterliche Burgwelt ausübt. In zwei Reimliedern bringt er zum Ausdruck, wie die Begegnung mit der antiken Kunstschönheit Helena das gesellschaftliche Bewußtsein und die Lebensweise der Burgwelt verändert hat. Im ersten Lied schildert Lynkeus, hier noch gefesselt, leidenschaftlich betroffen das erste unmittelbare Erlebnis der wie eine Sonne im »Süden« (9225) aufgehenden Schönheit; Helena hat alle seine geistigen Kräfte gefesselt, sie hat ihn die Wirklichkeit um sich herum vergessen lassen. Mit Lynkeus beugt sich auch Faust vor der überwältigenden Macht der Schönheit: »Was bleibt mir übrig, als mich selbst und alles, / Im Wahn das Meine, dir anheimzugeben? / Zu deinen Füßen laß mich, frei und treu, / Dich Herrin anerkennen, die sogleich / Auftretend sich Besitz und Thron erwarb« (9268–72).

Im zweiten Lied bekundet sich aus einem gewissen Abstand, was sich in Lynkeus durch die Begegnung mit der antiken Schönheit verändert hat. Von Helena freigelassen und vor ihr seine Schätze ausbreitend, erzählt er vom bisherigen auf »Reichtum und Gewalt« (9323) gerichteten Leben seines Stammes. Goethe beschwört hier die Zeit der Völkerwanderung, in der sich germanische Stämme über die Länder des Altertums ergossen. Lynkeus endet mit dem Bekenntnis, daß angesichts der Schönheit sein bisheriges Leben sinnlos geworden sei. Auf seine Schätze deutend: »Das alles hielt ich fest und mein, / Nun aber, lose, wird es dein. / Ich glaubt es würdig, hoch und bar, / Nun seh ich, daß es nichtig war« (9325–28). Lynkeus will sich auf der »Bahn« (9319) der Schönheit, die ihn »bettelarm« (9276) gemacht hat, bewegen, um wieder »fürstenreich« (9276) zu werden.

Faust identifiziert sich mit dem Wunsch Lynkeus', die »Bahn« der antiken Schönheit zu betreten, und erhebt ihn zum Leitbild für die weitere geschichtliche Entwicklung des ganzen »Geschlechts«. Fausts Welt, die über eine große ökonomische und politische Macht verfügt, jedoch ohne Schönheit geblieben ist, öffnet sich, vom Hochmittelalter in die Renaissance hinüberspringend, der griechisch-antiken Kunst und Kultur. Die Verwebung (9416) der antiken Schönheit in die mittelalterliche Welt kann sich vollziehen. Dargestellt wird sie durch die stetige Verringerung der Distanz zwischen Helena und Faust. Zu Beginn der Szene sitzt Helena, von Faust zur Herrscherin bestellt, allein erhöht auf dem Thron. Weil sie jedoch weiß, daß sie ohne Faust ein Nichts wäre, fordert sie ihn an ihre Seite: »Ich wünsche dich zu sprechen, doch heran / An meine Seite komm! der leere Platz / Beruft den Herrn und sichert mir den meinen«

(9356–58). Was jedoch erst eigentlich die Distanz überbrücken wird, ist der sonderbare Reiz, der von der »Sprechart« (9372) dieser Welt, dem Reim, auf Helena ausgeht. Sie möchte »auch so schön« (9377) sprechen. Und weil das Reimen ein Sprechen des »Herzens« (9378) ist, gelingt es Faust, dessen »Brust von Sehnsucht überfließt« (9379), bei einer »Wechselrede« (9376), die er beginnt, aus Helena das ergänzende Reimwort herauszu-locken. Das entsprechende Reimwort findend, offenbart Helena ihre Liebe zu Faust. In den Zärtlichkeiten der Liebenden vor aller Augen erreicht die Annäherung zwischen Helena und Faust ihren öffentlichen Höhepunkt: »Nicht versagt sich die Majestät / Heimlicher Freuden / Vor den Augen des Volkes / Übermütiges Offenbarsein« (9407–10).

Die Liebesverbindung mit Faust gewährt Helena in ver-änderter Gestalt eine neue Gegenwärtigkeit: »Ich fühle mich so fern und doch so nah / Und sage nur zu gern: Da bin ich! da! / ... / Ich scheine mir verlebt und doch so neu, / In dich verwebt, dem Unbekannten treu« (9411 f.; 9415 f.). Faust als der Initia-tor geht durch die »Aufhebung« der antiken Kultur über das feudale Zeitalter hinaus und erreicht die bürgerliche Neuzeit. Die Verbindung der Errungenschaften der Geschichte des deut-schen Volkes mit der Kultur der Antike befähigt ihn zu einer Gipfelleistung, die sich als wegweisend für die weitere ge-schichtliche Entwicklung begreift. Diese Leistung ist der in einem Kunstwerk vorgetragene Entwurf einer idealen Daseins-weise des Menschen, ist die Schaffung »Arkadiens« (9569).

Bevor jedoch Faust sich zum Künstler »steigern« und »Arka-dien« schaffen kann, muß er die Beziehung zu Helena gegen das heranrückende Heer des Menelaos verteidigen. Goethe mag hier die Versuche der entthronten byzantinischen Herrscher im Auge gehabt haben, den Peloponnes wieder von den Franken zurück-zuerobern. Das »einzigste Geschick« (9417) bleibt ein Besitz, der neu erkämpft werden muß. Faust antwortet unverzüglich und schlägt mit versammelter Heereskraft den Angriff des Menelaos zurück. Nach dem Kampf belehnt er die fünf Stämme der Ger-manen, Goten, Franken, Sachsen und Normannen mit dem griechischen Boden, ihnen damit gleichzeitig das Erbe der Antike übertragend. Die Fürsten entfernen sich zu ihren Lehen.

Faust will mit Helena in der »Mitte« »standhalten« (9509). Der politische wandelt sich in einen geistigen Vorgang.

Vor Fausts innerem Auge ersteht jetzt »Arkadien« als Folge einer großen Anstrengung, wie der vorhergegangene Krieg beweist, und nicht als märchenhaftes Schlaraffenland. Faust denkt und schafft sich eine ideale Kunstwirklichkeit, in welcher der Mensch mit sich und mit seiner natürlichen und gesellschaftlichen Umwelt in vollendeter Harmonie lebt und damit sein Dasein in die Nähe zu »Gott« steigert: »Hier -ist das Wohlbehagen erblich, / Die Wange heitert wie der Mund, / Ein jeder ist an seinem Platz unsterblich: / Sie sind zufrieden und gesund . . . / Wir staunen drob; noch immer bleibt die Frage: / ob's Götter, ob es Menschen sind?« (9550-53, 9556 f.). »Arkadien« ist eine »schöne, sich erhebende Fiktion«, eine »Idylle«, jedoch in dem Sinn, den ihr Schiller in seiner großen Abhandlung »Über naive und sentimentalische Dichtung« gegeben hat: Sie beinhaltet den »Begriff eines völlig aufgelösten Kampfes sowohl in dem einzelnen Menschen als in der Gesellschaft, einer freyen Vereinigung der Neigungen mit dem Gesetze, einer zur höchsten sittlichen Würde hinaufgeläuterten Natur, kurz, er (der Begriff der Idylle – H. H.) ist kein andrer als das Ideal der Schönheit auf das wirkliche Leben angewendet. Ihr Charakter (der Idylle – H. H.) besteht also darinn, daß *aller Gegensatz der Wirklichkeit mit dem Ideale* . . . vollkommen aufgehoben sey, und mit demselben auch aller Streit der Empfindungen aufhöre. *Ruhe* wäre also der beherrschende Eindruck . . . aber Ruhe der Vollendung, nicht der Trägheit; eine Ruhe, die aus dem Gleichgewicht nicht aus dem Stillstand der Kräfte, die aus der Fülle nicht aus der Leerheit fließt, und von dem Gefühle eines unendlichen Vermögens begleitet wird.«[205]

»Der Schauplatz verwandelt sich durchaus«
(»Schattiger Hain«) (9574–10 038)

Arkadien existiert am Ende der Szene »Innerer Burghof« zunächst nur in Fausts bukolischem Hymnus. Jetzt nimmt es als eine fiktive Wirklichkeit konkrete Gestalt an, um Faust und Helena als künftige Heimstatt zu dienen. Faust verläßt die

»feste Burg« (9566), weil sie nicht mehr seinem neuen Bewußtsein entspricht, und geht in die selbstgeschaffene Gedankenwirklichkeit über, die durch ihre äußere Erscheinung – ein »Schattiger Hain«, ringsum von »Felsensteile« umgeben – deutlich in ihrem weltabgeschirmten Kunstcharakter gekennzeichnet ist. Faust zu Helena: »Nicht feste Burg soll dich umschreiben! / Noch zirkt, in ewiger Jugendkraft / Für uns zu wonnevollem Bleiben, / Arkadien in Spartas Nachbarschaft. / Gelockt, auf sel'gem Grund zu wohnen, / Du flüchtetest ins heiterste Geschick! / Zur Laube wandeln sich die Thronen, / Arkadisch frei sei unser Glück« (9566–73).

Zusammen mit der Kunstwirklichkeit Arkadien entsteht der Knabe Euphorion. Phorkyas berichtet dem Chor, daß dem »idyllischen Liebespaare« (9587) Faust und Helena »abgesondert / von der Welt« (9588 f.) in »unerforschten Tiefen« (9696) auf wunderliche Weise (9579; 9582) ein Kind geboren worden ist. In dem Geschehen um Euphorion wird das »Schauspiel« des 3. Aktes kulminieren und gleichzeitig sein Ende finden. Um diese Gipfelstellung zu unterstreichen, plante Goethe die Verwendung von Musik. Er dachte sich das Geschehen um Euphorion von dessen Wiederauftauchen aus einer Felsspalte bis einschließlich des Trauergesanges (9679–9938) als eine durch Pausen in drei Teile gegliederte Oper. »Es wird«, so sagte Goethe am 25. Januar 1827 zu Eckermann, »auf der Bühne einen ungewohnten Eindruck machen, daß ein Stück als Tragödie anfängt und als Oper endigt. Doch es gehört etwas dazu, die Großheit dieser Personen darzustellen und die erhabenen Reden und Verse zu sprechen.«[206]

Euphorion ist als Kind der antiken Schönheit Helena und des sich zuletzt zum Künstler steigernden Faust selbst ein Künstler, ein Dichter. Er besitzt von Geburt an eine »übermächtige Geisteskraft« (9624), die ihn ständig nötigt, über die Oberfläche der Wirklichkeit hinauszugehen und zum Wesen der Erscheinungen vorzudringen (9919). Symbolform für dieses geistige Sichlösen von der oberflächlichen Erscheinung und nicht für ein subjektiv-vermessenes Überspringen der Wirklichkeit ist das Springen. Sogleich nach der Geburt durchmißt Euphorion mit wenigen Sprüngen die »Höhlenräume« (9598), in denen er zur

Welt kam: »Nackt, ein Genius ohne Flügel, faunenartig ohne Tierheit, / Springt er auf den festen Boden, doch der Boden gegenwirkend / Schnellt ihn zu der luft'gen Höhe, und im zweiten, dritten Sprunge / Rührt er an das Hochgewölb« (9603–06). Springen bleibt fortan seine Art der Fortbewegung. Die Eltern begrüßen das, warnen jedoch vorm »freien Flug« (9608). Nach seinem Wiederauftauchen aus einer Felsenspalte erkennt man den »künftigen Meister alles Schönen« (9626) auch schon an seinem Äußeren: »... Blumenstreifige Gewande / Hat er würdig angetan. / Quasten schwanken von den Armen, Binden flattern um den Busen, / In der Hand die goldne Leier, völlig wie ein kleiner Phöbus« (9618–20).

Euphorion gehört als Dichter in die Neuzeit. Das verdeutlicht einmal der Hinweis auf Byron (Gespräch mit Eckermann vom 5. 7. 1827; Szenar nach 9902), ferner die Musik, die Euphorion macht: Ein »reizendes, reinmelodisches Saitenspiel« (nach 9678), das auf »Herzen wirken soll« (9686) und zur »Tränenlust erweicht« (9690). Alle diese Elemente verkörpern im Mischungsverhältnis der » klassisch-romantischen Phantasmagorie« (s. S. 195) die Komponente des Modernen, »Romantischen« als einer historisch gewordenen Haltung, die in Kunst und Leben als »klassisch« geltende Natur- und Kulturnormen überschreitet. Gleichzeitig besitzt er aber auch einen Traditionsbezug zur griechischen Antike. Angeregt durch den Phorkyas-Bericht über Euphorion, erklärt der Chor in der »urväterlichen Sage« (9635) von den ersten Taten des Hermes nach seiner Geburt gegen seinen Willen, daß Euphorion durchaus Hermes zur Seite zu stellen ist, daß er unter veränderten Bedingungen »heutigen Tags« (9638) antike Verhaltensweisen fortführt. Deshalb darf er auch nicht, wie es noch oft geschieht, einseitig als Vertreter der Romantik aufgefaßt werden.

Zu Beginn seiner Laufbahn fügt sich Euphorion seiner Abstammung gemäß widerspruchslos in Arkadien ein. Mit seinen Eltern bildet er eine harmonische Einheit, einen »holden Bund« (9883). Doch sehr bald zeigt sich ein Neues an ihm, das ihn von seinen Eltern unterscheidet. Er möchte die Kunst aus der Sicherheit der Kunstwelt Arkadien herausführen und sie im wirklichen Leben selbst zu einer *unmittelbar* wirklichkeitsverändernden Kraft machen. Offenbar reflektiert hier Goethe die Programmatik einer neuen jungen Dichtergeneration, die ihm selbstgenügsame Entfernung vom Leben vorwirft und von der Kunst eine unmittelbare gesellschaftliche Wirksamkeit verlangt. Während Faust und Helena am Leben im »holden Land« (9833) Arkadien ihr Genügen finden, hat Euphorion schon nach kurzer Zeit im Singen und Tanzen mit dem Chor keine Befriedigung mehr. Er empfindet Arkadien als »Enge«, die ihn von der Wirklichkeit als seinem eigentlichen Betätigungsfeld fernhält: »Felsengedränge hier / Zwischen dem Waldgebüsch, / Was soll die Enge mir, / Bin ich doch jung und frisch« (9811–13). Vom Sausen der Winde und dem Brausen der Wellen, die schon die Wirklichkeit ahnen lassen, angelockt, springt Euphorion »immer höher felsauf« (nach 9818), bis er den Kamm des Arkadien umgebenden Gebirges erklommen hat. Von dort aus sieht er, zugleich seinen eigenen Standort erkennend (9823 bis 9826), zum erstenmal in die Wirklichkeit hinein: Er sieht im umliegenden Land und auf dem Meere kriegerische Auseinandersetzungen. In einem ekstatischen Aufruf ergreift er für die »Kämpfenden« (9849), »welche dies Land gebar« (9843) und welche »unerobert wohnen (wollen)« (9859), Partei und sieht sich im Geiste schon am Befreiungskampf teilnehmen: »Nein, nicht ein Kind bin ich erschienen, / In Waffen kommt der Jüngling an; / Gesellt zu Starken, Freien, Kühnen, / Hat er im Geiste schon getan« (9870–73). Das Bekenntnis zum Kampf der Griechen gegen die türkische Fremdherrschaft reicht jedoch Euphorion bald darauf nicht mehr aus: »Sollt ich aus der Ferne schauen? / Nein, ich teile Sorg und Not« (9883 f.). Ein bewundernswertes, mutiges »höchstes Sinnen« (9927) drängt ihn, das ideale Menschenbild Arkadiens in der Wirklichkeit selbst realisieren zu helfen. Er stürzt sich in die Lüfte, um sich mit den Freiheitskämpfern zu vereinen.

Der Versuch Euphorions, als Gestalt der Kunstwelt Arkadien wie ein wirklicher Krieger für die Freiheit eines Volkes zu fechten, scheitert. Euphorion zerschellt als ein zweiter »Ikarus« (9901) am Boden. Sein Tod zieht Helena nach. Der »holde Bund« in Arkadien löst sich auf.

Das Scheitern Euphorions trifft den Anspruch, mit dem schon

Faust am Kaiserhof angetreten ist und den dann am Ende des 3. Aktes am eindrucksvollsten Euphorion vorführt: den Anspruch nämlich, als Künstler eine neue Gesellschaft, die auf Tätigkeit beruht, unmittelbar wirklichkeitsbildend hervorzubringen, also gleichsam die *erste* Kraft dieser neuen Lebensweise zu sein. Zwar findet dieser Anspruch, wie auch das Urteil über Euphorion im »Trauergesang« (9907–38) zeigt, als Zeugnis eines integren edlen Wollens hohe Achtung; doch es wird gleichzeitig unmißverständlich deutlich gemacht, daß eine neue »tätige« Gesellschaft nicht primär durch die Kunst errichtet werden kann: »Doch zuletzt das höchste Sinnen / Gab dem reinen Mut Gewinn, / Wolltest Herrliches gewinnen, / Aber es gelang dir nicht. / Wem gelingt es? ...« (9927–31). Faust ist danach gezwungen, die entscheidende gesellschaftsbildende Kraft in einer anderen Tätigkeit zu suchen. Das Scheitern Euphorions trifft indes nicht die Kunst schlechthin. Daß mit dem Ende des 3. Aktes sich ihr Reich auflöst und die künstlerische Tätigkeit abbricht, bedeutet nicht deren Vernichtung. Zwar vergeht die »ästhetische Sphäre« in der Gestalt, unter der sie im 3. Akt erschienen ist: Das »Körperliche« von Euphorion und Helena »verschwindet« (nach 9902; nach 9944). Die Kunst selbst, symbolisiert in ihren Zeichen, bleibt jedoch erhalten. Bei Euphorion: »Kleid und Schleier bleiben ihm (Faust – H. H.) in den Armen« (nach 9944). Der »Trauergesang« auf Euphorion, der bezeichnenderweise »kaum zu klagen weiß« (9911), drückt die Gewißheit aus, daß sich die Kunst unverlierbar weiter entwickeln wird: »Doch erfrischet neue Lieder, / Steht nicht länger tief gebeugt: / Denn der Boden zeugt sie wieder, / Wie von je er sie gezeugt« (9935–38). Der Schluß des 3. Aktes birgt diese Kontinuität noch im bacchanalisch-urwüchsigen Gesang eines allumfassenden unvernichtbaren Werdens (9985–10 038). Das Scheitern der Kunst an einer Aufgabe, die sie nicht lösen kann, führt also nicht zu ihrer totalen Negation. Die Kunst behält im Ganzen der Dichtung ihre Bedeutung. Nur kann sie im Gegensatz zur Sichtweise innerhalb der Akte 1 bis 3 jetzt nicht mehr die *entscheidende* Kraft beim Aufbau einer bürgerlichen Gesellschaft sein. Sie bleibt jedoch notwendige Durchgangsstufe, unerläßliche Voraussetzung, die ein produktives Weiterschreiten zum angestrebten Ziel erst ermöglicht. Sinnfällig drückt sich das im Übergang Fausts von seinem Künstlertum zu einer neuen Tätigkeit im 4. und 5. Akt aus. Ohne Helena wäre es zu einem solchen Übergang nicht gekommen, denn es sind ihr Kleid und ihr Schleier, die ihn in seinen neuen Lebensbereich hinübertragen. Helenens »Gewande lösen sich in Wolken auf, umgeben Faust, heben ihn in die Höhe und ziehen mit ihm vorüber« (nach 9954). Auf dieser »Wolke Tragewerk« (10 041) wird Faust im 4. Akt ankommen.

Vierter Akt (10 039–11 042)

»Hochgebirg« (10 039–10 344)

Das unwegsame Hochgebirge ist der Ort der Überschau und zugleich der Ort des Umbruchs, der dem Eintritt Fausts in eine neue Praxis vorausgeht. Faust entsteigt der aus Helenas Schleier entstandenen Wolke, die ihn »über Land und Meer« (10 042) wieder in den heimatlichen Norden geführt hat, und läßt sich auf der hohen Warte eines Berggipfels nieder. Noch wirkt das Helena-Erlebnis nach, noch spricht Faust im antiken Versmaß des jambischen Trimeters. Doch schon »löst sich« (10 043) die Wolke langsam von ihm ab, um »nach Osten« (10 044) zu streben, wo sie dann »formlos breit und aufgetürmt« (10 052), einem »fernen Eisgebirge gleich« (10 053), ruhen bleibt. Die Kultur der Antike wandelt sich im Bild der Wolke zu einer fernen spiegelnden Größe. Sie bekundet ihre Göttlichkeit (10 049 f.) und wird Faust immer wieder an »flücht'ger Tage großen Sinn« (10 054) erinnern.

Aus der Wolke bildet sich jedoch nicht nur das Bild der Helena, sondern gleichzeitig eine Gestalt, die offensichtlich auf die Schlußszene vorausweisen soll. »Die Wolke«, so heißt es im Paralipomenon 106, »steigt halb als Helena nach Südosten, halb als Gretchen nach Nordwesten.«[207] Der »Nebelstreif« (10 055), der sich zum Gretchenbild fügt, »erhebt sich« bezeichnenderweise »in den Äther hin« (10 065). Helena hat sich von Faust abgelöst. Es ist die Erinnerung an Gretchen, die jetzt »das Beste (s)eines Innern« (10 066) nach oben mit sich fortzieht.

Faust steht vor einem Neubeginn. Welcher Tätigkeit soll er sich zuwenden? Wie soll sein weiteres Leben beschaffen sein? Geklärt wird diese für den Ausgang des Dramas entscheidende Frage in einem Gespräch mit dem wieder demaskierten Mephisto, das Goethe in Anlehnung an das Matthäus-Evangelium als Versuchung gestaltet hat. Mephisto versucht Faust. Dieser wird die Versuchung abweisen, um ihr seine eigene Konzeption des Lebens entgegenzusetzen.

Ehe Mephisto sein Angebot offen darlegt, verrät er schon in einem scheinbar nur geologischen Streitgespräch, daß es im »Zeichen« von »Tumult, Gewalt und Unsinn« (10 127) steht. Wenn er nämlich die Auffassung vertritt, daß diese »Gebirgesmasse« (10 095) aus einer »teuflischen« gewaltsamen Umwälzung hervorgegangen sei, bei der sich »das Unterste ins Oberste« (10 090) gekehrt habe, dann wird ausdrücklich nahegelegt, die Gültigkeit dieser Lehre auch auf die gesellschaftliche Wirklichkeit auszudehnen. Mephisto möchte Faust in die bestehende gesellschaftliche Wirklichkeit als Fürsten eingliedern. Faust lehnt diese Eingliederung ab, weil nach seiner Auffassung die bestehenden Verhältnisse nichts anderes hervorbringen können als den gewaltsamen Umsturz. Der Landesherr, den Faust abgeben soll, erfüllt in der Art der Landesherren seine Aufgabe nicht und führt nur ein Leben des Genusses. Aber das ist nicht der einzige Grund, von dem eine Bedrohung der bestehenden Ordnung ausgeht. Faust könnte ja versuchen, ein besserer Landesherr zu sein. Er hält jedoch einen solchen Versuch für sinnlos, da das Volk auch durch zeitgemäße Verbesserungen sich von einem gewaltsamen Umsturz nicht abhalten läßt. Es ist bedeutsam, daß Faust das beklemmende Bild Mephistos vom Lebenswandel eines Duodezfürsten erst in seiner zweiten Replik mit dem verächtlichen Ausruf »Schlecht und modern! Sardanapal!« (10 176) bekräftigt, in der ersten dagegen die Aufmerksamkeit auf das Volk lenkt, das mit seiner Regierung eigentlich zufrieden sein müßte, weil es ihm gar nicht so schlecht geht, in Wirklichkeit aber immer auf Rebellion aus ist (10 156 bis 10 159). Faust will kein sardanapalischer Fürst sein; er will aber auch nichts mit einem Volk zu tun haben, das sich durch die Verbesserung seiner materiellen und geistigen Lage nicht vom Umsturz abhalten läßt.

Aus dieser bitteren Absage spricht die Erfahrung der Julirevolution von 1830 in Frankreich und der sich anschließenden Aufstände in den deutschen Staaten. Die Julirevolution ist für Goethe eine gesellschaftliche Tragödie allergrößten Ausmaßes. Er muß die erneute gewaltsame Einmischung des »revolutionären Pöbels«[208] in die »höchsten Angelegenheiten des Staates«[209] aufs schärfste verurteilen, da sie nach seiner Auffassung immer nur die öffentliche Ordnung zerstört und Besitz und Leben der Bürger bedroht, ohne im Staat irgend etwas zu verbessern. Gleichzeitig muß er sich eingestehen, daß die Fürsten für den Volksaufstand die Verantwortung tragen, weil sie das Regierungsgeschäft nicht zum Wohle des Volkes ausgeübt haben. Ein erneutes schmähliches Versagen also gleichermaßen der Fürsten wie des Volkes. Die Julirevolution zwingt Goethe die schmerzliche Einsicht auf, daß seine »Vorstellungen über die Möglichkeiten eines evolutionären Weges der Umgestaltung«[210] gescheitert sind. Die bestehende feudalabsolutistische Ordnung ist als Wirkungsfeld für Faust grundsätzlich ausgeschlossen. Faust sieht als einzige Chance zu sinnvoller Tätigkeit einen die bestehende Gesellschaft radikal hinter sich lassenden Neubeginn. Einen »Raum zu großen Taten« (10 182) erblickt er allein im Kampf mit der »zwecklosen Kraft unbändiger Elemente« (10 219). Faust will der Uferzone des Meeres Land abgewinnen, um dort eine neue Ordnung zu begründen, wo es bisher keine gegeben hat. Nicht also um die Umwälzung bestehender Verhältnisse geht es, sondern um die Stiftung ganz neuer. Im Scenario des 4. Aktes vom 16. Mai 1831 heißt es: Mephisto »schildert die Zustände der besitzenden Menschen. Faust hat immer etwas Widerwärtiges, Mephistopheles schildert ein sardanapalisches Leben. Faust entgegnet durch Schilderung der Revolte. Beneidenswert sind ihm die Anwohner des Meeresufers, das sie der Flut abgewinnen wollen. Zu diesen will er sich gesellen. Erst bilden und schaffen. Vorzüge der menschlichen Gesellschaft in ihren Anfängen.«[211]

Mit dem Projekt der Neulandgewinnung wird die materielle Produktion als der Bereich eingeführt, in dem sich der Aufbau einer produktiven Gesellschaft entscheidet. Faust sehnt sich danach, sein Menschsein im Eingreifen in den bewußtlosen Naturmechanismus zu bewähren und eine menschliche Ordnung zu begründen, der er ganz allein das Gesetz der »Tat« vorschreiben kann: »Herrschaft gewinn ich, Eigentum! / Die Tat ist alles, nichts der Ruhm.« (10 187 f.).

Faust konzipiert sein kühnes Vorhaben so, als brauchte er auf bestehende Verhältnisse keine Rücksicht zu nehmen. Sobald er sich an dessen Verwirklichung macht, wird er jedoch unerbittlich von der Geschichte eingeholt. Als oberster Grundeigentümer und Lehnsherr verfügt der Kaiser auch über das Meeresufer. Wenn Faust sich dieses zum »Eigentum« gewinnen will, dann geht das nicht, ohne zum Kaiser in ein Verhältnis zu treten. Da eine gewaltsame Inbesitznahme nicht erwogen wird, bleibt nur, sich das Land im gütigen Einvernehmen als Lehen zu verdienen. Indem nun Faust des eigenen »Vorteils« (10 237) wegen sich mit dem Kaiser einläßt, liefert er sich einem Mechanismus aus, dem er sich eigentlich hatte entziehen wollen. Faust läßt sich von Mephisto bewegen, als »Obergeneral« (10 310) zugunsten des Kaisers in die gewaltsamen Auseinandersetzungen im Reich einzugreifen. Goethe greift die Kaiserhof-Handlung des 1. Aktes jetzt auf, um sie zu Ende zu führen.

Aus dem Bericht Mephistos erfahren wir, was zu erwarten war: Der »falsche Reichtum« (10 245) des Papiergeldes, der niemanden zur Arbeit anreizte, hielt nicht lange vor. Der Kaiser selbst fuhr fort, nur immer zu »genießen« (10 259). Das Reich zerfiel in »Anarchie« (10 261) und steht jetzt kurz vor einem allgemeinen Bürgerkrieg. Der Kaiser hat also die Revolution gegen sich selbst ins Werk gesetzt. Wie immer, wenn die Ursachen von gewaltsamen Aufständen zu ermitteln sind, wird daran kein Zweifel gelassen. Die sich gegen den Kaiser empören und ihn mit einem Heer bedrängen, haben aber gleichfalls keineswegs das Wohl des Staates im Sinn. Zwar treten sie als die »Tüchtigen« auf, die mit einem »neuen Kaiser neu das Reich beseelen« (10 281) und »in einer frisch geschaffnen Welt / Fried und Gerechtigkeit vermählen« (10 283 f.) wollen. Doch das sind nur demagogische Losungen, hinter denen sich die gemeinsten egoistischen Zwecke verbergen. Die »Pfaffen« sind die geistigen Drahtzieher der Empörung; sie haben »mehr als andere« (10 286) den Aufruhr angestachelt. Die »Menge« (10 381) war freilich allzu gern bereit, sich in den Kampf ums »Gold« (10 802) hineinziehen zu lassen.

Der gewaltsame Aufstand, gemacht aus dem »Bemühen, / Zu seinem Vorteil etwas auszuziehen« (10 236 f.), setzt sich als das zentrale Thema des 4. Aktes durch. Noch frisch unter dem Eindruck der politischen Erschütterungen von 1830/31 entfaltet Goethe das kriegerische Geschehen ausführlich in bedrückender Gegenwärtigkeit, damit sich die gewaltsame Umwälzung in ihrem Wesen selbst entlarve: als »Teufelsfest« (10 777), als Werk des Teufels, das auf die Vernichtung des Menschen abzielt.

»Auf dem Vorgebirg« (10 345–10 782)

Das Zelt des Kaisers ist auf dem Vorgebirge aufgeschlagen. Unten im Tal hat sein Heer zum Kampf Aufstellung genommen. Nichts Gutes steht zu erwarten; denn Kundschafter melden, daß die erhofften Hilfstruppen aus dem Ausland ausbleiben und im gegnerischen Lager soeben ein »neuer Kaiser« (10 402) gewählt worden ist, dem alle folgen (10 406). Der Kaiser entschließt sich, den Gegenkaiser zum Zweikampf herauszufordern. Mag das eine »große Gesinnung«[212] beweisen, nüchtern betrachtet, bezeugt es ein Versagen. Läuft doch der Entschluß des Kaisers zum Zweikampf auch darauf hinaus, sich seiner eigentlichen Aufgabe, das Heer im Krieg zu führen, zu entziehen.

Als die Herolde zur »Herausforderung des Gegenkaisers« (nach 10 422) abgehen, tritt Faust auf, »geharnischt, mit halbgeschloßnem Helme« (nach 10 422). Er stellt sich dem Kaiser als Beauftragter des »Nekromanten von Norcia« (10 439) vor. Sein Herr habe ihn geschickt, der bedrängten Majestät beizustehen zum Dank dafür, daß sie ihn einst in Rom vor dem Scheiterhaufen bewahrt hat. Kein Zweifel wird gelassen, daß die angebotene Hilfe in »Zauberei« (10 454) bestehen wird. Der Kaiser hat aber – wie schon der Schatzmeister im 1. Akt (6142) – gegen zauberische Hilfe offensichtlich nichts einzuwenden. Er begrüßt den »Beistand« (10 460), möchte jedoch den Gegenkaiser »mit eigner Faust ins Totenreich« (10 472) stoßen. Da überbringen Herolde die Nachricht, daß die Herausforderung zum Zweikampf im gegnerischen Lager hohnlachend als »schaler Possen«

(10 492) zurückgewiesen worden ist. Die große Geste entlarvt sich in ihrer Hohlheit. Der Kaiser erklärt sich am Ende seiner Möglichkeiten. Er weiß sich keinen Rat mehr, als auf das »Kommando« (10 501) Verzicht zu leisten und es dem Obergeneral zu übertragen. Überzeugender kann er nicht beweisen, daß er der führungsschwache unfähige Kaiser des 1. Aktes geblieben ist.

Der Kampf beginnt. Noch bleibt der Kaiser als Zuschauer auf dem Schauplatz. Mit Genehmigung des Obergenerals verteilt Faust die »drei Gewaltigen« (nach 10 322) Raufebold, Habebald und Haltefest, die ihm Mephisto zur Erledigung der militärischen Dreckarbeit an die Hand gegeben hat, auf die beiden Flügel und die Mitte des kaiserlichen Heeres. Mephisto, zur militärischen Führung stoßend, meldet, daß er als Reserve ein Heer leerer Rüstungen formiert habe, das nur auf das Zeichen warte, in den Kampf einzugreifen. Der Kampf tobt. Das »Zauberblendwerk« (10 300) tritt offen zutage: Die drei Gewaltigen fechten mit »Dutzenden« (10 582) von Armen. Auf den Lanzen tanzen »behende Flämmchen« (10 596). Jetzt auf einmal findet der Kaiser das Zauberische des Beistands, das ihm doch deutlich genug angekündigt worden war, »bedenklich« (10 593) und wider die Natur (10 583). Keineswegs aber veranlaßt ihn seine Entdeckung, sich der teuflischen Helfer zu entledigen. Er führt sich als der Betrogene auf, der von nichts gewußt hat, um am Ende dennoch sein Schicksal ganz in die Hände des Teufels zu legen. Ein zeitweiliges Übergewicht des Gegners liefert ihm den Vorwand, die Rolle des Zuschauers aufzukündigen und sich mit dem Obergeneral vom Schlachtfeld zurückzuziehen.

Den Oberbefehl führt jetzt Mephisto. Befehlen soll er, den Marschallstab darf er jedoch nicht führen, weil er nicht »der rechte Mann« (10 703) scheint: Gipfel des ohnmächtig-dünkelhaften Selbstbetrugs. Mephisto hat freie Bahn, seine Zauberkünste ungehemmt zu entfalten. Von den Undinen, den Elementargeistern des Wassers, leiht er sich »ihrer Fluten Schein« (10 713), um die anstürmenden feindlichen Truppen – scheinbar – mit »mächtige(r) Woge ... wegzuschwemmen« (10 732). Das »Gezwergvolk« (10 745) bittet er um Feuer, das die Feinde irreführen soll. Schließlich bemüht er noch das zur Reserve aufgestellte Geisterheer: »Sonst waren's Ritter, König, Kaiser, /

Jetzt sind es nichts als leere Schneckenhäuser« (10 559 f). Unter dem ohrenbetäubenden »Schreckgetön« (10 763), das die leeren Rüstungen veranstalten, geht das »Teufelsfest« (10 777) des Kriegs siegreich für das kaiserliche Heer zu Ende.

»Des Gegenkaisers Zelt« (10 783–11 042)

Der Anfang der Szene macht sinnfällig, daß nach Goethes Überzeugung gewaltsame Umwälzungen immer darauf hinauslaufen, den Staat durch Ausraubung zugrunde zu richten. Das Kriegsgeschehen gipfelt in der Plünderung des »Kaiserschatzes« (10 818). Die drei »Lumpe« (10 329) Raufebold, Habebald und Haltefest, die auf der kaiserlichen Seite gekämpft haben, gewinnen, ins Zelt des Gegenkaisers eindringend, dem Kaiser den vom Gegenkaiser geraubten Schatz zurück, um ihn ihrerseits nur wieder auszurauben.

Nach dem Raub des Schatzes erscheint im Zelt des Gegenkaisers zusammen mit vier Fürsten der Kaiser, um unverzüglich die politische Neuordnung seines Reiches vorzunehmen. Eine groteske Situation: Der Kaiser hat soeben das Maß seines Versagens vollgemacht; und nun tritt er in der Pose des verdienten Siegers auf, dem allein – als wäre nichts gewesen – es zusteht, dem Reich eine neue Ordnung zu geben. In Alexandrinern, die das feierlich Würdevolle des Staatsaktes betonen sollen, jedoch – wie May in seiner Sprachanalyse nachweist[213] – meist schlechte Alexandriner sind, feiert der Kaiser den Sieg zunächst als *seinen:* »Hat sich in unsern Kampf auch Gaukelei geflochten, / Am Ende haben wir uns nur allein gefochten« (10 857 f.). Danach legt er den Grundstock für die neue Staatsordnung, indem er an vier Fürsten und den Erzbischof für Verdienste, die sie in Wahrheit niemals erworben haben, staatliche Urfunktionen und eine Reihe von Grundrechten verleiht. Goethe verbindet hier – historisch Auseinanderliegendes zusammenfassend – die Gründung der vier karolingischen Hofämter, Marschall, Kämmerer, Truchseß, Schenk sowie des geistlichen Amtes mit der Einräumung der Grundrechte der aus diesen Ämtern entstandenen Kurfürstentümer, wie sie erstmals in der Goldenen Bulle 1356 fixiert worden sind.

Niemand hat aus dem sinnlosen Kampf etwas gelernt; aus dem Kreislauf von Raub und Wieder-Raub scheint es kein Entrinnen zu geben. Der Verursacher der Revolution, der Kaiser, stiftet eine staatliche Ordnung, die die partikularen Interessen der Fürsten extrem favorisiert und damit den Keim einer neuen Revolution legt. Die Partei der Empörer, allen voran erneut die »Pfaffen«, benutzt wieder schamlos jede Gelegenheit, dem schwachen Kaiser zum eigenen Vorteil »etwas auszuziehen«. Auf die Mithilfe »böser Geister« (10 994) am Sieg verweisend, droht der Erzbischof dem Kaiser mit himmlischer Bestrafung und erpreßt weitgehende Zugeständnisse an die Besitzgier der Kirche. Er erzwingt sich sogar die Abgaberechte für jenes noch nicht vorhandene Land, das Faust, dem »des Reiches Strand verliehn« (11 036) wurde, erst dem Meer abgewinnen will. Da nichts auf eine Veränderung der Voraussetzungen hindeutet, die den feudalabsolutistischen Staat in die Katastrophe geführt haben, kann die neue Ordnung nicht von Dauer sein. Wie die Staaten der Restaurationszeit wird auch das neubegründete Kaiserreich erneut gewaltsamen Aufständen zum Opfer fallen.

Fünfter Akt (11 043–12 111)

Im 5. Akt nun besitzt Faust »Eigentum«; und er verfügt auch über »Herrschaft«. De iure mögen dabei »Eigentum« und »Herrschaft« noch dem Obereigentum und der Oberhoheit des Kaisers unterstehen, denn es fällt kein Wort, daß das Kaiserreich zu existieren aufgehört hat. Das Lehnsrecht wurde z. B. in den deutschen Staaten erst im Verlauf des 19. Jahrhunderts aufgehoben. In einigen, wie Mecklenburg, Lippe und Waldeck, galt es sogar unversehrt bis 1918.[214] De facto unterliegen jedoch Fausts »Eigentum« und »Herrschaft« keinerlei Beschränkung. Im Text fehlt jeder Hinweis, daß der Kaiser in irgendeiner Weise, z. B. durch Erhebung der dem Erzbischof versprochenen Abgaben, in Fausts Reich hineinregiert. Was Faust also mit »Eigentum« und »Herrschaft« macht, erwächst aus seiner souveränen Entscheidung und muß von ihm allein verantwortet werden.

Der Besitz von Grundeigentum ist für einen Bürger zu Beginn

des 19. Jahrhunderts nichts Ungewöhnliches mehr. Wenn Goethe dem Bürger Faust aber auch »Herrschaft« überträgt, dann verwirklicht er eine Forderung der liberalen Bourgeoisie, die er sonst mit aller Entschiedenheit bekämpft hat. Der Faust der Dichtung darf Macht besitzen, die bürgerliche Klasse im wirklichen politischen Leben nicht. Offensichtlich wieder unter dem Druck der Julirevolution versteht sich Goethe zu dem Wagnis, einem Bürger Machtausübung zu übertragen, um im dichterischen Experiment durchzuspielen, was er mit dieser Macht anfängt.

Die ersten drei im Sommer 1831 geschriebenen Szenen des Aktes führen das gesellschaftliche System vor, das sich in der zwischen dem 4. und 5. Akt verflossenen Zeit durch Faust kraft einer überlegenen Produktivität machtvoll durchgesetzt und etabliert hat. Es ist eine Gesellschaft nicht mehr parasitärer »feudaler Konsumtion«[215], sondern geistiger und materieller Produktivität. Und zwar vollzieht sich in ihr Arbeit in einem kapitalistischen Produktionsverhältnis. Dem »Herrn« Faust, der über das Privateigentum an den Produktionsmitteln verfügt, der durch geistige Arbeit die materielle Produktion plant und kontrolliert, steht ein Heer von »Knechten« gegenüber, das in bezahlter Arbeit die materielle Produktion vollzieht und damit erst, eigentlich die großen materiellen Reichtümer der neuen Gesellschaft hervorbringt. Ist der Grundwiderspruch des Kapitalismus zwischen Kapital und Lohnarbeit klar im Text fixierbar, so muß auf der anderen Seite mit Thomas Metscher unterstrichen werden, daß die sozialökonomischen Strukturen und Konturen der neuen Gesellschaft auffallend unpräzise sind und daß »es bedeutend schwieriger als in den anderen Akten (ist), das sozial-historische Substrat des ästhetischen Vorgangs präzise zu rekonstruieren«[216]. Goethe zeichnet nicht eine eindeutig verifizierbare bürgerliche Gesellschaftsordnung auf einer bestimmten Stufe ihrer Entwicklung: weder einen frühen Kapitalismus der ursprünglichen Akkumulation noch einen Handelskapitalismus oder einen Kapitalismus der ersten industriellen Revolution. Vielmehr montiert er – so würden wir aus unserer heutigen Sicht sagen müssen – Elemente unterschiedlicher Entwicklungsetappen der bürgerlich-kapitalistischen Gesellschaft. Unterschiedliche Epochen werden gleichsam ineinander geschoben, wodurch ihre Konturen verschwimmen.

»Offene Gegend« (11 043–11 142)

Goethe entfaltet die neue Welt, die Faust als »Patron« (11 170) geprägt hat, indem er ihr die Welt der beiden Alten, Philemon und Baucis, gegenüberstellt. In diesem Gegensatz, der mit der Vernichtung von Philemon und Baucis aufgelöst wird, klärt sich, was bürgerliche »Herrschaft« an Fortschrittlichem, aber auch an Rückschrittlichem aufzuweisen hat.

Der Gegensatz zwischen den beiden Welten artikuliert sich im Text als ein Gegensatz von Lebensauffassungen, da Goethe in der Entwicklung der Menschheit, die für ihn mit ihrer Tendenz zum Höheren immer eine Dialektik von Fortschritt und Rückschritt einschließt, *geistige* Lebenshaltungen als die eigentlich geschichtsbildenden Kräfte ansieht. Goethe bemüht also die Welt von Philemon und Baucis nicht, um den ökonomischen Prozeß der Ablösung einer unterlegenen durch eine überlegene Produktionsweise vorzuführen. Von Produktion ist bei Philemon und Baucis nicht die Rede. Gleichwohl enthält der Text Hinweise – zumindest bei Faust – auf die ökonomische Basis, die dem Gegensatz der Lebensauffassungen zugrunde liegt.

Faust tritt als Symbolfigur des kapitalistischen Unternehmers auf, der sich »die beiden Urbildner des Reichtums, Arbeitskraft und Erde, einverleibt«[217], auf der Grundlage des Privateigentums an den Produktionsmitteln die Produktion vergesellschaftet und dadurch gegenüber kleinen Warenproduzenten eine weit überlegene Produktivität realisiert. Bei Philemon und Baucis ließe sich demgegenüber an freie bäuerliche Kleineigentümer denken, die, wie Marx am Beispiel Englands dargelegt hat, im Zuge der ursprünglichen Akkumulation mit nackter Gewalt von ihrem Boden vertrieben worden sind, um dann dem Kapitalisten als Lohnarbeiter zwangsweise zur Verfügung zu stehen.

Ein »Wandrer«, der als Jüngling von dem alten Paar aus einem Schiffbruch gerettet worden war und nun als Mann wiederkehrt, ihm seinen »Dank« (11 064) zu sagen und es zu »segnen« (11 051), bringt den Gegensatz der beiden Welten als erster zur Sprache.

Der Lebensraum von Philemon und Baucis ist eine in ihrer natürlichen Eigenart belassene »offene Gegend«. Sie wohnen auf einer kleinen Anhöhe in einer »Hütte« (11 048), die von alten »dunklen Linden« (11 043) umgeben ist. Neben der Hütte steht eine »Kapelle« (11 139), in der sie als »fromme Leute« (11 055) zu dem »alten« (11 142) Gott zu beten pflegen. Das Paar hat sicherlich sein Leben lang hart gearbeitet, doch immer nur, um sich einen bescheidenen Unterhalt zu sichern. Obwohl beide in einfachen Verhältnissen lebten, waren sie anderen Menschen gegenüber »hülfsbereit« (11 052) und »gastfreundlich« (11 057) und genossen dabei »des Wohltuns Glück« (11 058). Jetzt im hohen Alter zehren sie von ihrem kleinen Besitz und genießen in stiller Eintracht und Zufriedenheit die unverstellte Natur.

Der Wandrer kehrt in einer Idylle einfachen, sich selbst genügenden Lebens ein. Weil er sich in der Brust so »bedrängt« (11 078) fühlt, steigt er nach der ersten Begrüßung in der Hütte auf die Düne, um das »grenzenlose Meer« (11 076) zu schauen und zu beten. Was er dort sieht, verschlägt ihm die Sprache. Wo einst das Meer war, erblickt man jetzt eine kultivierte Landschaft. Und erst in der Ferne deutet sich »des Meeres blauer Saum« (11 104) an. Philemon erklärt dem Wandrer, wie es zu dieser Verwandlung des Meeres in das »paradiesische Bild« (11 086) einer Kulturlandschaft gekommen ist: »Kluger Herren kühne Knechte / Gruben Gräben, dämmten ein, / Schmälerten des Meeres Rechte, / Herrn an seiner Statt zu sein. / Schaue grünend Wies an Wiese / Anger, Garten, Dorf und Wald. / ... / Rechts und links, in aller Breite, / Dichtgedrängt bewohnten Raum« (11 091–96; 11 105 f.). Philemon preist die Neulandgewinnung und Kultivierung, die vielen Menschen eine Existenzgrundlage gegeben hat, als ein großes imponierendes Werk. Er bedauert, wegen seines hohen Alters nicht daran beteiligt gewesen zu sein. Und er vertraut auch dem Herrn, dem der Kaiser einst das Ufer verlieh, der das große Werk geleitet hat und nun ihr »Nachbar« (11 133) ist.

Baucis dagegen findet, daß »das ganze Wesen / Nicht mit rechten Dingen« (11 113 f.) zugegangen ist. Sie berichtet von den Vorgängen, die die Landgewinnung begleitet haben: »Menschenopfer mußten bluten, / Nachts erscholl des Jammers Qual; / Meerab flossen Feuergluten, / Morgens war es ein Kanal« (11 127–30). Man muß der alten Frau aufs Wort glauben, wenn ihr die unvorstellbare Produktivkraftentwicklung als blutrünstiger magischer Prozeß erschienen ist. Offensichtlich hat der Herr den Knechten, die das Werk ausführten, unmenschlich große Arbeitsleistungen abverlangt, was auch zur Vernichtung menschlichen Lebens geführt haben mag. Ihr damals erwachtes Mißtrauen gegenüber dem Herrn hat sich inzwischen in eine prinzipielle Ablehnung gewandelt, seitdem dieser den Wunsch geäußert hat, ihren kleinen Besitz gegen ein »schönes Gut im neuen Land« (11 136) für sich einzutauschen. »Gottlos ist er, ihn gelüstet / Unsre Hütte, unser Hain; / Wie er sich als Nachbar brüstet, / Soll man untertänig sein« (11 131–34). Baucis bekräftigt vor Philemon, der Fausts Tauschangebot anzunehmen geneigt ist, ihre Entschlossenheit, auf ihrem kleinen Besitz standzuhalten und ihre Unabhängigkeit zu wahren. Über dem Bericht der beiden Alten, den der Wandrer, wohl Böses ahnend, schweigend verfolgt hat, ist es Abend geworden. Mit ihrem Gast treten sie in die Kapelle, um zu ihrem »alten Gott« zu beten. Auf ihn gründen sie ihr Vertrauen, daß ihr Leben wie bisher weitergeht.

»Palast« (11 143–11 287)

Faust lebt in einem prächtigen Palast, den ein »weiter Ziergarten« umgibt. Am Palast führt in Sichtweite ein »großer gradgeführter Kanal« (Szenentitel) vorbei. Es ist eine Landschaft, die in allem von der eingreifenden Hand des Menschen zeugt, in klarem Kontrast zur »offenen Gegend« von Philemon und Baucis. Goethe lehnt den Eingriff in die Natur, sie menschlichen Zwecken dienstbar zu machen, nicht ab. Ja, er wertet ihn sogar als entscheidende Voraussetzung des Menschseins. Gleichzeitig sieht er jedoch in der naturumgestaltenden kulturschaffenden Arbeit des Menschen immer die Gefahr gegeben, die Natur als Eigenwert zu vergessen, was wiederum die Gefahr heraufbeschwört, daß die Natur zerstörerisch auf den Menschen zurückwirken kann.

Im Bericht der beiden Alten war Faust vorgestellt worden als Besitzer des Meeresufers, das nach seinem Plan und unter seiner Leitung von einem Heer von Knechten in fruchtbares Land verwandelt worden war. In der vorliegenden Szene lernen wir ihn als Handelskapitalisten kennen. Marx schreibt im Ersten Band des »Kapitals«: »Die Warenzirkulation ist der Ausgangspunkt des Kapitals. Warenproduktion und entwickelte Warenzirkulation, Handel, bilden die historischen Voraussetzungen, unter denen es entsteht. Welthandel und Weltmarkt eröffnen im 16. Jahrhundert die moderne Lebensgeschichte des Kapitals.«[218]

Auf dem Kanal kehrt ein Schiff, »reich und bunt beladen mit Erzeugnissen fremder Weltgegenden« (nach 11 166), von großer Fahrt zurück. Der Bericht Mephistos, der als Kapitän fungierte, an seinen Patron Faust macht deutlich, welch gewaltiger Gewinn auf der Fahrt erzielt worden ist. Zugleich spricht er mit zynischer Offenheit aus, daß dabei Gewalt die entscheidende Rolle gespielt hat: »Man hat Gewalt, so hat man Recht. / ... / Krieg, Handel und Piraterie, Dreieinig sind sie, nicht zu trennen« (11 184; 11 187 f.). Mephisto hebt unmißverständlich ins Bewußtsein, was bei Baucis übertrieben klingen mochte und was sich zum erstenmal an der Voraussetzung, unter der Faust zu seinem Grundbesitz kam, erkennen ließ: Die unter Faust geleistete Arbeit, in der sich der »Menschengeist« (11 248) als Meister der Natur erweist, die gewaltige Kulturschöpfungen hervorgebracht hat, »betätigend, mit klugem Sinn, / Der Völker breiten Wohngewinn« (11 249 f.), ist ihrem Wesen nach mit Unterwerfung und Gewalt verbunden.

Wie in seiner Welt bilden auch in Faust selbst Menschenfreundlichkeit und Menschenfeindlichkeit eine widersprüchliche Einheit. Faust hat mit seinem »hohen Sinn« (11 231), seiner Klugheit und Tatkraft anderen Menschen viel Nutzen gebracht. Er ist objektiv ihr Wohltäter. Dennoch treffen wir ihn am Beginn der Szene als Einsamen, »wandelnd, nachdenkend« (vor 11 143). Faust hat keinen Freund, keine harmonische Gemeinschaft wie Philemon und Baucis, weil er immer der Herr sein muß. Alles, Natur und Mensch, soll ihm untertänig sein. Allem tritt er als Herrscher entgegen, um es sich, wenn nötig, mit Gewalt zu unterwerfen.

So auch seine Nachbarn Philemon und Baucis. Faust bringt selbst für seinen Wunsch, den »Lindenraum« (11 157) zu besitzen, keine sachliche Notwendigkeit vor, etwa die Behinderung von Meliorationsarbeiten.

Ihn »gelüstet's« nach dem »Lindenraum« weil sich hier »im Rücken« (11 154) seines unendlichen Reiches in seiner Seh- und Hörweite ein Leben erhält, das nicht seinem Willen unterworfen ist, weil er neben sich nichts anderes als gleichberechtigt dulden kann: »Des Glöckchens Klang, der Linde Duft / Umfängt mich wie in Kirch und Gruft / Des allgewaltigen Willens Kür / Bricht sich an diesem Sande hier« (11 253–56). Seinen symbolischen Ausdruck findet der hemmungslose Egoismus in dem Wunsch, auf dem Besitz der beiden Alten einen »Luginsland« (11 344) zu errichten. Faust braucht die Aussicht, um von oben herab – das ist charakteristisch – sein Reich zu überblicken und sich dabei als der Herr von Natur und Mensch zu fühlen.

»Die Alten droben« sollen »weichen« (11 239). Weil sie bisher das Tauschangebot eigensinnig (11 269) abgelehnt haben, entschließt sich Faust, wieder einmal Gewalt zu gebrauchen. Er gibt Mephisto die Anweisung, die Alten auch gegen ihren Willen auf das »schöne Gütchen« (11 276) zu schaffen, das er für sie als Ersatz vorgesehen hat.

»Tiefe Nacht« (11 288–11 383)

In tiefer Nacht besingt der Türmer Lynkeus, im Schauen mit der Welt eins, die Schönheit der Welt. Da muß er voller »Entsetzen« (11 306) mit ansehen, wie Hütte, Hain und Kapelle in Flammen aufgehen. Ein Lebensraum, der zur Schönheit der Welt gehört, geht unter: »Was sich sonst dem Blick empfohlen, / Mit Jahrhunderten ist hin« (11 336 f.). Lynkeus bricht über den unersetzbaren Verlust, den die Welt durch die Vernichtung des »Lindenraumes« erleidet, in ohnmächtige Klage aus.

Faust sieht von seinem »Balkon« (nach 11 337) ebenfalls das

Anwesen der Alten in Flammen aufgehen. Ihn »verdrießt die ungeduld'ge Tat« (11 341). Doch beruhigt er sich in der Annahme, daß die Alten unversehrt in die »neue Wohnung« (11 346) gebracht worden sind. Da muß er von Mephisto erfahren, daß die Alten und ein Fremder, der mit der Waffe Widerstand leistete, bei der Vertreibung erschlagen wurden: »Sie hörten nicht, sie wollten nicht; / Wir aber haben nicht gesäumt, / Behende dir sie weggeräumt. / Das Paar hat sich nicht viel gequält, / Vor Schrecken fielen sie entseelt. / Ein Fremder, der sich dort versteckt / Und fechten wollte, ward gestreckt« (11 359–65). Faust kann sich darauf berufen, diesen Ausgang nicht gewollt zu haben: »Tausch wollt ich, wollte keinen Raub« (11 371). Es bleibt jedoch der Befehl an Mephisto, die Alten notfalls auch gegen ihren Willen fortzuschaffen, für den er die Verantwortung nicht leugnen kann.

»Mitternacht« (11 384–11 510)

Aus dem Rauch, der aus der verbrannten Hütte aufsteigt, haben sich »vier graue Weiber« (vor 11 384) formiert: Mangel, Not, Schuld und Sorge. Sie schweben »schattenhaft« (11 383) heran, um Faust in seinem Palast heimzusuchen. Daß Mangel und Not nicht an den »Reichen« (11 387) herankönnen, den sie im Palast vermuten, ist leicht einzusehen. Aber auch die Schuld muß vor der Tür bleiben, was zunächst verwundert. Denn natürlich trägt Faust an der Vernichtung der Welt von Philemon und Baucis Schuld, wenngleich ihm Diener zur Verfügung standen, die die Untat für ihn ausgeführt haben. Schon allein die Tatsache, daß die Heimsuchung aus der verbrannten Hütte hervorgeht, belegt einen kausalen Zusammenhang zwischen ihr und dem Verbrechen an Philemon und Baucis. Wenn die Schuld nicht in den Palast eindringen kann, so kann das nur heißen, daß jetzt mehr zur Sprache kommen soll als ein bloß moralisches Versagen. Die Untat an der Welt von Philemon und Baucis verursacht eine Bewußtseinskrise, die sich auf Fausts Verhältnis zur Wirklichkeit insgesamt erstreckt.

Faust ist bisher als ein »Tüchtiger« (11 446) rastlos »durch die Welt gerannt« (11 433). Die »grauen Weiber« nötigen ihn, indem sie den Tod ankündigen, zum Innehalten und zur Bilanz. Sie fällt derart düster aus, daß sie ihn zu überwältigen droht; denn sie stellt sein Menschsein in Frage. Verantwortlich dafür macht er die »Magie« (11 404). Faust hatte sich von Mephisto mit »Magie« helfen lassen, um die Möglichkeiten seines Menschseins bis an die äußersten Grenzen auszuweiten. Nun überkommt ihn das düstere Gefühl, daß sich seine Ansprüche auf Beherrschung von Mensch und Natur ins Verderbliche verkehrt haben. In diesem Moment, wo Faust sich der unmenschlichen Folgen seiner großen Absichten schmerzlich bewußt wird, schleicht sich die Sorge ein. Die Sorge will mit ihrer »schlechten Litanei« (11 469) von der Vergeblichkeit jeden menschlichen Tuns Faust von der Verschüchterung (11 418) bis in die Verzweiflung treiben und ihn zum Aufgeben bewegen. Faust läßt die Sorge mit ihrer »schleichend großen« (11 493) Macht tief in sich eindringen, um sie am Ende mit einer auffahrenden Gebärde trotzigen Widerstandes dennoch nicht anzuerkennen. Forciert in die Offensive gehend, bekräftigt er seine Entschlossenheit, in »dieser Welt« (11 446) unverändert weiterschreitend zu handeln, und sei es auch auf dem Wege, der in die Krise geführt hat.

Die Sorge kann Faust, der immer neu entwerfen und materielle Tätigkeit in Gang setzen will, nicht zur Kapitulation zwingen; sie kann ihm jedoch eine Voraussetzung seines Wirkens nehmen, indem sie ihn erblinden läßt. Die Erblindung bezeichnet den Beginn des physischen Endes. Es beginnt der Vorgang, in dem Faust die Welt für immer verliert und der im Tod endet. Zugleich verhindert die Blindheit, daß Faust sich dieses Vorgangs bewußt wird. Faust kann bis an das Ende seines Lebens ohne Verdüsterung durch die Aussicht des Todes wirken, weil diese Aussicht gar nicht an ihn herankommt.

Erblindung als Beginn physischer Vernichtung und als Voraussetzung, das »helle Licht« (11 500) geistiger Kraft trotzdem zu bewahren, ja sogar noch heller leuchten zu lassen: Damit gliedert sich der dramatische Vorgang gleichsam in zwei Handlungen, die in einem unversöhnlichen Widerspruch stehen: in eine *innere* Handlung des Faustschen Geistes, der forciert die Vollendung seines Werkes betreibt und am Ende noch etwas ganz Neues entwirft, und in eine *äußere* Handlung physischen

Sterbens. Beide Handlungen haben, wiewohl die eine sich nur in Fausts Bewußtsein abspielt, gleiches Gewicht und gleiche Wahrheit. Weder heben Fausts letzte Worte die Grausamkeit und Gräßlichkeit des Todes auf; noch nimmt der Tod Fausts letzten Entwurf als nichtige Täuschung und Illusion zurück. Wirklicher Tod und geistiger Entwurf bleiben in ihrer Eigenart bestehen, um sich gegenseitig zu relativieren, um als schriller unüberbrückbarer Gegensatz mehrfach ironisch reflektiert zu werden.

»Großer Vorhof des Palasts« (11 511–11 603)

Sogleich nach der Erblindung hatte Faust den Entschluß gefaßt, unverzüglich die Vollendung seiner großen Landgewinnung in die Wege zu leiten. Mit dem Befehl an die Knechte, sofort vom nächtlichen Lager aufzustehen und zu Schaufel und Spaten zu greifen (11 503–05), hatte er den Entschluß in die Tat umgesetzt.

Fausts Befehle werden jedoch nicht mehr befolgt. Mephisto hat stillschweigend seinen Dienst aufgegeben. Wenn er am Beginn der Szene nochmals »als Aufseher« (vor 11 511) auf den Plan tritt, interessiert ihn allein Fausts bevorstehender Tod und nicht mehr das große Projekt. Unter seinem Befehl wird Fausts Grab ausgehoben.

Als Totengräber dienen ihm die Lemuren, Verstorbene, die sich einem antiken Basrelief gemäß, das Goethe in dem Aufsatz »Der Tänzerin Grab« (1812) kommentiert hat, im Stadium der »Verwesung und Halbvernichtung«[219] befinden.

Philemon und Baucis sowie ihr Beschützer, der Wandrer, hatten gegen die Organisierung menschlicher Beziehungen nach dem Herr-Knecht-Prinzip nur einen ohnmächtigen Widerstand zu leisten vermocht. Die eigentliche Bedrohung für Fausts »Herrschaft« kündigt sich in den Lemuren an. Zu wirklicher bewußter Opposition sind freilich auch sie noch nicht in der Lage. Als lebendig-tote Halbexistenzen haben sie nur die Kraft, sich an einem Faust, den schon eine andere Macht der Widerstandskraft beraubt hat, nachträglich schadlos zu halten. Der Tod verschafft ihnen die nachträgliche Genugtuung, Faust mit in das eigene Grab hinabzuziehen. Ein hämisches, ohnmächtiges, nachträgliches Zulangen also, noch kein offener Widerstand, aber gleichwohl eine beängstigende Verheißung für die Zukunft. Die Lemuren sind, worauf Scholz als erster eindringlich aufmerksam gemacht hat, die »Zukurzgekommenen«, »,operose', in Arbeit, in nichts weiter als schwere Erwerbsarbeit für ein nicht zureichendes Brot, eine für menschliches Wohnen nicht zureichende Hütte ,versunkene' Arbeitssklaven«[220]. Goethe hielt es stets für eine erstrangige gesellschaftliche Aufgabe, das materielle und geistige Los der Arbeiter zu verbessern, doch immer nur im Rahmen einer Reformpolitik von oben und nicht durch gewaltsame Selbsthilfe. Weil er noch frisch unter dem Eindruck der spontanen Unmutsausbrüche rebellierender Arbeiter von 1830/31 steht, dominieren im Bild der Lemuren eindeutig die negativen Züge. Eine Anteilnahme an ihrem Schicksal kann nicht aufkommen. Sie treten als »negative Steigerung von Fausts ,Knechten'«[221] auf, sind willenlose Werkzeuge in den Händen Mephistos und wirken mit an dessen Werk der Vernichtung.

Als die Aushebung des Grabes schon im Gange ist, tritt auch Faust tastend aus dem Palast in den großen Vorhof. In tragisch ironischer Verkennung des wahren Sachverhalts entnimmt er dem »Geklirr der Spaten« (11 539), daß die Knechte das befohlene Werk begonnen haben. Vom Arbeitslärm »ergetzt« (11 539), erteilt er den Befehl, die Arbeiten noch zu forcieren; denn ein »letztes« (11 562) großes Projekt schwebt ihm vor, das er noch vollenden will. Sein Befehl an den Aufseher, mit allen Mitteln neue Arbeiter anzuwerben und höchste Arbeitsleistungen herauszupressen (11 551–54), macht deutlich, daß sich Faust unverändert als der Herr sieht, der mit »*einem* Geist« »tausend Hände« (11 510) in Bewegung setzt. Trotz der schweren Bewußtseinskrise in der Begegnung mit der Sorge führt er die alten von Baucis beklagten und von Mephisto benannten Methoden der Ausbeutung unverändert weiter.[222] Erst als er seinen letzten Entwurf vorstellt, weist er in eine Richtung, die ganz neu ist. Fausts letzte Worte werden uns dadurch besonders bedeutsam. Das große Gewicht, das Goethe ihnen beimaß, veranlaßte ihn, sie von ursprünglich 7 auf 28 Verse zu erweitern und den Vers 11 580 mehrfach zu verändern.[223]

Fausts letzte Worte bekräftigen zunächst eine Bedindung für die Verwirklichung seines Entwurfs, die schon im 4. und 5. Akt benannt ist. Ein die Luft verpestender Sumpf (11 559 f.) soll trockengelegt werden, um erneut »vielen Millionen« (11 563) Lebensraum zu schaffen. Soll das Vorhaben gelingen, bedarf es angestrengter Tätigkeit. Auch später wird der Mensch sich das Leben auf dem Boden, den er dem Wasser abgerungen hat, nur bewahren können, wenn er dem Element, das ihn ständig bedroht, die geballte Kraft seiner Arbeit entgegenstellt. Wie auch sonst schreibt Faust sich eine besondere Rolle bei der Verwirklichung des Vorhabens zu: Er ist es, der den anderen Menschen den Lebensraum eröffnet (11 563). Gleichwohl deutet sich eine bemerkenswerte Wandlung an, wenn er stärker als bisher die anderen Menschen als diejenigen ins Bild bringt, die das Ganze machen und denen es auch zugute kommt. Und tatsächlich stellt sich am Ende das Verhältnis zu den anderen Menschen als der Punkt heraus, an dem Faust seinem Entwurf eine bisher unbekannte, ja zur Vergangenheit in Widerspruch stehende neue Qualität verleiht. Sie besteht darin, daß Faust seine Herren-Stellung aufgibt und sich als gleichberechtigtes Mitglied in das Volk eingliedert. Im Entwurf hieß es noch: »Gewinn ich Platz für viele Millionen. / Da will ich *unter ihnen* wohnen, / Auf wahrhaft eignem Grund und Boden stehn.«[224] In der endgültigen Fassung steht eindeutig: »Solch ein Gewimmel möcht ich sehn, / Auf freiem Grund mit freiem Volke stehn« (11 579 f.; Hervorhebungen – H. H.). Faust entwirft als eigentliche Bestimmung »des« Menschen ein tätiges Leben in der Gemeinschaft. Die Dualität Herr–Knecht wird aufgehoben. Nicht mehr eines Herrenbefehls bedarf es dann, wenn einmal das Meer den Deich durchbrechen sollte: »Gemeindrang eilt, die Lücke zu verschließen« (11 572). Tätigkeit zum eigenen Vorteil, aber auch *mit* den anderen Menschen und nicht *gegen* sie: Das macht den Sinn des menschlichen Lebens aus und verleiht ihm die hohe Würde der »Freiheit« (11 575). Goethe benennt also die Aufhebung des Herr-Knecht-Gegensatzes als das entscheidende Kennzeichen der Gesellschaft, die es in der Zukunft zu errichten gilt. Wie diese Aufhebung vonstatten gehen soll, das bleibt vollkommen offen. Goethe beschäftigte sich im Frühjahr 1831 eingehend mit der »Exposition de la Doctrine de Saint-Simon«[225], dem Hauptwerk der Schüler Saint-Simons. Wie aus den Stellungnahmen zu ersehen ist, folgt er der saint-simonistischen Schule in der Analyse des gegenwärtigen Zustands der Gesellschaft und der Benennung wünschenswerter Veränderungen. Er stimmt mit ihr überein, wenn diese den Konkurrenzkampf und das elende Los der Arbeiter anprangert und wenn sie eine Gesellschaft der Zukunft fordert, in der die Menschen brüderlich vereint zusammenarbeiten und jeder entsprechend seiner Leistung ein ausreichendes Einkommen hat. Sobald es jedoch um die praktische Verwirklichung geht, kündigt er die Gefolgschaft auf. Die Saint-Simonisten wollen die neue Gesellschaft durch eine Veränderung der Besitzverhältnisse erreichen: durch die Abschaffung des Erbrechts und die Einführung eines Eigentums, das allein auf der Leistung beruht und dem einzelnen von einer zentralen Instanz auf Zeit übertragen wird. Eigentlich müßte Goethe eine solche Art Fähigkeitseigentum gelegen kommen. Da es jedoch mit einem Eingriff in die bestehende Form des Eigentums verbunden ist, zieht er es vor, dessen Machbarkeit in Frage zu stellen.

Zur direkten politischen Stellungnahme aufgefordert, lehnt Goethe einen Eingriff in die Besitzverhältnisse ab; im poetischen Text läßt er die auch für ihn entscheidende Frage der Besitzverhältnisse, indem er sie nicht berührt, offen. So wird eine Festlegung auf privates Eigentum, wie sie noch mit der ersten Fassung des Verses 11 580 gegeben war, in der endgültigen vermieden, aber auch keine andere Form des Eigentums dafür eingesetzt. Der zweimalige Gebrauch des Attributs »frei« in der entscheidenden Verszeile 11 580 verfolgt ganz offensichtlich das Ziel, das Problem offenzuhalten. Aus diesem Grunde muß die Einschätzung als zu weit gehend abgelehnt werden, daß Goethe in Fausts letzten Worten »die Sozialstruktur einer künftigen Gesellschaft deutlich genug als die einer nicht mehr bürgerlichen konturiert«[226] habe. Wenn Walter Dietze zum Vers 11 580 schreibt: »... wahrhaft frei ist dieser Grund und Boden, wenn er dem freien, dem befreiten Volk gehört, und wahrhaft frei ist das Volk, wenn ihm der Grund und Boden gehört.«[227], dann unterstellt er eine Behandlung des Eigentumsproblems, die nicht gegeben ist. Goethe entwirft das Idealbild einer Gesellschaft gleichberechtigt zusammenarbeitender Menschen, ohne jedoch gesellschaftliches Eigentum an den Produktionsmitteln als die entscheidende Voraussetzung für die Verwirklichung dieses Ideals angeben zu können. Er geht über die um 1830 bestehende Gesellschaft hinaus. Von einer Grenzüberschreitung der *bürgerlichen* Gesellschaft kann nicht gesprochen werden. Denn es bleibt, wie Metscher zutreffend sagt, »das Bild der Freiheit ... Utopie, die Praxis, die sie ins Werk setzen könnte, tritt nicht in den Blick.«[228]

Diese sachlich notwendige Feststellung nimmt dem Entwurf selbst nichts von seiner historischen Größe. Goethe formuliert hier eine gesellschaftliche Aufgabe, die – wie wir seit Marx wissen und wie es die neueste Geschichte bestätigt hat – tatsächlich die grundsätzliche Revolutionierung der bürgerlichen Gesellschaft erfordert, die tatsächlich über die bürgerliche Gesellschaft *überhaupt* hinausweist. Die sozialistische Gesellschaft hat deshalb das Recht, Fausts Schlußvision als *ihr* geistiges Erbe anzusehen.

Obwohl Fausts kühnes Entwerfen in einem krassen Widerspruch zu dem steht, was sich um ihn herum tatsächlich vollzieht, verfällt er nicht der Versuchung, seinen letzten Entwurf für verwirklicht zu halten. Zwar gestattet er sich »jetzt« schon ein Gefühl »hohen Glückes«, aber nur ein »Vorgefühl« (11 585). Das »Ich darf zum Augenblicke sagen« des Textentwurfs[229] ist mit vollem Bewußtsein ersetzt durch »Zum Augenblicke dürft ich sagen« (11 581). Gegenwart und Zukunft verschränken sich ihm. Und in diesem Augenblick stirbt er.

Mephisto hält sich an das nackte Faktum des physischen Endes. Fausts Tod bestätigt ihm die Grundthese, daß im menschlichen Leben alles »auf Vernichtung« (11 550) hinauslaufe. Auch das große Kolonisationswerk, das Faust nicht vollenden konnte, sieht er schon der Vernichtung anheimgestellt (11 544–47). Fausts Leben also eine überzeugende Demonstration vollkommener Nichtigkeit: »... Was ist daran zu lesen? / Es ist so gut, als wär es nicht gewesen, / Und treibt sich doch im Kreis, als wenn es wäre. / Ich liebte mir dafür das Ewig-Leere« (11 600–03).

Faust ist tot. Damit hat die Dichtung einen Punkt erreicht, wo sich die große Streitfrage, die, zweimal als Wette formuliert, über Fausts ganzem Leben stand, unweigerlich als Gegenstand eines abschließenden Interesses aufdrängt. Hat Faust bis ans Lebensende seinen Anspruch durchgehalten, in zielgerichtet »strebender« Tätigkeit den Sinn des menschlichen Lebens zu sehen und sich gegen alle Anfechtungen als ein Tätiger und d. h. als Mensch zu bewahren? Oder hat ihn Mephisto dahin gebracht, aus Selbstgefälligkeit, Genußsucht oder Sorge um die unmenschlichen Folgen seiner Intentionen das Tätigsein aufzugeben, so daß es nicht nur sein »Körper«, der sowieso vergänglich ist, sondern auch sein »Geist« (11 612), sein »Genie« (11 675) verdient hat, Mephisto und damit der spurlosen Vernichtung überantwortet zu werden?

Eigentlich ist durch Fausts Leben selbst, vor allem durch den 5. Akt, diese Streitfrage implizit schon eindeutig beantwortet. Um Mißverständnisse angesichts der brutal hart gestalteten Todesszene auszuschließen, hat Goethe es jedoch für notwendig erachtet, den Sinn der impliziten Antwort in einem abschließenden szenischen Vorgang, der die beiden Szenen »Grablegung« und »Bergschluchten« umfaßt, nochmals explizit herauszustellen. Die ursprüngliche Idee eines »Gerichts über Faust« in Anwesenheit von »Christus, Mutter, Evangelisten und allen Heiligen«, wo auf eine »Appellation« (Plp. 111 und 112)[230] Mephistos hin die Streitfrage nochmals verhandelt werden sollte, wurde nicht verwirklicht, statt dessen eine symbolische Rettung und Erlösung (11 934; 11 937) des Faustschen Geistes, die nachträglich dessen autonome Leistung auf der Erde verklärend bestätigt. Wenn sich Goethe dabei der Symbolwelt des katholischen Himmels bedient hat, so – er hat das in einem Gespräch mit Eckermann ausdrücklich hervorgehoben – nur deshalb, um sich »bei so übersinnlichen, kaum zu ahnenden Dingen« nicht »im Vagen« zu verlieren und seinen »poetischen Intentionen durch die scharf umrissenen christlich-kirchlichen Figuren und Vorstellungen ... Form und Festigkeit«[231] zu geben.

Wie es schon Wilhelm Emrich klar herausgearbeitet hat, wird

Fausts Geist – die Bezeichnung »Seele« ist vermieden – vor der mephistophelischen Vernichtung bewahrt und kann sich sogar aus der Verfremdung des an Mephisto gebundenen Lebens zu einer ungetrübten »Reinheit« emporbilden, weil er sich trotz aller Schuld im Bündnis mit Mephisto als Garant eines tätigen Menschseins bewährt hat. »Erlösung« meint also nicht »Rettung aus einer autonomen transzendenten Welt« heraus für einen Faust, der sich »auf Grund eines Versagens im sozialen Bereich ... ausweglos verschuldet«[232] hat, sondern vollkommene Entfaltung eines Geistes, der schon in der Verfremdung im irdischen Leben den Kampf gegen die Versuchung der Sinnlosigkeit erfolgreich bestanden hat. Sie gründet sich »weder auf die Verwandlung und Abtötung eines sündigen Ich noch auf das Vertrauen auf einen göttlichen ‚Erlöser‘, der bezeichnenderweise auch nicht erscheint oder angerufen wird«[233], sondern auf autonome menschliche Leistung, der mit der »von oben« kommenden Liebe und Gnade nur der Widerhall eines den Menschen allgemeinen »Strebens« nach »oben« entgegenkommt. Fausts Erlösung verklärt somit die durch den Geist verbürgte Fähigkeit »des« Menschen zu zielgerichtetem Tätigsein und macht der Menschheit Mut für ihren Fortbestand und ihre Zukunft, ohne die partielle Sinnlosigkeit des einzelnen endlichen Lebens außer Kraft zu setzen.

Mephisto gibt zu, daß Faust ihm das ganze Leben hindurch »kräftig widerstanden« (11 591) habe. Mit dessen Tod, der sicherlich auch das Moment des sinnlosen Abbrechens beinhaltet, hält er sich für den Sieger. Alle Greuel einer mittelalterlichen Hölle aufbietend, was einem aufgeklärten Teufel gar nicht gemäß ist und deshalb komisch wirkt, postiert er sich vor Fausts Leichnam, um dessen »Genie« (11 675) beim Austritt aus dem Körper abzufangen. Die groteske Suchaktion bleibt ohne Erfolg. Mephisto kann nicht begreifen, daß Faust trotz seines physischen Todes den Kampf gegen die »Vernichtung« (11 690) des Menschen bestanden und sich damit die Bewahrung und Erlösung des Kerns seines Menschseins verdient hat. Die Macht, die diesen Sachverhalt herausstellt und der Mephisto weichen muß, ist die Liebe. Sie befreit das »Innre« (11 747) und entfernt das Fremde (11 745); sie macht, daß sich das Innre Fausts, das im Leben getrübt war, sich aber dennoch durchgehalten hat, zu ungetrübter Reinheit freisetzen kann. Sie offenbart sich als universale Natur-Kraft, der alle Gestalten der letzten Szene zugeordnet sind.

Mephisto verliert die Fähigkeit, sich der Rettung von Fausts Geist in den Weg zu stellen, indem er selbst der ihm fremden (11 762) Liebe verfällt. Das gibt ein äußerst komisches Schauspiel. »Engel streuen Rosen. Die verwelken auf den Hauch der Satane. Verwandelt in Liebesflammen. Satane fliehen. Mephistopheles Liebespein« (Plp. 111).[234] Von den Liebesflammen durchdrungen, beginnt Mephisto die männlichen Engel zu lieben, die er zu hassen und zu vertreiben entschlossen war. Während er sich mit aller Gewalt anstrengt, seine Teufelsnatur zurückzugewinnen, entschweben die Engel, »Faustens Unsterbliches entführend« (nach 11 824). Mephisto fühlt sich um sein »erworbenes Recht« (11 833) betrogen. Zu einer Appellation kommt es jedoch nicht, denn sie wäre sinnlos.

»Bergschluchten« (11 844–12 111)

Im weltentrückten Hochgebirge, an dem hierarchisch angeordnet Anachoreten, Patres und Büßerinnen bis hinauf zu Maria lagern, vollzieht sich unter Beteiligung der ganzen Natur stufenweise der reinigende Aufstieg von Fausts Unsterblichem zu immer höheren Stufen der geistigen Verklärung. Die drei Patres verkünden noch einmal, daß es die »ewige Liebe« (11 964) ist, die Fausts Geist zur »Seligkeit entfalten« (11 865) wird. Eingeführt in den »heiligen Liebeshort« (11 853) wird Fausts Unsterbliches von den Engeln, die Mephistos Widerstand paralysiert haben. Der Grund für Fausts Rettung wird in aller Deutlichkeit ausgesprochen: »Gerettet ist das edle Glied, / Der Geisterwelt vom Bösen, / *Wer immer strebend sich bemüht, / Den können wir erlösen*« (11 934–37). Weil den Engeln noch »ein Erdenrest / zu tragen« (11 954 f.) bleibt, übergeben sie Fausts Unsterbliches zu »steigendem Vollgewinn« (11 979) an »die seligen Knaben«, mitternachtsgeborene, gleich verstorbene Kinder. Auf Grund ihrer reinen Unmündigkeit und ihres frühen Abschieds von der Erde können sie die »starke Geisteskraft« (11 958) von den

»Elementen«, die sie einst »an sich herangerafft« (11 959 f.), gänzlich trennen. Jetzt, wo Faust »... jedem Erdenbande / Der alten Hülle sich entrafft, / Und aus ätherischem Gewande / Hervortritt erste Jugendkraft« (12 088–91), reicht er an die Mittlergestalt seiner Läuterung heran, die in der Dichtung am höchsten steht: an eine Frau aus dem Chor der Büßerinnen, »sonst Gretchen genannt« (nach 12 068). Gretchen nimmt am »hochgeweihten Ort« (11 852) den obersten Platz ein, weil eine Liebe, die alles – auch das Leben – eingesetzt hat, die mächtigste und wertvollste ist. Am Ende der Dichtung genießt die »gute Seele, / Die sich einmal nur vergessen« (12 065 f.), das große »Glück«, den »früh Geliebten, / Nicht mehr Getrübten« (12 072–74) zurückzuhaben. Durch das Dankgebet, das sich jetzt an eine Mater gloriosa (nach 12 031) richtet und nicht mehr an eine Mater dolorosa, ist der Bezug zum Ende des ersten Teiles bewußt hergestellt. Gretchen zieht durch den Höhenflug ihrer alles opfernden Liebe Faust in noch »höhere Sphären« (12 094) hinauf.

»Faust. Eine Tragödie« als Ganzes

Als sich Goethe um 1800 entschließt, die bis dahin einteilige Faust-Dichtung für zwei Teile neu zu konzipieren, geht er von der Voraussetzung aus, daß die beiden Teile eine Einheit bilden werden, daß sie Teile *einer* Dichtung bleiben sollen. Die Neukonzipierung des die Faust-Gestalt beherrschenden Widerspruchs, welche die Verbindung mit Mephisto auf der Grundlage der eigenen Weltanschauung ermöglicht, und die Vorformulierung dieses Widerspruchs als die große Streitfrage des Menschen im »Prolog im Himmel« geben eine geistige Grundrichtung vor, die in klar erkennbarer Absicht auch für den noch zu schreibenden zweiten Teil ihre Gültigkeit behalten soll. Die Auseinandersetzung im Himmel um »den« Menschen ist bei der Erstveröffentlichung von Faust I 1808 ausdrücklich aus dem ersten Teil herausgenommen und als Prolog der *ganzen* Faust-Dichtung vorangestellt. Und ebenso ausdrücklich wird die Wette zwischen Faust und Mephisto so abgeschlossen, daß sie für das *ganze* Leben Fausts gültig sein soll. Die entscheidenden Neuerungen der Arbeitsperiode zwischen 1797 und 1801, welche die Einheit des Faust I stiften, schaffen in der grundlegenden weltanschaulichen Orientierung ein geistiges Bezugssystem, dem potentiell auch schon der zweite Teil unterstellt ist.

Die konkrete Ausarbeitung des zweiten Teils selbst liefert den Beweis, daß Goethe die weltanschauliche Grundorientierung von 1800 aufrechterhalten und keineswegs außer Kraft gesetzt hat. Faust II steht auf dem weltanschaulichen Fundament, das um 1800 vor allem durch die beiden Szenen »Prolog im Himmel« und »Studierzimmer« (II) gelegt worden ist. Goethe konnte auf diesem Fundament weiterarbeiten, weil er mit der

Praxis der sich entwickelnden bürgerlichen Gesellschaft einverstanden ist, weil ihm auch nach 1800 die gesellschaftliche Wirklichkeit unter den neuen Bedingungen der ersten Etappe bürgerlicher Umgestaltung in Deutschland »vernünftig« bleibt und er damit nicht die im Kampf gegen den Theismus erarbeitete Ansicht der Welt als eines autonomen vernünftig geordneten einheitlichen Ganzen in Frage zu stellen braucht. Er gliedert den Faust II auch tatsächlich dem geistigen Bezugssystem von 1800 ein, weil dieses bis an sein Lebensende Gültigkeit behält.

Die Grundhaltung Goethes, die beiden Teile als Teil *einer* Dichtung zu betrachten, wird im Faust II nicht zuletzt auch daran deutlich, daß zum Faust I durch eine Vielzahl gestalterischer Maßnahmen wechselseitige Beziehungen auf unterschiedlichen Ebenen hergestellt sind. Goethe benutzt erneut Schlüsselbegriffe wie »streben«, »Tat« und weitere charakteristische sprachliche Motive. Er führt Gestalten wie Gretchen, Wagner und den Schüler weiter. Er ordnet Szenenteile oder ganze Szenen einander zu, meist des Kontrastes wegen: Erdgeistbeschwörung in der Szene »Nacht« und Verhalten beim Sonnenaufgang in der Szene »Anmutige Gegend«. Das eindrucksvollste Beispiel liegt in der kontrastierenden, aber auch analogisierenden Zuordnung der Schlüsse beider Teile vor.

Zwischen beiden Teilen gibt es also eine *innere* Zusammengehörigkeit, nicht bloß – wie Hans Mayer meint – das äußere Faktum »einer formalen Weiterarbeit an einem Stoff mit denselben Figuren«[235]. In seiner Polemik gegen Hans Mayer hat Gerhard Scholz treffend herausgearbeitet, daß hinter dem Leugnen des inneren Zusammenhangs der beiden Teile letztlich – bewußt oder unbewußt – die Absicht steckt, die Rezeption der Faust-Dichtung auf Faust I einzuschränken, weil er sich »am leichtesten zu einer Moraltragödie umfunktionieren«[236] läßt, und Faust II mit seiner Epochenauseinandersetzung preiszugeben. Die marxistische Forschung besteht demgegenüber seit jeher mit Goethe auf der Einheit des »Faust«, gerade weil sie auf die Rezeption des zweiten Teils besonderen Wert legt.

Die richtige und notwendige Betonung der Einheit darf jedoch nicht den Blick für die Tatsache verstellen, daß sich die beiden Teile bei gemeinsamer weltanschaulicher Grundposition nach Anlage und Ausführung gründlich unterscheiden. Goethe selbst hat die Andersartigkeit des zweiten Teils gegenüber den Zeitgenossen immer wieder hervorgehoben. Zu den Versuchen mehrerer Schriftsteller, den als fragmentarisch empfundenen ersten Teil fortzusetzen, schreibt er 1827 in der Ankündigung der separaten Veröffentlichung des Helena-Aktes: »Darüber aber mußte ich mich wundern, daß diejenigen, welche eine Fortsetzung und Ergänzung meines Fragmentes unternahmen, nicht auf den so naheliegenden Gedanken gekommen sind, man müsse bei Bearbeitung eines zweiten Teils sich notwendig aus der bisherigen kummervollen Sphäre durchaus erheben und einen solchen Mann, in höheren Regionen, durch würdigere Verhältnisse durchführen.«[237] Am eindeutigsten betont Goethe die Unterschiedlichkeit in einem Brief an den französischen Faust-Übersetzer F. A. A. Stapfer, in welchem er auf dessen Frage nach Stelle und Bedeutung des separat veröffentlichten Helena-Aktes Antwort gibt: »Le nouveau drame que j'ai annoncé, sous le titre d'Hélène, est un intermède appartenant à la seconde partie; et cette seconde partie est complètement différente de la première, soit pour le plan, soit pour l'exécution, soit enfin pour le lieu de la scène, qui est placé dans des régions plus élevées ... Vous vous convaincrez vous-même, quand vous le lirez qu'il ne peut en aucune façon se rattacher à la première partie.«[238] Einen interessanten Hinweis auf die Anlage des zweiten Teils gibt Goethe kurz vor seinem Tode in dem ersten Entwurf eines Briefes an Karl Ernst Schubarth. Schubarth hatte in einem Brief an Goethe vom 4. 1. 1832 Überlegungen über die Vollendung des zweiten Teils angestellt und dabei das Geschehen des Helena-Aktes als reale Geschichte verstanden. Im Anschluß daran würde Faust, so meinte er, die gesamte Geschichte vom Trojanischen Krieg bis zur Neuzeit nachvollziehen, wobei er mit einer ungeheuren Fülle wirklichkeitsgetreu geschilderter historischer Personen und Ereignisse konfrontiert würde. Auf seiner »Wolke Tragewerk« überschwebte er den Dreißigjährigen Krieg, die bürgerliche Revolution in England, den Siebenjährigen Krieg, um schließlich in der »französischen Weltumkehrungsperiode«[239] anzukommen. Goethe schreibt dazu: »Wie ich meinen Faust abgeschlossen habe, sollten Sie dem Dichter überlassen, er ist beysammen und eingesiegelt. Ihre Fortsetzung ist durchaus prosaisch wirklich; die meine wie auch schon der Anfang des zweyten Theils poetisch symbolisch. Doch das sey alles künftigen Tagen vorbehalten.«[240]

Den besten Beleg für ihre Neuartigkeit liefert wiederum die Dichtung selbst. Im Unterschied zum ersten Teil, der in seiner ursprünglichen Substanz vom Individuum her geschrieben ist, plant Goethe für den zweiten Teil von vornherein die Gestaltung der wesentlichen sozialen Fragen der ganzen historischen Periode, die er mit seinem Leben umgreift: Überwindung der in Deutschland und auch in anderen europäischen Staaten noch bestehenden gesellschaftlichen Ordnung, in der die feudale Klasse die politische Herrschaft innehat, und Begründung einer neuen, dem Wesen »des« Menschen gemäßen »tätigen«, d. h. bürgerlichen Gesellschaft. Goethe will vorführen, wie sich ihm als Angehörigen der bürgerlichen Klasse der Übergang von der »untätigen« feudalen zur »tätigen« bürgerlichen Gesellschaft samt seiner historischen Voraussetzungen als zu bewältigende historische Aufgabe darstellt und wie die historische Entwicklung in der Zukunft weitergehen soll. Geplant ist also die Gestaltung übergreifender sozialer Prozesse, die sich am Leben eines oder weniger Individuen nicht anschaubar machen lassen. Gleichzeitig hält Goethe jedoch an seiner Grundauffassung fest, daß »der Dichter angewiesen (ist) auf Darstellung«[241], daß er es sich nicht erlauben kann, historische Zusammenhänge klarzumachen, indem er sie rein gedanklich erklärend vorträgt. Es ist die so zustande kommende extreme Spannung zwischen dem Anspruch, wesentliche historische Prozesse vorzuführen, und der aufrechterhaltenen Verpflichtung, im Bereich des konkreten Einzelnen zu bleiben, die das grundlegende Gestaltungsproblem des zweiten Teils darstellt und dem deutlichen Unterschied in der »Ausführung« der beiden Teile zugrunde liegt.

Es versteht sich von selbst, daß dieses Gestaltungsproblem nicht durch »prosaisch wirkliches« Nachbilden historisch konkreter Personen und Vorgänge zu lösen war. Faust II wäre in einer unübersehbaren Stoffmasse untergegangen. Goethe mußte sich also auf bestimmte faßbare Personen und Vorgänge eingrenzen, die gleichwohl als Träger allgemeiner, über sie hinausweisender

Bedeutungen aufzubauen waren. Dabei war aber die weitere Bedeutung im Sinnträger nur anzulegen, nicht auszusprechen. An den Leser oder Zuschauer mußte der Anspruch gestellt werden, durch eigene konstruktive geistige Mitarbeit diese weitere Bedeutung für sich zu realisieren.

Das für den Produzenten wie den Rezipienten Problematische des dazu nötigen Darstellungsverfahrens liegt auf der Hand. Goethe steht immer der Gefahr gegenüber, daß der konkrete Gegenstand so weit von Bestimmungen freigehalten wird, daß er seine besondere Einmaligkeit verliert und sich in eine leere Hülse auflöst. Gerade die Allegorie im engen Sinn, wo ein sinnlicher, aber eben austauschbarer Gegenstand bloß zur Repräsentation einer klar begrenzten allgemeinen Bedeutung dient, soll vermieden werden. Goethe strebt eine »poetisch symbolische« Darstellung an, die Wirkliches in seinem Eigenwert entfaltet und nicht Dingen der Wirklichkeit eine Bedeutung unterschiebt, die ihnen nicht in ihrem objektiven Sinn zukommt. »Es ist aber unfraglich«, schreibt Georg Lukács, »daß der zweite Teil durchaus problematischen Charakters ist. Diese Problematik ... liegt in der Konzeption, liegt in der paradox-dissonanten Beziehung von Lebensstoff und dichterischem Stil. Sowenig Goethe geneigt ist, den Weg der Rhetorik einzuschlagen: eine dekorative Typik, eine dekorative Hintergrundmalerei mit Worten ist unausbleiblich. Die Gattungsmäßigkeit als zentrales Thema und Stilelement erfordert oft Übergänge, die, vom Einzelmenschen aus gesehen, schroff und abstrakt wirken müssen, deren vollständige menschliche Konkretisierung Goethe unmöglich immer glücken konnte.«[242] Andererseits versperrt sich der zweite Teil dem direkten unvorbereiteten Zugang. Um die angelegte allgemeinere Bedeutung jeweils realisieren zu können, muß der Leser oder Zuschauer über Informationen verfügen, die er nicht allein dem Werk entnehmen kann. Faust II setzt über weite Strecken einen Rezipienten voraus, der schon – in großen Zügen zumindest – über Goethes weltanschauliches, philosophisches und kunsttheoretisches Denken Bescheid weiß.

Die Spannung von Konkretion und Abstraktion, die das »symbolische« Darstellungsverfahren kennzeichnet, hat zur Folge, daß sich Faust II noch weiter vom Typ des »geschlosse-

nen« Dramas der tragédie classique entfernt als schon Faust I.
Die Wirklichkeitsbereiche, die Goethe in die Dichtung einbringt, lassen sich auf Grund noch größerer Vielfalt und Komplexität nicht mehr alle auf einen Protagonisten beziehen. Faust
verliert die Funktion der alles organisierenden Mitte, die ihm
noch im ersten Teil zukam, um sich selbst in die Abfolge der
Geschehnisteile einzugliedern. Die einzelnen Geschehniskom-
plexe, meist mit den Akten identisch, gewinnen an Eigenständigkeit, die Übergänge zwischen ihnen an Schroffheit. Handlungen des äußeren Geschehens werden oft genug nicht entwickelt, sondern einfach vorausgesetzt (Wegfall des Abstiegs
in den Hades und der Belehnungsszene).

Mit der Ausweitung der abgebildeten Wirklichkeitsbereiche
erhöht sich auch die Heterogenität der Stile und formalen Mittel. Die formalen Mittel, die jeweils bestimmten Handlungs-
strängen adäquat zugeordnet sind, reichen von der antiken
Tragödie über den höfischen Minnesang bis zur Mozartschen
Oper. Faust II bietet sich damit gleichsam als ein historisches
Kompendium der Weltliteratur dar.

Die Notwendigkeit der Abstraktion bewirkt auf der anderen
Seite, daß die Gestalten im zweiten Teil die reich bestimmte
Individualität, wie sie vom sog. Urfaust her noch im ersten Teil
gegeben ist, weitgehend verlieren. Goethe reduziert das Bestim-
mungspotential der Gestalten radikal auf die jeweils aus-
zuübende Funktion hin. Dabei knüpft er an Methoden der
Typisierung an, die er in der intensiven Beschäftigung mit dem
spanischen Dramatiker Calderón (1600–1681) und der orienta-
lischen Poesie kennengelernt hat. »Der größte Teil des Personals
des Zweiten Teils entstammt«, wie Thomas Metscher feststellt,
»der gemeinsamen Überlieferung von Mysterienspiel, Moralität
und barockem Welttheater.«[243] Faust selbst durchbricht endgültig die Schranken eines individuell festgelegten Charakters und
wird zum überindividuellen Typus »tätiger«, d. h. bürgerlicher
Mensch, der im Verlauf des Dramas grundverschiedene Tätigkeiten ausübt, womit er »ohne Schwierigkeit als bürgerlicher
,Everyman' gelesen werden kann«[244].

Wir haben einige Hinweise zur neuen Anlage und Ausführung des zweiten Teils gegeben. Kommen wir zum Schluß auf

einen Punkt, an dem sich die innere Zusammengehörigkeit der beiden Teile erneut bestätigen läßt: auf die Konzeption der »Tragödie« und die Korrespondenz von Tragik und Komik. Faust II führt wiederum Konflikte zwischen dem prätendiert freien Wollen des Ichs und dem »notwendigen Gang des Ganzen« vor, die für das betroffene Individuum keine Auflösung zulassen und seine Vernichtung herbeiführen (vgl. Euphorion, Philemon und Baucis). Wiederum gilt der tragische Untergang des einzelnen nicht als Beweis der Unvernunft des Ganzen. Goethe läßt keinen Zweifel, daß es dennoch eine Weiterentwicklung der Welt gibt, die durch die einzelnen Tragödien hindurchgeht (vgl. Ende des 3. Aktes). Exemplarisch verwirklicht sich diese Konzeption am Tod Fausts. Dem letzten großen Wollen stellt sich der »notwendige Gang des Ganzen« in Gestalt der Endlichkeit des Menschen entgegen. Faust widerfährt die Tragik, das große zukunftweisende Vorhaben nicht verwirklichen zu können. Gleichzeitig vermittelt das ungebrochen starke Wollen, das an Faust bis zum letzten Moment seines Lebens wahrzunehmen ist, die Gewißheit, daß sich »der« Mensch nicht aufgeben wird. Die komische Machtlosigkeit Mephistos, die sich unmittelbar der gräßlichen Demonstration seiner Macht anschließt, und die Apotheose von Fausts Unsterblichem haben die Aufgabe, diese Gewißheit nachdrücklich verklärend zu bestärken.

»Goethe ist gleich weit entfernt von der falschen Tiefe, von dem einseitigen Pessimismus des 19. Jahrhunderts (der zuweilen die Aufschrift Pantragismus führt) wie von dem falschen Optimismus der liberalen Literatur und Philosophie derselben Zeit, die die Notwendigkeit des Tragischen überhaupt leugnen oder bestenfalls subjektivieren wollen.«[245]

ANHANG

Anmerkungen

1 Georg Lukács: Goethe und seine Zeit. Vorwort. Berlin 1955, S. 10

2 Jindřich Zelený: Die Wissenschaftslogik bei Marx und »Das Kapital«. Berlin 1968, S. 268

3 Georg Lukács: Faust-Studien. In: G. L.: Goethe und seine Zeit. Berlin 1955, S. 200

4 Ebd., S. 182, 183

5 Günther Paul Karl: Goethes »Faust«. Eine Einführung in die Dichtung unter besonderer Berücksichtigung des Erkenntnis- und Entwicklungsweges Fausts. Berlin 1954. DPZI (= Ergänzungsheft zum Fernstudium der Mittelstufenlehrer); Hans Alfred Kraemer: Goethes »Faust« im Deutschunterricht der 12. Klassen. In: Deutschunterricht 8 (1955), S. 495–499; 545–581

6 Gerhard Scholz: Faust-Gespräche. Berlin 1967, S. 21

7 Walter Dietze: Tradition, Gegenwart und Zukunft in Goethes »Faust«. In: Deutschunterricht 24 (1971), S. 267–285 (Nachwort zur Einzelausgabe des Bandes 8 (Faust) der Berliner Ausgabe in der Reihe »Bibliothek der Weltliteratur«); Walter Dietze: ‚Ich denke mir, der Teufel behielte unrecht...' Bemerkungen zum Menschenbild in Goethes »Faust«. In: W. D.: Kleine Welt, große Welt. Aufsätze über Goethe. Berlin und Weimar 1982, S. 144–159. Vgl. auch: Edith Braemer, Walter Dietze, Gerhard Scholz: Über die nationalliterarische und weltliterarische Bedeutung von Goethes »Faust«. In: Weimarer Beiträge 12 (1966), S. 237–260

8 Walter Dietze: Der Walpurgisnachtstraum in Goethes »Faust«. In: Publications of Modern Languages Association 84 (1969), S. 476 bis 491. Später auch: W. D.: Erbe und Gegenwart. Aufsätze zur vergleichenden Literaturwissenschaft. Berlin und Weimar 1972

9 Gert Liebich: Faust und Mephisto im »Urfaust«. Einführung der Gestalten und Konfliktdisposition. Phil. Diss. Leipzig 1975 (Masch.), S. 1–167; 172–230

10 Ebd., S. 176

11 Hervorgehoben seien: Hans-Georg Werner: Probleme einer sozialistischen »Faust I«-Aufführung. Gedanken zu Horst Schönemanns Inszenierung in Halle. In: Weimarer Beiträge 17 (1971), S. 127 bis 160; Karl-Heinz Hahn: Faust und Helena oder die Aufhebung des Zwiespalts zwischen Klassikern und Romantikern. Ein Beitrag zur Romantikkritik Goethes im Spiegel der Faustdichtung. In: Goethe 32 (1970), S. 115–141

12 Hans-Dietrich Dahnke: Faust I. In: Geschichte der deutschen Literatur. 1789 bis 1830. Von Autorenkollektiven, Leitung und Gesamtredaktion Hans-Dietrich Dahnke in Zusammenarbeit mit Peter Weber (1789–1806) und Thomas Höhle in Zusammenarbeit mit Hans-Georg Werner (1806–1830). Berlin 1978, S. 203–220 = Geschichte der deutschen Literatur von den Anfängen bis zur Gegenwart. 7. Bd. Hg. v. H.-G. Thalheim, G. Albrecht u. a., Berlin 1978; – Thomas Höhle/Heinz Hamm: Faust II. Ebd. S. 712–735 (der Entwurf erschien in: Weimarer Beiträge 20 (1974), S. 49–89)

13 Thomas Metscher: Faust und die Ökonomie. Ein literarhistorischer Essay. In: Vom Faustus bis Karl Valentin. Der Bürger in Geschichte und Literatur. Das Argument, Sonderband Nr. 3. Berlin (West) 1976, S. 28–155

14 Die Zeitschrift Das Argument hat in ihrer Nr. 99, Berlin (West) 1976, Diskussionsbeiträge zu Metschers Essay von Gert Mattenklott, Gerhart Pickerodt, Heinz Schlaffer und Gerhard Bauer/Heidegert Schmid Noerr veröffentlicht, die in der gleichen Richtung Bedenken anmelden.

15 Hier steht nur die nichtmarxistische Forschungsliteratur, die ich ständig benutzt habe: Paul Requadt: Goethes »Faust I«. Leitmotivik und Architektur. München 1972; Wolfgang Binder: Goethes klassische Faust-Konzeption. In: Deutsche Vierteljahresschrift für Literaturgeschichte und Geisteswissenschaften 42 (1968), S. 55 bis 88; Wilhelm Emrich: Die Symbolik von Faust II. Sinn und Vorformen. Frankfurt/M., Bonn 1964; Dorothea Lohmeyer: Faust und die Welt. Der zweite Teil der Dichtung. Eine Anleitung zum Lesen des Textes. München 1975; Heinz Schlaffer: Faust Zweiter Teil. Die Allegorie des 19. Jahrhunderts. Stuttgart 1981.

16 Eine gute Übersicht gibt Siegfried Scheibe: Bemerkungen zur Entstehungsgeschichte des frühen »Faust«. In: Goethe 32 (1970), S. 61 bis 71

17 Ebd., S. 71

18 G an seine Mutter, 11. 8. 1781; WA B, Bd. 5, S. 179

19 G an J. Fahlmer, 14. 2. 1776; WA B, Bd. 3, S. 28

20 G an Merck, 22. 1. 1776; ebd., S. 21

21 Lavater an Zimmermann, 20. 10. 1774; Grumach, S. 291

22 Dichtung und Wahrheit, 12. Buch; BA, Bd. 13, S. 580

23 Aus Goethes Brieftasche. I. Nach Falconet; WA, Bd. 37, S. 319

24 Die wesentlichen sozialen Erfahrungen Goethes und seine weltanschaulich-philosophische Stellungnahme behandle ich ausführlich in
meinem Buch: Der Theoretiker Goethe. Grundpositionen seiner
Weltanschauung, Philosophie und Kunsttheorie, Berlin 1975. Auch
für die späteren Zeitabschnitte sei grundsätzlich darauf verwiesen.

25 Vgl. Goethes Gedicht: »Erklärung eines alten Holzschnittes, vorstel-
lend Hans Sachsens poetische Sendung« (1776). In: BA, Bd. 2, S. 70

26 Hans-Dietrich Dahnke: Faust I. S. Anm. 12

27 Gerhard Scholz, a. a. O., S. 54

28 Rezension zu: »Die schönen Künste in ihrem Ursprunge, ihrer wahren Natur und besten Anwendung«, betrachtet von J. G. Sulzer, 1772
FGA Nr. 101, 18. 12. 1772. In: Frankfurter Gelehrte Anzeigen
1772. Auswahl hg. v. Hans-Dietrich Dahnke und Peter Müller, Leipzig 1971, S. 347

29 Farbenlehre. Historischer Teil; LA I, Bd. 6, S. 129

30 Dichtung und Wahrheit. Zum 15. Buch; a. a. O., S. 905

31 Gerhard Scholz; a. a. O., S. 37

32 Ebd., S. 39

33 Zur Funktion dieser Szene vgl. Goethes Aussage in seinem Aufsatz
Shakespeare und kein Ende (1813): »Er läßt geschehen, was sich nicht
imaginieren läßt, ja was besser imaginiert als gesehen wird. Hamlets
Geist, Macbeths Hexen, manche Grausamkeiten erhalten ihren Wert
durch die Einbildungskraft, und die vielfältigen kleinen Zwischen-
szenen sind bloß auf sie berechnet.« (BA, Bd. 18, S. 149)

34 BA, Bd. 2, S. 40

35 Gerhard Scholz, a. a. O., S. 91

36 Ich stütze mich hier und verweise auf die grundlegenden Arbeiten:
Peter Weber: Das Menschenbild des bürgerlichen Trauerspiels. Entstehung und Funktion von Lessings »Miß Sara Sampson«. Berlin
1970; Gert Mattenklott/Helmut Peitsch: Das Allgemeinmenschliche
im Konzept des bürgerlichen Nationaltheaters. Gotthold Ephraim
Lessings Mitleidstheorie. In: Westberliner Projekt: Grundkurs
18. Jahrhundert. Hg. v. Gert Mattenklott/Klaus R. Scherpe. Kron-
berg/Taunus 1974, Bd. 1, S. 147–188

37 Interessengegensätze innerhalb der bürgerlichen Klasse am Gegenstand von Liebesbeziehungen gestaltet Goethe in dieser Zeit vor
allem in: »Clavigo. Ein Trauerspiel«. Der „Clavigo" exponiert in unmittelbarer Beziehung zur gesellschaftlichen Wirklichkeit, was in den

Gretchen-Szenen durch den Faust-Stoff vermittelt wird. Innerhalb dieser Unterschiede gibt es zwischen »Clavigo« und den Gretchen-Szenen eine frappierende Einheit der Thematik und Konfliktstruktur. Vgl. dazu: Ingrid Strohschneider-Kohrs: Goethes »Clavigo«. In: Goethe-Jahrbuch 90 (1973), S. 37–56. Dieselbe Konfliktsituation finden wir auch in der Erzählung von J. M. R. Lenz: »Zerbin oder Die neuere Philosophie« (1775/76).

38 An dieser Stelle soll nicht verschwiegen werden, daß Goethe, als er im November 1783 als Mitglied des Geheimen Consiliums von Herzog Karl August zu einer Meinungsäußerung über die Bestrafung eines Falles von Kindesmord aufgefordert war, mit den anderen Geheimräten für die Beibehaltung der Todesstrafe votiert hat: „Da das Resultat meines unterthänigst eingereichten Aufsatzes mit beyden vorliegenden gründlichen Votis völlig übereinstimmt, so kann ich um so weniger zweifelnd selbigen in allen Stücken beyzutreten, und zu erklären daß auch nach meiner Meinung räthlicher seyn möge die Todtesstrafe beyzubehalten.« (AS, Bd. 1, S. 251)

39 Ankündigung von Goethes Schriften in acht Bänden; BA, Bd. 17, S. 303

40 Ebd., S. 302

41 G an Karl August, 16. 2. 1788; WA B, Bd. 8, S. 347

42 G an Ch. v. Stein, 17. 9. 1782; WA B, Bd. 6, S. 58

43 Wieland an Lavater, 4. 3. 1776; Grumach, S. 407

44 G an Ch. v. Stein, 10. 7. 1786; WA B, Bd. 7, S. 241 f.

45 G an Kestner, 14. 5. 1780; WA B, Bd. 4, S. 221

46 LA I, Bd. 11, S. 29

47 G an Knebel, 2. 4. 1785; WA B, Bd. 7, S. 36

48 G an Herder, 13. 12. 1786; WA B, Bd. 8, S. 89

49 Diderots Versuch über die Malerei; WA, Bd. 45, S. 259

50 WA T, Bd. 2, S. 74

51 Das Problem diskutiert grundlegend Siegfried Scheibe: Noch einmal zum bezifferten Faustschema von 1797. In: Goethe-Jahrbuch 89 (1972), S. 235–255

52 Ernst Grumach: Prolog und Epilog im Faustplan von 1797. In: Goethe 14/15 (1952/53), S. 64–70

53 G an Schiller, 5. 5. 1798; G/L, Bd. 2, S. 90

54 Jean Paul an Christian Otto, 2. 9. 1798; Gräf II, 2, S. 81

55 Das Blatt ohne Überschrift trägt kein Datum. Die Datierung rechts unten stammt von Bibliothekarshand und folgt einer Vermutung Otto Pniowers aus dem Jahre 1924. Weil Goethe am 11. April 1800 an Schiller schreibt, daß er »das Werk heute vorgenommen und durchdacht« habe, glaubte Pniower, diesen bestimmten Tag als Entste-

hungsdatum annehmen zu können, was wohl eine Spekulation ist. Man wird sich mit der ungefähren Datierung auf das Frühjahr 1800 begnügen müssen. Grumach (Anm. 52, S. 74 f.) und mit ihm die Anmerkungen der Berliner Ausgabe nehmen Goethes Urheberschaft an.

56 Das Blatt gibt erstmals völlig handschriftengetreu wieder: Wolfgang Binder: Goethes klassische Faust-Konzeption; a. a. O., S. 64. Binder bringt ebenfalls ein Faksimile bei.

57 Vgl. G an Schiller, 3. 4. 1801; a. a. O., S. 370

58 MEW, Bd. 3, S. 5

59 Ebd.

60 Ebd., S. 39

61 G an Schiller, 5. 12. 1798; a. a. O., S. 172

62 Ich verweise auf meine Auseinandersetzung mit der fachwissenschaftlichen Interpretation des »Osterspaziergangs« durch ein Autorenkollektiv der Pädagogischen Hochschule Erfurt: Goethes »Osterspaziergang«. In: Deutschunterricht 24 (1971), S. 308–313.

63 Spinoza: Ethik. Hg. v. Helmut Seidel. Leipzig 1972, S. 384

64 Vgl. Bibel-Lexikon. Hg. v. Herbert Haag. Leipzig 1969, Sp. 1059 bis 1061

65 Dieses Auftreten Mephistos verweist auf Goethes nicht ausgeführten Plan, Faust und Mephisto erstmals bei einer gelehrten Disputation zusammentreffen zu lassen. (Vgl. Plpp. 14–20; BA, Bd. 8, S. 563 ff.)

66 Vgl. Horst Hartmann: Vom Teufelspakt zur Wette. In: Deutschunterricht 24 (1971), S. 300–307

67 Gerhard Scholz; a. a. O., S. 19

68 Gotthard Erler: Anmerkung. In: BA, Bd. 8, S. 836

69 Schiller an Goethe, 2. 10. 1797; a. a. O., Bd. 1, S. 415

70 G an Schiller, 20. 12. 1797; ebd., S. 450

71 G an W. v. Humboldt, Konzept 26. 5. 1793; WA B, Bd. 14, S. 98 f.

72 Goethe/Schiller: Über den Dilettantismus; NA, Bd. 21/2, S. 60

73 Ebd.

74 Goethe/Schiller: Schema zu Über den Dilettantismus, Nr. 7 Lyrische Poesie; ebd., Anhang

75 Goethe/Schiller: Über den Dilettantismus; a. a. O., S. 61

76 Goethe/Schiller: Schema zu Über den Dilettantismus, Nr. 8 Pragmatische Poesie; ebd., Anhang

77 Goethe/Schiller: Schema zu Über den Dilettantismus Nr. 9 Schauspielkunst; ebd.

78 G an Schiller, 22. 6. 1799; a. a. O., Bd. 2, S. 229

79 Vgl. Ursula Wertheim: Das Schema über den Dilettantismus. In: Weimarer Beiträge. Sonderheft 1960, S. 965–977

80 Walter Dietze: Der »Walpurgisnachtstraum« in Goethes „Faust« – Entwurf, Gestaltung, Funktion; a. a. O., S. 215. – Dietzes Aufsatz stellt die grundlegende Spezialanalyse des »Walpurgisnachtstraums« dar. Nicht erkannt bei ihm ist jedoch die Funktion des Dilettantismus. Paul Requadt: Goethes »Faust I«. Leitmotivik und Architektur. München 1972, S. 311 f., hat sie einleuchtend herausgearbeitet.

81 G an Schiller, 31. 1. 1798; a. a. O., Bd. 2, S. 32

82 Julius Frankenberger: Walpurgis. Zur Kunstgestalt von Goethes Faust. Leipzig 1926, S. 25–38

83 Paul Requadt: Goethes »Faust I«; a. a. O., S. 317

84 Walter Dietze: Der „Walpurgisnachtstraum«; a. a. O., S. 196–208

85 Gotthard Erler: Anmerkung. In: BA, Bd. 8, S. 287

86 Walter Dietze: Der »Walpurgisnachtstraum«; a. a. O., S. 204 f.

87 Vgl. Brief (Konzept) Goethes an Schiller, 27. 4. 1798: »Ich bin nämlich als ein beschauender Mensch ein Stockrealiste, so daß ich von allen Dingen, die sich mir darstellen, nichts davon und dazu zu wünschen imstande bin und ich unter den Objekten gar keinen Unterschied kenne als den, ob sie mich interessieren oder nicht. Dagegen bin ich bei jeder Tätigkeit, ich darf beinah sagen, vollkommen idealistisch: ich frage nach den Gegenständen gar nicht, sondern fordere, daß sich alles nach meinen Vorstellungen bequemen soll.« (a. a. O., S. 80 f.)

88 Walter Dietze: Der »Walpurgisnachtstraum«; a. a. O., S. 208

89 Siegfried Scheibe: Zur Entstehungsgeschichte der Walpurgisnacht im Faust I. In: Goethe-Studien. Berlin 1965, S. 47 f.

90 Ebd., S. 48

91 In der Arbeitsperiode von 1797 bis 1801 hat Goethe auch schon eine »Abkündigung« (Plp. 2) und einen „Abschied« (Plp. 3) geschrieben, die in enger geistiger Nachbarschaft zur »Zueignung« stehen. Für diese Schlußwendungen an das Publikum gab es im späteren Plan keine Verwendung.

92 Vgl. Gerhard Scholz: »Wenn wir für die umfassende Darstellung der ästhetischen Konzeption jetzt den Prinzipal heranziehen, müssen wir uns zunächst vom Schema-Denken bürgerlicher Interpreten befreien, nach dem der Theaterdirektor im Schwarz-Weiß-Schema eindeutig zur schwarzen Seite zählt.« (a. a. O., S. 108)

93 Ebd., S. 106

94 Diderots Versuch über die Malerei; a. a. O., S. 259–261

95 Vgl. Scholz; a. a. O., S. 120

96 Lucien Sève: Marxismus und Theorie der Persönlichkeit, Berlin 1973

97 MEW, Bd. 3, S. 75

98 MEW, Bd. 13, S. 616

99 Lucien Sève; a. a. O., S. 431

100 Ebd., S. 414

101 Marx/Engels: Deutsche Ideologie; MEW, Bd. 3, S. 38

102 Marx: Thesen über Feuerbach (6); ebd., S. 6

103 Marx/Engels: Deutsche Ideologie; ebd., S. 38

104 Marx: Thesen über Feuerbach (6); ebd., S. 6

105 Ebd.

106 Ebd.

107 Ebd.

108 G an ..., 1. 5. 1801, Konzept; WB B, Bd. 15, S. 228

109 Marx: Grundrisse der Kritik der politischen Ökonomie. Berlin 1974, S. 7

110 Ebd., S. 8

111 Gerhard Scholz; a. a. O., S. 117

112 Ebd.

113 Gräf, II/2, S. 148

114 Ich stütze mich für das folgende auf den Aufsatz: Wolfgang Binder: Goethes klassische Faust-Konzeption; a. a. O., S. 55–88

115 G an J. Fahlmer, 14. 2. 1776; WA B, Bd. 3, S. 28

116 G an seine Mutter, 11. 8. 1781; WA B, Bd. 5, S. 179

117 Lavater an Zimmermann, 18. 10. 1773; Grumach, S. 291

118 Wilhelm Meisters Lehrjahre, 6. Buch; BA, Bd. 10, S. 423 f.

119 Plp. 5; BA, Bd. 8, S. 560

120 Eckermann, 13. 2. 1831; Bergemann S. 403

121 BA, Bd. 17, S. 187 f.

122 Eckermann, 13. 2. 1831; Bergemann S. 402

123 Über die Formtypen des sog. offenen und geschlossenen Dramas im allgemeinen informiert: Volker Klotz: Geschlossene und offene Form im Drama. München 1962. In die Dramaturgie des Sturm und Drang führt Wolfgang Stellmacher ein; vgl. die Einleitung zu seiner Ausgabe von »Komödien und Satiren des Sturm und Drang«, Leipzig 1976. Einen Einblick in die Spannweite der formalen Mittel, speziell des sog. Urfaust vermittelt Robert Petsch: Die dramatische Kunstform des „Faust«. In: Euphorion 33 (1932), S. 211–244

124 G an Schiller, 12. 8. 1797; a. a. O., Bd. 1, S. 380

125 Ebd.

126 Diderots Versuch über die Malerei; a. a. O., S. 286

127 G an Schiller, 29. 7. 1797; a. a. O., Bd. 1, S. 368

128 G an H. Heyer, 5. 12. 1796; WB B, Bd. 11, S. 273

129 Goethe/Schiller: Über epische und dramatische Dichtung; BA, Bd. 17, S. 326

130 G an Schiller, 23. 12. 1797; a. a. O., Bd. 1, S. 452

131 Zum Schäkespears Tag; BA, Bd. 17, S. 186

132 G an Schiller, 5. 12. 1798; a. a. O., Bd. 2, S. 172

133 G an Schiller, 27. 6. 1797; a. a. O., Bd. 1, S. 351

134 G an Schiller, 28. 4. 1798; a. a. O., Bd. 2, S. 82

135 G an Schiller, 6. 12. 1797; a. a. O., Bd. 1, S. 441

136 G an Hirt, 25. 12. 1797; WA B, Bd. 13, S. 46

137 G an Schillers Frau, 14. 4. 1798; ebd., S. 116

138 G an Schiller, 27. 6. 1797; a. a. O., Bd. 1, S. 351

139 Zur Diskussion der Abgrenzung von epischer und dramatischer »Behandlung« im Briefwechsel zwischen Goethe und Schiller des Jahres 1797, vgl. G. Lukács: Der Briefwechsel zwischen Schiller und Goethe. In: G. L., a. a. O., S. 57–76, sowie Peter Szondi: Poetik und Geschichtsphilosophie II. Hg. v. Wolfgang Fietkau. Frankfurt/M. 1974, S. 57–74

140 BA, Bd. 17, S. 326

141 Schiller an G, 26. 12. 1797; a. a. O., Bd. 1, S. 456

142 G an Schiller, 23. 12. 1797; ebd., S. 452

143 Schiller an G, 29. 12. 1797; ebd., S. 459

144 Schiller an G, 21. 4. 1797; ebd., S. 320

145 Schiller an G, 25. 4. 1797; ebd., S. 326

146 Kunstausstellung vom Jahre 1801; WA, Bd. 48, S. 23

147 G an Schiller, 27. 6. 1797; a. a. O., Bd. 1, S. 351

148 G an Schiller, 30. 10. 1797; ebd., S. 428

149 Anmerkungen zu Rameau's Neffe; WA, Bd. 45, S. 176

150 Zum Schäkespears Tag; a. a. O., S. 187 f.

151 Shakespeare und kein Ende (1813); a. a. O., S. 152

152 Eckermann 28. 3. 1827; Bergemann S. 540

153 Shakespeare und kein Ende; a. a. O., S. 152

154 Eckermann, 28. 3. 1827, Bergemann S. 540

155 G an Schiller, 23. 9. 1800; a. a. O., Bd. 2, S. 333

156 Schiller an G, 23. 9. 1800; ebd., S. 334

157 Horst Rüdiger: Weltliteratur in Goethes »Helena«. In: Jahrbuch der Deutschen Schillergesellschaft 8 (1964), S. 174

158 Zitate auf den Seiten 154 f. stammen aus dem Plp. 70; BA, Bd. 8, S. 580–583

159 WA T, Bd. 10, S. 23

160 Ebd.

161 G an Iken, 27. 9. 1827; WA B, Bd. 43, S. 81

162 Plp. 73; BA, Bd. 8, S. 588

163 Ebd.

164 Ebd., S. 589

165 Ebd., S. 590

166 Ebd., S. 596

167 Die Reaktion auf die separate Veröffentlichung behandle ich in dem Aufsatz: Die Aufnahme von Goethes »Helena«-Zwischenspiel in Deutschland und im Ausland. In: Weimarer Beiträge 27 (1981) H. 12, S. 30–54

168 Tagebuch vom 18. Mai 1827; WA T, Bd. 11, S. 58

169 WA T, Bd. 13, S. 112

170 Ebd., S. 216

171 Aus Riemers Tagebüchern. Hg. v. Arthur Pollmer. In: Jahrbuch der Sammlung Kippenberg. Bd. 4, Leipzig 1924, S. 44

172 G an v. Leonhard, 16. 11. 1813; WA B, Bd. 24, S. 34

173 G an Knebel, 5. 4. 1815; WA B, Bd. 25, S. 251

174 Anneliese Klingenberg: Goethes Roman »Wilhelm Meisters Wanderjahre oder die Entsagenden«. Berlin und Weimar 1972, S. 111

175 Einfache Nachahmung der Natur, Manier, Stil; WA, Bd. 47, S. 83

176 BA, Bd. 8, S. 580

177 Zu Eckermann, undatiert; BA, Bd. 8, S. 691 f.

178 MuR, Nr. 462 und 463; BA, Bd. 18, S. 577 f.

179 BA, Bd. 1, S. 608

180 Plp. 70; BA, Bd. 8, S. 581

181 BA, Bd. 14, S. 710

182 Heinz Schlaffer: Faust Zweiter Teil. Die Allegorie des 19. Jahrhunderts. Stuttgart 1981, S. 80

183 Wilhelm Emrich: Die Symbolik von Faust II. Sinn und Vorformen. Frankfurt/M., Bonn 1964, S. 133

184 S. A. W. Anikin: Ökonomen aus drei Jahrhunderten. Berlin 1974, S. 109 ff.

185 Gerhard Scholz; a. a. O., S. 149 f.

186 WA, Bd. 15/2, S. 35

187 Polygnots Gemälde in der Lesche zu Delphi; WA, Bd. 48, S. 107

188 BA, Bd. 15, S. 226

189 MuR Nr. 183; BA, Bd. 18, S. 502

190 Italienische Reise; BA, Bd. 14, S. 332

191 WA, Bd. 46, S. 28 f.

192 Diderots Versuch über die Malerei; a. a. O., S. 286

193 WA, Bd. 47, S. 80

194 Vgl. Metscher, der gegen meine Akzentuierung des sozialen „Entstehens« bei Homunculus polemisiert, wenngleich seine Polemik durch den unkritischen Gebrauch des weiten Goetheschen Naturbegriffs nicht eindeutig ist: »Homunculus hat die Funktion einer Test-Figur, an der Goethe seine Konzeption der Naturbildungsprozesse demon-

striert« (Faust und die Ökonomie; a. a. O.. S. 49). »Homunculus ist ‚Geist', der sich zu materialisieren hat, um im emphatischen Sinne wirklich werden zu können« (ebd. S. 79). – Der Text spielt auch auf eine *biologische* Materialisierung des Homunculus an. Doch meine ich, daß sein »Entstehn« in erster Linie einen sozialen, keinen biologischen Prozeß vorführen soll.

195 Die »Klassische Walpurgisnacht« stellt ein vom Menschen gemachtes „Fabelreich« vor und nicht eine vom Menschen unabhängige Natur. Vgl. dagegen Metscher, der wiederum Goethes Natur-Begriff unkritisch nachvollzieht: »Die ‚Klassische Walpurgisnacht' ist für sich selbst genommen ein naturphilosophisches Lehrgedicht in dramatisierter Form.« (Faust und Ökonomie, a. a. O., S. 49) »Die ‚Klassische Walpurgisnacht' ist in erster Linie eine dramatische Kontemplation des Naturprozesses, der Formbildungsprozesse in der Natur, die als höchste ihrer Produktionen die ästhetische Form hervorbringen.« (ebd. S. 113)

196 Mitgeteilt von H. Düntzer: Faust. Leipzig 1853, S. 525

197 Wilhelm Meisters Lehrjahre; BA, Bd. 10, S. 565

198 Hegel: Phänomenologie des Geistes; hg. v. J. Hoffmeister, Berlin 1967, S. 285

199 Skizze H 25; BA, Bd. 8, S. 605

200 Vgl. Peter Szondi: Antike und Moderne in der Ästhetik der Goethezeit. In: P. Sz.: Poetik und Geschichtsphilosophie I. Hg. v. Senta Metz und Hans-Hagen Hildebrandt. Frankfurt/M. 1974, S. 13–265

201 Lesarten zu 9022 ff.; WA, Bd. 15/2, S. 103 f.

202 Briefkonzept, ohne Datum und Adressat, vermutlich Juli 1826; WA B, Bd. 41, S. 302

203 Vgl. Horst Rüdiger; a. a. O., S. 172–198

204 In der Zeit der ersten Arbeit an der »Helena« um 1800 plante Goethe noch, Faust und Helena auf deutschem Boden im »Rheintal« zusammenzuführen; vgl. Plp. 92. BA, Bd. 8, S. 606

205 Schiller; NA; Bd. 20, S. 472

206 Eckermann, 25. 1. 1827; Bergemann S. 200

207 BA, Bd. 8, S. 612

208 Eckermann, 27. 4. 1825; Bergemann S. 518

209 Eckermann, 21. 3. 1831; Bergemann S. 437

210 Gerhard Scholz, a. a. O., S. 169

211 BA Bd. 8, S. 612 f.

212 Reinhard Buchwald: Führer durch Goethes Faustdichtung. Weimar 1957, S. 230

213 Kurt May: Faust II. Teil. In der Sprachform gedeutet, Berlin 1936, S. 205

214 Vgl. Richard Schröder: Lehrbuch der deutschen Rechtsgeschichte. Berlin und Leipzig 1922, S. 880 f.

215 Gerhart Pickerodt, Geschichte und ästhetische Erkenntnis. Zur Mummenschanz-Szene in Faust II. In: Das Argument 18 (1976), S. 770

216 Thomas Metscher; a. a. O., S. 85

217 Karl Marx: Das Kapital. Erster Band; MEW, Bd. 23, S. 630

218 Ebd., S. 161

219 Der Tänzerin Grab; BA, Bd. 20, S. 7

220 Gerhard Scholz, a. a. O., S. 91

221 Günter Mieth: Fausts letzter Monolog – Poetische Struktur einer geschichtlichen Vision. In: Goethe 97 (1980) S. 100

222 Das trotz der »Sorge« unbeirrte Fortführen der Ausbeutungspraxis bis in Fausts allerletztes Handeln hinein hebt Heinz Schlaffer in seiner Polemik gegen Metscher zu Recht hervor. Wir folgen Schlaffer jedoch nicht, wenn er auch in Fausts letzten Worten eine neue Qualität in keiner Weise erkennen kann. »Noch mit den letzten Worten versucht Faust, das ökonomische Gesetz, nach dem er im 5. Akt rücksichtslos gehandelt hat, als prophetischen Spruch seinem eignen Denkmal einzumeißeln ...« (H. Sch.: Fausts Ende. In: Das Argument 18 (1976), S. 774).

223 Text der Vorstufe: BA, Bd. 8, S. 663. – Zur Interpretation der Textvorstufe verweise ich auf Heinz Bluhm: Zur Entstehung und Interpretation der Szene »Großer Vorhof des Palastes« in der Fausthandschrift v. H². In: Tradition and Transitions. Studies in Honor of Harold Jantz. München 1972, S. 142–161.

224 BA, Bd. 8, S. 663

225 Vgl. dazu meinen Aufsatz: Julirevolution, Saint-Simonismus und die abschließende Arbeit am »Faust«. In: Weimarer Beiträge 28 (1982) H. 11, S. 70–91

226 Walter Dietze: Tradition, Gegenwart und Zukunft in Goethes »Faust«; a. a. O., S. 269

227 Ebd., S. 270

228 Thomas Metscher; a. a. O., S. 121

229 BA, Bd. 8, S. 663

230 Ebd., S. 616

231 Eckermann, 6. 6. 1831; Bergemann S. 455

232 Wilhelm Emrich; a. a. O., S. 418

233 Ebd., S. 418 f.

234 BA, Bd. 8, S. 616

235 Hans Mayer: Goethe. Ein Versuch über den Erfolg. Frankfurt/M. 1973, S. 93

236 Gerhard Scholz; a. a. O., S. 157

237 Plp. 73; BA, Bd. 8, S. 587
238 G an Stapfer, 4. 4. 1827; Gräf II/2, S. 389. Das deutsche Konzept
zu diesem Brief: »Das neue von mir angekündigte Drama dagegen,
‚Helena‘ überschrieben, ist ein Zwischenspiel, in den Zweiten Teil
gehörig. Dieser Zweite Teil nun ist in Anlage und Ausführung von
dem Ersten durchaus verschieden, indem er in höheren Regionen
spielt ... Sie werden selbst, wenn Sie es lesen, sich überzeugen, daß
es mit dem Ersten Teil nicht verknüpft werden kann« (BA, Bd. 8,
S. 697 f.).
239 Karl Ernst Schubarth: Gesammelte Schriften philosophischen, ästhetischen, historischen, biographischen Inhalts. Hirschberg 1835, S. 151
240 G an Schubarth, Konzept, 14. 2. 1831; WA B. Bd. 49, S. 433
241 MuR 510, BA, Bd. 18, S. 557
242 Georg Lukács: Faust-Studien; a. a. O., S. 253
243 Thomas Metscher; a. a. O., S. 44
244 Ebd., S. 44 f.
245 Georg Lukács: Faust-Studien, a. a. O., S. 187

Abkürzungsverzeichnis

AS = Goethes Amtliche Schriften. Bd. 1 hg. v. Willy Flach. Weimar 1950.
Bd. 2/1, 2/2 und 3 bearbeitet v. Helma Dahl. Weimar 1968–72
BA = Goethe: Poetische Werke. Berlin und Weimar 1960–1968, 16 Bde.
Goethe: Kunsttheoretische Schriften und Übersetzungen. Berlin und
Weimar 1970 ff., bisher 4 Bde. (= Berliner Ausgabe)
Bergemann = Johann Peter Eckermann: Gespräche mit Goethe in den
letzten Jahren seines Lebens. Hg. v. Fritz Bergemann. Leipzig 1968
G/L = Der Briefwechsel zwischen Schiller und Goethe. Hg. v. Hans Gräf
und Albert Leitzmann. Leipzig ²1955, 3 Bde.
Gräf = Goethe über seine Dichtungen. Versuch einer Sammlung ... v.
Hans Gerhard Gräf. Teil II, Bd. 2. Frankfurt/M 1904
Grumach = Goethe: Begegnungen und Gespräche. Hg. v. Ernst und
Renate Grumach. Bd. 1: 1749–1776. Berlin (West) 1965
LA = Goethe: Die Schriften zur Naturwissenschaft. Vollständige mit Er-
läuterungen versehene Ausgabe hg. im Auftrag der Deutschen Aka-
demie der Naturforscher Leopoldina v. Rupprecht Matthaei, Wilhelm
Troll und K. Lothar Wolf. Weimar 1947 ff.
LA I = Erste Abteilung: Texte

LA II = Zweite Abteilung: Ergänzungen und Erläuterungen (= Leopoldina-Ausgabe)

MEW = Marx/Engels: Werke. Hg. v. Institut für Marxismus-Leninismus beim ZK der SED. Berlin 1956 ff.

MuR = Maximen und Reflexionen, BA, Bd. 18

NA = Schillers Werke. Nationalausgabe. Hg. v. Julius Petersen und Gerhard Fricke. Weimar 1943 ff.

Plp., Plpp. = Paralipomenon, Paralipomena

WA = Goethes Werke. Hg. im Auftrage der Großherzogin Sophie v. Sachsen. Weimar 1887–1919. 133 Bde. (= Weimarer Ausgabe)

WA = Erste Abteilung: Werke

WA N = Zweite Abteilung: Naturwissenschaftliche Schriften

WA T = Dritte Abteilung: Tagebücher

WA B = Vierte Abteilung: Briefe

Abbildungsverzeichnis

1. Der Römerberg zu Frankfurt am Main
   Prospekt des Platzes mit dem Rathaus (re.) zur Zeit von Goethes Geburt. Kolorierter Kupferstich von S. Kleiner.
2. Festmahl im Römersaal
   Das zeitgenössische, anonyme Gemälde hält eine Szene von den Krönungsfeierlichkeiten für Joseph II. am 3. 4. 1764 in Frankfurt/M. fest, zu denen sich der junge Goethe in der Rolle eines Bedienten Zugang zu verschaffen wußte.
3 a. Das Leipziger Rosenthal
   In seiner Leipziger Studentenzeit (1765–68) hat Goethe den Eingang zu diesem beliebten Ausflugsziel etwa so gesehen. Nach einem Kupferstich von J. A. Rosmäsler, 1777.
3 b. Straßburg
   Ansicht der Stadt mit dem Münster um die Zeit von Goethes Aufenthalt (1770/71). Kolorierter Kupferstich von H. J. Wolff nach einer Zeichnung von F. B. Wirner.
4. Johann Wolfgang Goethe
   Ölgemälde von A. Kauffmann, Rom 1787/88.
5. Die Ilm im Park zu Weimar
   Links im Hintergrund Goethes Gartenhaus. Handzeichnung von J. W. Goethe, 1782.

6. Blick auf St. Peter
   Zeichnung von J. W. Goethe, 1786/88.

7 a. Goethe in seinem Römischen Freundeskreis
   Goethe (3. v. re.) hat 1786 an einer Zeichenexkursion nach Frascati
   teilgenommen, auf der diese Zeichnung von F. Bury höchstwahrschein-
   lich entstand.

7 b. Vorspiel auf dem Theater
   Titelblatt einer Lithographiensammlung von L. Nauwerk, 1826.

8 a. Urfaust
   Anfang der Szene »Nacht. In einem hochgewölbten engen gotischen
   Zimmer«; Handschrift der Luise von Göchhausen.

8 b. Erscheinung des Feuerzeichen vor Faust
   Sepiazeichnung von C. L. Stieglitz, 1810.

9 a. Beschwörung des Erdgeistes
   Zeichnung von J. W. Goethe in Vorbereitung einer Inszenierung von
   »Faust I« in Weimar, 1810/12.

9 b. Nacht. Erscheinung des Erdgeistes
   Kupferstich von G. Nehrlich.

10 a. Soll ich dir, Flammenbildung weichen? / Ich bin's, bin Faust, bin
   deinesgleichen!
   Lithographie von L. de Mars nach einer Zeichnung von C. Zimmermann.

10 b. Faust, den Erdgeist beschwörend
   Getuschte Federzeichnung von J. H. Ramberg, 1829.

11. Vor dem Tor. Osterspaziergang
   Kupferstich von Thaeter nach einer Zeichnung von P. Cornelius, 1827.

12 a. Straße. Fausts erste Begegnung mit Margarete
   Lithographie von Emminger nach einer Zeichnung von F. und J. Rie-
   penhausen.

12 b. Margarete befragt die Sternblume
   Lithographie von G. H. Naeke, 1815.

13. Valentin-Szene
   Faust ersticht Margaretens Bruder. Lithographie nach einem Gemälde
   von E. Delacroix, 1847.

14 a. Meine Ruh' ist hin ...
   Randzeichnung von E. Neureuther, 1839.

14 b. Mephisto
   Skizze von K. Spitzweg.

14 c. Hexenküche
   Umrißzeichnung von A. J. Carstens, 1795.

15. Auerbachs Keller
   Lavierte Zeichnung von L. C. Stieglitz, 1810.

16. Walpurgisnacht
    Tuschzeichnung von J. W. Goethe, 1810/12.

17. Ach! mitten im Gesange sprang / Ein rothes Mäuschen ihr aus dem Munde
    Kupferstich von W. Jury nach einer Zeichnung von J. H. Ramberg, 1825.

18. Gretchen im Kerker
    Kupferstich von J. A. Ramboux, 1819.

19. Faust und Mephisto bei Gretchen im Kerker
    Lithographie nach einem Gemälde von L. F. Schnorr von Carolsfeld, 1833.

20 a + b Frontispiz und Innentitel der Werkausgabe 1790; enthielt in
    Bd. 7 »Faust. Ein Fragment«.
    c + d Titelblätter
    Ausgaben von 1808, 1827 (in Bd. IV der Vollständigen Ausgabe letzter Hand).

21 a + b. Faust-Rezension
    Besprechung innerhalb der Goetheschen »Schriften« (1787/90) in
    F. Nicolais Zeitschrift durch J. J. Eschenburg, 1792.

22. Vorlesung bei Herzog Karl August
    Pinselzeichnung von G. M. Kraus.

23. . . . da kommt Göthe – die Tür ging auf – er kam
    Besucherszene im Haus am Frauenplan. Stahlstich von F. Fleischmann.

24 a. Notate für die Weiterarbeit am »Faust«
    Goethes Handschrift, 1800.

24 b. Der Park zu Weimar
    In der Mitte die »Schnecke«, das Haus der Frau von Stein; im Hintergrund Bibliothek und Schloß. Radierung von M. G. Kraus.

25. Helena und Faust
    Lithographie von W. von Kaulbach, 1860.

26. Faust im Kampf mit dem Heer des Gegenkaisers
    Szene »Auf dem Vorgebirg« aus dem IV. Akt. Lithographie nach einem Gemälde von N. F. Chifflart, 1859.

27 a. Faust II
    Szene »Großer Vorhof des Palastes« aus dem V. Akt mit Faust's letzten Worten; Goethes Handschrift.

27 b. Fausts Grablegung
    Szene »Grablegung« aus dem V. Akt: Mephisto ruft seine Helfershelfer, damit ihm Faustens Seele nicht entgehe. Umrißzeichnung von M. Retzsch, 1816.

28. Gretchen als Faustens Fürbitterin
    Radierung von T. Johannot.

29. Faust. Zweiter Teil

Szene »Bergschluchten« aus dem V. Akt: Nach dem Kampf zwischen den himmlischen und höllischen Heerscharen empfangen die Engel »Faustens Unsterbliches«. Re Plutus und der Knabe Lenker, li von ihm Mephistopheles, ganz li Helena und Euphorion, re von ihr die Grauen Weiber. Fresko im Schiller-Goethezimmer des Weimarer Schlosses von B. Neher.

30. Bilderfolge zu Goethes Faust

Lithographie nach einem Gemälde von C. Vogel von Vogelstein, 1852.

31. Goethes Hausgarten

Anonyme zeitgenössische Radierung.

32 a. Französische Ausgabe

Paris 1828; sie enthielt die berühmten Illustrationen von E. Delacroix.

32 b. J. W. Goethe

Bleistiftzeichnung von W. M. Thackeray, der Goethe in Weimar besuchte; veröffentlicht 1832 in W. Fraser's »Foreign Review«, London.

Fotoquellen:

Volk und Wissen Verlag, F. Wallesch:
2, 3, 5–7, 9 b, 10 a, 11–14, 16, 18–22, 24–26, 27 b, 28–32.
Nationale Forschungs- und Gedenkstätten, Weimar:
4, 8 a, 17, 23, 27 a.
Deutsche Fotothek, Dresden:
8 b, 9 a, 15.
Akademie der Künste der DDR, Abt. Darstellende Kunst, Berlin: 1.

Redaktionsschluß der 1. Auflage: 15. 11. 1977
Redaktionsschluß der 3. Auflage: 15. 10. 1982
Redaktion der bearbeiteten 3. Auflage: Dr. Günter Albrecht
Redaktionsschluß der 5. Auflage: 17. 6. 1987

2

3 a

3 b

4

7 a, b

8 b

8 a

9 a

9 b

11

12 b

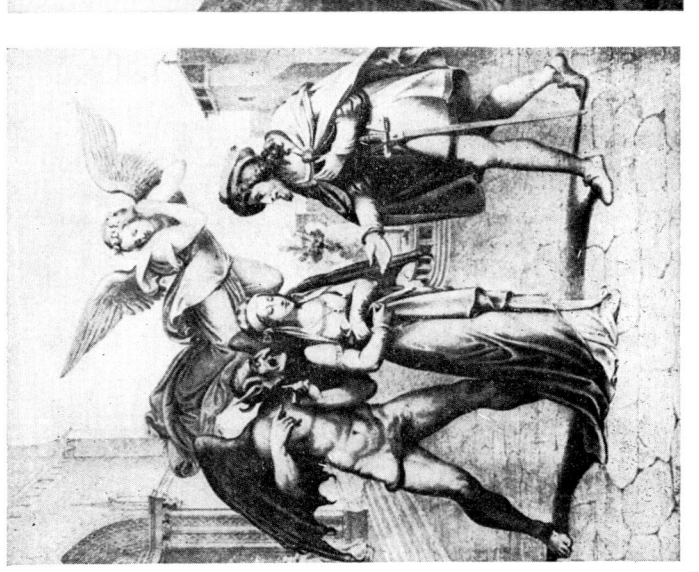

12 a

13

14 a, b, c

Faust 11.ᵗᵉˢ Blatt.

Faust. Ach! mitten im Gesange sprang
Ein rothes Mäuschen ihr aus dem Munde.

17

18

19

Goethe's
Schriften.

Siebenter Band.

Leipzig,
bey Georg Joachim Göschen,
1790.

Fauſt.

Eine Tragödie.

von

Goethe.

Tübingen.
in der J. G. Cotta'ſchen Buchhandlung.
1808.

Helena
klaſſiſch-romantiſche
Phantasmagorie.

Zwiſchenſpiel zu Fauſt.

20 a, b, c, d

Was Fleiß und Phantasie entriffen,
Giebt Fleiß und Phantasie zurück.

Im siebenten Bande, zuerst: Stauff, ein Fragment. Es scheint fast schon in seiner Anlage nur zum Fragment bestimmt gewesen zu seyn; denn ein zusammenhängendes Ganzes hätte sich daraus, selbst von solch einer Meisterhand, bey dieser Anlage wohl schwerlich bilden lassen. Noch und mild ist alles zugeworfen; starke und auffallende Züge wechseln mit manchen, doch allzu sorglos unbearbeitet gelassenen, als; man sieht aber bald, daß es so seyn sollte; und wer, ist berechtigt, dem Eigensinne und dem Umherschweifen des phantasiereichen Dichters Gränze vorzuschreiben? Bey dem allem indeß geschehn wir offenbarfrevyg, daß uns die Unvollständigkeit des gegenwärtigen Fragments weniger schmerzt, als die leider! nicht mehr mögliche Vollendung des Leffingischen Bruchstücks eines ähnlichen Schauspiels. Nicht, als ob wir das, was hier der Eine Dichter unvollendet gab, mit dem weit kleinern, aber wahrlich sehr reichhaltigen Bruchstücke des andern, auf jenes Kosten, vergleichen wollten. Der ganze Gesichtspunkt, die ganze Manier beyder Arbeiten sind allzu verschieden, und würden es auch in der vollendeten Ausführung geblieben seyn. Auch hätte die Vollendung des Einen gewiß das Daseyn des andern nicht entbehrlich gemacht.

Drey und Vierzig, ein Singspiel. Ein reizendes Schwestergemählde, ohne vielen Aufwand der Kunst, aber desto mehr vom Einfluß der Natur begünstigt. Einem schmachtenden Liebhaber, dem sein sprödes Hintermädchen alle Hoffnung vereitelt, verhilft ein rascher Freund durch einen etwas tollen Streich zu der Gelegenheit, sich seiner Geliebten und ihres

ℨ ℨ

Allgemeine deutsche Bibliothek.

Des hundert und zehnten Bandes zweytes Stück.

Kiel,

verlegts Carl Ernst Bohn, 1792.

21 a
21 b

Stahlstich v. F. Fleischmann.

„ *da kommt Göthe — die Thüre gieng auf. — er kam.*

23

24 a

24 b

25

26

27 b

27 a

28

30

31

FAUST,

TRAGÉDIE DE M. DE GOETHE,

TRADUITE EN FRANÇAIS

PAR M. ALBERT STAPFER.

Ornée d'un Portrait de l'Auteur,

ET DE DIX-SEPT DESSINS COMPOSÉS D'APRÈS LES PRINCIPALES SCÈNES DE L'OUVRAGE ET EXÉCUTÉS SUR PIERRE

PAR M. EUGÈNE DELACROIX.

A PARIS,

CHEZ CH. MOTTE, ÉDITEUR,

Imprimeur-Lithographe de S. A. R. M.gr le Duc d'Orléans et M.gr le Duc de Chartres,

RUE DES MARAIS N.º 13;

ET CHEZ SAUTELET, LIBRAIRE,

PLACE DE LA BOURSE.

M DCCC XXVIII.